普通高等学校学前教育专业系列教材

幼儿园班级管理

(第二版)

主　编　张富洪

副主编　李　斐　陈龙图　卢文丰　曾红媛
　　　　李爱东　张景秋　梁小玲　罗　偲
　　　　王　蕾　张石云

復旦大學出版社

内容提要

本书为学前教育专业核心课程“幼儿园班级管理”的应用型配套教材，是由高校和幼儿园合编的校企合作融合型新形态教材，获首届全国优秀教材建设奖二等奖，入选“十四五”、“十二五”职业教育国家规划教材。教材以立德树人为根本，以课程思政为抓手，以学生为中心，坚持德技兼修，突出体现“理实一体化”的职业教育理念，围绕幼儿园班主任的任职要求，以开展幼儿园班级管理工作过程为主线，根据岗位实际工作任务所需要的知识、能力和素质要求选取教学内容，旨在培养能真正满足社会需求、富有工匠精神的幼儿教师。主要内容包括“幼儿入园适应工作、班级环境的创设、班级一日常规工作管理、班级安全管理、班级主题活动的设计与实施、幼儿良好品行的培养、家庭与社区教育资源的利用、特色班级的创建、幼小衔接的准备”9个学习单元。每一单元均设计了“单元导读—学习目标—思维导图—学习任务—单元小结—单元练习—聚焦考证”7个教学模块。教材在“学银在线”建有课程网站（https://www.xueyinonline.com/detail/240782438）和在“复旦社云平台”（www.fudanyun.cn）建有课程立体化资源库，选用本教材的教师和学生可在“电脑端”或“手机端”免费获取全部课程资源。

本教材可供普通高等院校、各类职业技术院校学前教育专业及幼儿师范院校学生使用，也可作为幼儿教师的进修用书。

“幼儿园班级管理”
精品在线课程

复旦社云平台
数字化教学支持说明

为提高教学服务水平，促进课程立体化建设，复旦大学出版社学前教育分社建设了“复旦社云平台”，为师生提供丰富的课程配套资源，可通过“电脑端”和“手机端”查看、获取。

【电脑端】

电脑端资源包括 PPT 课件、电子教案、习题答案、课程大纲、音频、视频等内容。可登录“复旦社云平台”（www. fudanyun. cn）浏览、下载。

Step 1　登录网站“复旦社云平台”（www. fudanyun. cn），点击右上角“登录 / 注册”，使用手机号注册。

Step 2　在“搜索”栏输入相关书名，找到该书，点击进入。

Step 3　点击【配套资源】中的“下载”（首次使用需输入教师信息），即可下载。音频、视频内容可通过搜索该书【视听包】在线浏览。

【手机端】

PPT 课件、音视频、阅读材料：用微信扫描书中二维码即可浏览。

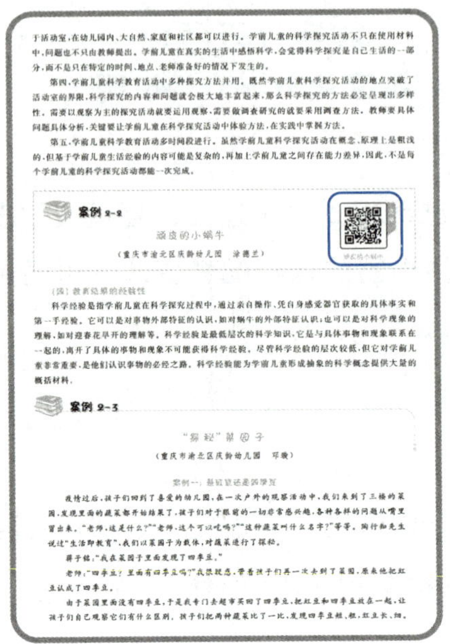

扫码浏览

【更多相关资源】

更多资源，如专家文章、活动设计案例、绘本阅读、环境创设、图书信息等，可关注“幼师宝”微信公众号，搜索、查阅。

平台技术支持热线：029-68518879。

“幼师宝”微信公众号

【本书配套资源说明】

1. 刮开书后封底二维码的遮盖涂层。

2. 使用手机微信扫描二维码，根据提示注册登录后，完成本书配套在线资源激活。

3. 本书配套的资源可以在手机端使用，也可以在电脑端用刮码激活时绑定的手机号登录使用。

4. 如您的身份是教师，需要对学生使用本书的配套资料情况进行后台数据查看、监督学生学习情况，我们提供配套教师端服务，有需要的老师请登录复旦社云平台（官方网址：www.fudanyun.cn），进入“教师监控端申请入口”提交相关资料后申请开通。

如果把幼儿园比喻成一个生命体，那么班级就是它的“细胞”。班级管理工作可以反映出幼儿园办学水平，对幼儿身心的健康成长、教师的专业成长和幼儿园的安全和谐至关重要。

随着教育部《教师教育课程标准(试行)》和《职业教育专业简介(2022 年修订)》的颁布与实施，“幼儿园班级管理”课程已经成为越来越多普通高等院校和各类职业院校学前教育专业必修的专业核心课程，旨在帮助学生树立正确的、科学的教育观和儿童观，养成幼教工作必备的职业素养，了解幼儿园班级管理基本理论和基本知识，掌握幼儿园班级管理的基本技能，具备从事幼儿教育工作的基本能力，为今后从事幼儿教育教学工作打下坚实的理论基础。

本教材为高职院校学前教育专业核心课程“幼儿园班级管理”的应用型配套教材，是由高校和幼儿园合编的校企合作融合型新形态教材，第一版获首届全国优秀教材建设奖二等奖，入选“十四五”“十二五”职业教育国家规划教材。教材以立德树人为根本，以课程思政为抓手，以学生为中心，坚持德技兼修，突出体现“理实一体化”的职业教育理念，围绕幼儿园班主任的任职要求，以开展幼儿园班级管理工作过程为主线，根据完成幼儿园班级管理工作岗位实际工作任务所需要的知识、能力和素质要求选取教学内容。通过学前教育专业教师与幼儿园园长、骨干教师反复论证后，确定课程内容主线，力求做到“以幼儿园班级管理的真实工作过程为依托，以师范技能训练为核心，以幼儿园班级管理工作岗位和工作任务要求为导向，以学生为主体”，并根据师范生在幼儿园的见习、实习任务来设计学习单元，内容设计力求涵盖幼儿从入园到离园整个过程中班级管理的典型任务，体现教、学、做一体化，注重突出实用性和创新性，旨在培养能真正满足社会需求、富有工匠精神的幼儿教师。

在教学内容的组织方面，采用“学习单元”和“任务”体例来建构学习内容。教材按照幼儿园班级管理工作过程进行了对应的学习单元设置，构建了“幼儿入园适应工作、班级环境创设、班级一日常规工作管理、班级安全管理、班级主题活动的设计与实施、幼儿良好品行的培养、家庭与社区教育资源的利用、特色班级的创建、幼小衔接的准备”9 个学习单元，每一单元均设计了“单元导读—学习目标—思维导图—学习任务—单元小结—单元练习—聚焦考证”7个教学模块，其中“学习任务”为每个学习单元的核心内容。全书共收编了“新生入园指导、教室环境布置、一日生活活动常规工作、入园离园的安全管理”等25个任务的教学内容，每个任务均通过“情境导入—知识学习（理论知识、实务知识）—技能训练（课堂训练、实战演练）—拓展任务（阅读材料、思政话题）”4个教学程序实现教学目标。通过模块化的教学内容编写，以及插入在“学习任务”中的“二维码”（微课视频、阅读材料）等特色环节的设计，将“课程思政”和“岗课赛证”有机融入教材中，凸显了教材的应用性，为学生职业发展奠定良好基础。

本教材也是广东省精品资源共享课程“幼儿园班级管理”的配套教材，是由课程负责人、江门职业技术学院张富洪教授领衔的课程团队和江门市第一幼儿园共同编写而成的院园合作教材，主编张富洪（江门职业技术学院），副主编李斐、陈龙图、曾红媛、张景秋、梁小玲、罗偲、王蕾（江门职业技术学院），卢文丰（珠海城市职业技术学院），李爱东、张石云（江门市第一幼儿园）。

本教材第1版2012年出版后重印24次，被110多所院校选用，成为“全国百佳”复旦大学出版社读者喜爱的优秀教材。现改版的《幼儿园班级管理》（第二版）已更新为融合型新形态教材，在“学银在线”建有课程网站（https://www.xueyinonline.com/detail/240782438），线上课程设计了“课程介绍、学习目标、思维导图、学习任务、思政话题、聚焦考证、课后练习、在线测验”8个一级栏目，以及“精品微课、规划教材、在线课件、数字教案、教学实录、实训动画、现场答疑、拓展资源”8个二级栏目。扫描教材中的“二维码”可观看微课视频、教学案例、阅读材料和参考答案。教材也在“复旦社云平台”（www.fudanyun.cn）建有课程立体化资源库，选用本教材的教师和学生可在“电脑端”或“手机端”免费获取全部课程资源。

感谢在教材的编写和出版过程中提供过帮助的所有友好单位和个人，感谢江门职业技术学院学前教育专业全体教师和实训基地幼儿园领导、教师的大力帮助与支持，感谢复旦大学出版社学前教育分社对职业教育应用型教材的重视、策划和大力推广。教材编写的过程中，还参考了有关的书籍、期刊和网上信息，在此对相关作者也一并表示衷心的感谢。

限于作者的水平，书中错漏和不当之处在所难免，敬请读者批评指正！

张富洪

2024年3月

第二版修订说明

《幼儿园班级管理》第一版自 2012 年出版以来，广受好评。到 2023 年为止，该教材已经重新印刷了 24 次，被全国各地 110 多所有学前教育专业的各类院校和教学培训点使用。

教育部 2019 年印发的《职业院校教材管理办法》提出，教材编写要以国家教学标准和职业标准为依据，大力弘扬专业精神、职业精神、工匠精神和劳模精神，组织行业、企业和教育领域高水平专业人才组成教材建设专业团队，参与教材编写，促进学生的成长成才和就业创业。2022 年施行的《中华人民共和国职业教育法》提出，国家鼓励行业组织、企业等参与职业教育专业教材开发，将新技术、新工艺、新理念纳入职业学校教材。这些都是促使本教材进行修订的原因和动力。

一、第二版教材的主要特点

1. 坚持正确的政治方向和价值导向，全方位融入课程思政元素

教材坚持正确的政治方向和价值导向，把立德树人放在首位，坚持德技兼修。教材弘扬了劳动光荣、技能宝贵的时代风尚，旨在培养能真正满足社会需求的、富有工匠精神的幼儿教师，突出了职业教育的特点。教材全方位融入课程思政的元素，将“爱心、耐心、细心、严格、爱生敬业、团队合作”等思想教育内容融入各单元教学内容的同时，做到理论和实践结合紧密，条理清晰，重点突出，课程思政可操作性强。

2. 校企合作原创真实场景重现视频，覆盖教材全部知识点，实现颗粒化教学

根据教材知识点，利用幼儿园真实场景，组织 30 多名幼儿园骨干教师参与拍摄并制作了 39 个高质量的微课视频，真实直观，有效解决了幼儿园班级管理场景不可控、现场观察分析幼儿特定问题全靠碰运气等学习痛点，通过班级管理场景视频实现了颗粒化教学，有效提升了教学效果。

3. 课程内容重塑，岗课赛证结合，职教特色鲜明

职业化改革难度大是传统师范教育类教材建设的痛点。本教材是国内最早探索师范

类课程职业化的教材之一，教材设计体现出“三满足（满足线上学习、模拟场景、基地实训）、“两融入”（融入“岗课赛证”、思政元素）、“一目标”（培养合格幼儿园班主任）的职业教育教材特色。

4. 教材课程无缝链接，扫码资源使用便捷，推广价值较高

创新线上课程与教材一体化建设模式，校企合作建成省级在线课程和优秀教材，上线“学银在线”课程网站，扫码本教材即可在“电脑端”或“手机端”获取线上课程资源。迄今已有 110 所院校使用过本教材及本课程平台资源，本教材成为广受普通高等院校、各类职业技术院校及幼儿师范院校学前教育专业学生欢迎的教材。

二、第二版教材框架和内容的调整

“幼儿园班级管理”课程是面向高职学前教育专业学生开设的“理实一体化”专业核心课程，课程坚持立德树人，弘扬正确的教育观和儿童观，融“岗课赛证”于一体，培养学生具备班主任工作岗位必备的职业素养，掌握班级管理基本知识和技能，成为能准确观察和分析幼儿，制订班级管理策略，有效组织和实施班级管理工作的合格班主任。为了帮助学生更好地学习理解这门课程，结合第一版使用院校给予的反馈和建议，我们参考了职业教育教材的相关文件，以及职业教育国家规划建设的要求，将教材的框架和内容调整如下：

1. 结构调整

第一，完善教材体例。新版教材虽保留了原教材“学习单元—任务”的教材体例，但每一单元均增加了“单元导读—思维导图—单元小结—单元练习—聚焦考证”5 个教学模块，每个教学任务中均增加了“思政话题”栏目。第二，关联在线课程。对应教材结构，线上课程设计了“课程介绍、学习目标、思维导图、学习任务、思政话题、聚焦考证、课后练习、在线测验”8 个一级栏目，以及“精品微课、规划教材、在线课件、数字教案、教学实录、实训动画、现场答疑、拓展资源”8 个二级栏目。

2. 内容调整

第一，更新部分章节。教材虽然保留了原教材全部 9 个学习单元和 25 个学习任务，但“单元二 班级环境创设”和“单元九 幼小衔接的准备”均已更新了全部内容。第二，增加关键理论。在“单元一”中增加了“幼儿园班级管理概述”和“制订幼儿园班级工作计划”，在“单元五”中增加了“主题活动网络图的设计”。第三，融入思政元素。增加了“思政话题”栏目，提炼了“学习目标”中的思政元素。第四，关注考证内容。增加了“聚焦考证”栏目，补充了单元练习题。第五，增加微课视频。在教材中增加了 39 个扫码微课视频，以及大量其他扫码阅读材料。

新版教材理论和实践结合紧密，条理清晰，重点突出，趣味性、应用性和可读性增强，能为学生毕业后从事幼儿园班主任岗位的具体管理工作奠定良好的基础，教材水平处于国内同类教材中的领先地位。

再版的教材还会有不足之处，仍需不断完善。

目录

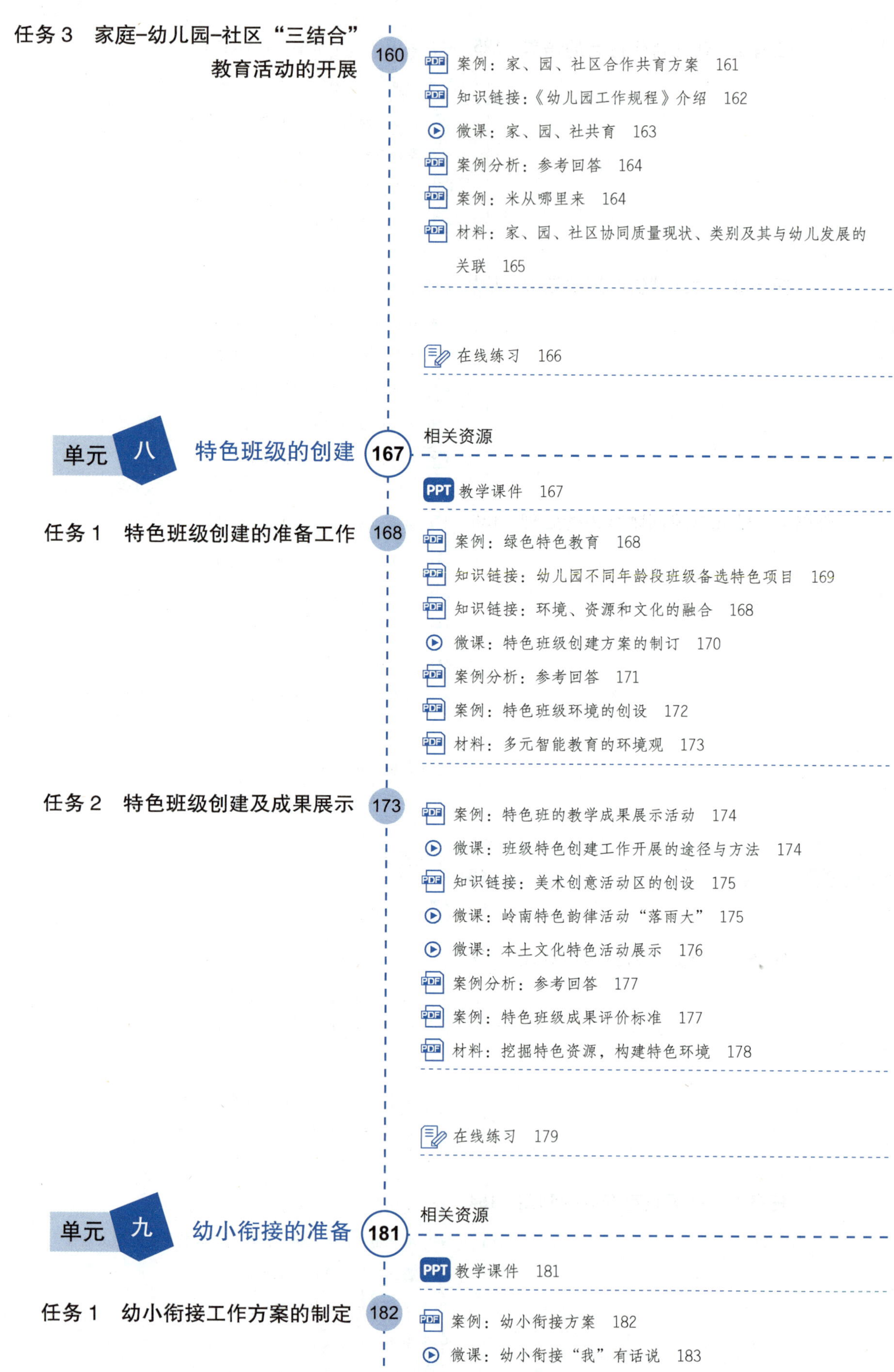

单元一
幼儿入园适应工作

单元导读

九月，对于一般人来说只是一个平凡的月份，而对于要入园的幼儿来说可就非同一般了，他们要离开自己最亲爱的爸爸、妈妈，离开自己从小到大熟悉的环境，来到幼儿园这个大家庭。这对幼儿自己、家长和幼儿园来说都是充满挑战性的。幼儿入园所表现出的种种不适应，主要是因为他们对环境的不熟悉而产生的不安全感，而安全感对健全人格的发展意义很大，所以减少幼儿入园时的紧张情绪是很重要的，减少紧张情绪可以增加孩子的安全感，而不是恐惧感。根据弗洛伊德的早期经验理论，成人的发展取决于他们的早期经验，幼儿入园即是早期经验中的关键一环。所以，尽快地帮助幼儿适应新环境，是每位老师和家长义不容辞的责任。

本单元主要阐述2～3岁幼儿的心理、生理发展特点，幼儿不愿上幼儿园的原因和表现，以及基于入园准备的家庭教育，通过知识学习、技能训练、拓展任务练习等，帮助学习者学会家访、建立幼儿基本状况档案、设计与安排入园之初的活动、举办开学亲子活动，以便尽快建立和谐的师幼关系，并能够根据幼儿入园的各种常见不适应现象有针对性地选择处理的方法。

学习目标

➢ 素质目标

1. 具备幼儿班级管理工作必需的爱心、耐心与细心等品质。
2. 具备吃苦耐劳的劳动精神。

➢ 知识目标

1. 了解2～3岁幼儿的心理、生理发展特点，习惯禁忌以及入园常见的不适应现象及其原因。
2. 理解家访的性质、目标以及幼儿入园对幼儿发展的促进作用。

➢ 能力目标

1. 能够通过各种调查与谈话掌握幼儿园新生的基本状况。
2. 能够计划、组织开展新生家长会及开学亲子活动。
3. 具备针对开学初新生幼儿的各种不适应表现进行有效疏导的能力。

思维导图

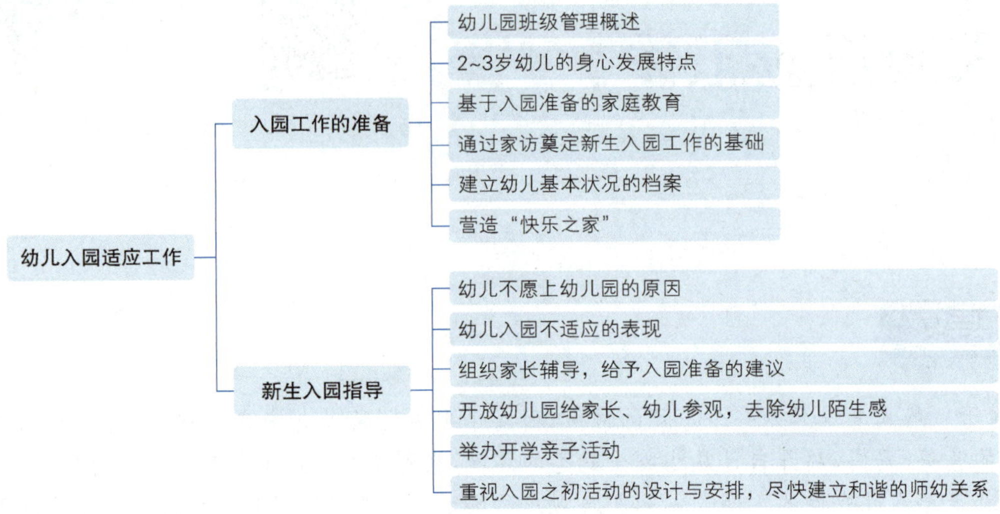

任务1 入园工作的准备

情境导入

案例1

入园第一天

上幼儿园之前，幼儿园在嘉嘉心里简直就是一个乐园。妈妈送嘉嘉上幼儿园那天她激动不已。一进教室，老师就过来跟嘉嘉打招呼，嘉嘉也礼貌地跟老师打招呼。这时，有些小朋友在哭，嘉嘉的神情顿时紧张起来，紧紧地抓住妈妈的手。妈妈准备离开，谁知刚一转身，嘉嘉像确认了妈妈要离开一样一下子哭了起来，拽着妈妈的衣襟不肯松手。妈妈狠狠心推门出去，耳边传来嘉嘉撕心裂肺的哭声和“妈妈、妈妈”的喊声……冲出幼儿园的门，妈妈想到半个小时前嘉嘉还在为去幼儿园高兴不已，现在却被妈妈冷酷地抛在一个陌生的环境里，各种担心夹杂着愧疚一起涌上心头：她会哭一整天吗？她会很害怕很无助吗？老师有办法让她安静下来吗？中午会吃饭吗？这一天将会怎样度过？……

讨论分析：案例中的嘉嘉为什么看到妈妈要走就哭得撕心裂肺？如果你是她的班主任，你会怎么做？

案例2

转移注意力

扫描二维码，阅读案例“转移注意力”。

讨论分析：案例中教师针对幼儿采取的情绪稳定措施对你有什么启示？

知识学习

理论知识

一、幼儿园班级管理概述

幼儿园班级是对3～6岁的幼儿进行保教活动的基本组织单位，幼儿是班级的主体。幼儿按年龄分班，一般是按照3～4岁、4～5岁、5～6岁三种划分方式，分别组成幼儿园小、中、大三个年龄班。根据《幼儿园工作规程》(以下简称《规程》)，幼儿园每班幼儿人数一般为：小班(3周岁至4周岁)25人，中班(4周岁至5周岁)30人，大班(5周岁至6周岁)35人，混合班30人；寄宿制幼儿园每班幼儿人数酌减。幼儿园可以按年龄分别编班，也可以混合编班。

1．幼儿园班级管理的概念

幼儿园班级管理是指幼儿园班级中的保教人员通过计划、组织、实施、调整等过程协调班集体内外的人、财、物、时间、空间，以达到高效率实现保育和教育目的的综合性活动。它是幼儿教师以幼儿身心发展规律为依据，以学前教育原理与观念为指导，实现班级中人、事、物的互动，进而实现各种教育目标和幼儿发展的动态过程。

幼儿园班级管理的对象是人、物、事务、时间、空间、信息等，在这些管理对象中，最难把握的是对人的管理，而在班级管理中最重要的工作也是对人的管理，即对幼儿、家长以及配班教师的管理。良好的班级管理有利于幼儿形成合理的生活习惯，促进幼儿自律能力和社会性的发展，也有利于促进教师的专业成长，为创造安全和谐校园奠定坚实的基础。

2．幼儿园班级管理的基本原则

幼儿园班级管理原则是指幼儿园班级管理过程中应遵循的基本要求。幼儿园班级管理必须遵循一定的原则，它对班级全面管理具有重要的指导意义。

(1) 一致性原则。一致性原则是指教师与教师、教师与保育员、教师与家长配合的一致性，是保教之间精诚合作的体现。贯彻这一原则的要求：首先，教师之间合作的一致性；其次，教师与保育员配合的一致性；再次，是教师与家长配合的一致性。

(2) 主体性原则。主体性原则是指教师作为班级管理的主体具有自主性、创造性和主动性，同时又充分尊重幼儿作为学习者的主体地位。贯彻这一原则的要求：首先，幼儿是活动的主人，一切游戏活动都要以幼儿为主体；其次，教师在游戏活动中应尊重幼儿的想法，不扼杀幼儿的创意。

(3) 参与性原则。参与性原则是指教师在管理过程中不以管理者身份高高在上，而是以多种形式参与到幼儿的活动之中，在活动中民主、平等地对待幼儿，与幼儿共同开展有益的活动，同时，引导幼儿参与到班级活动中，让幼儿在参与中获得成长。贯彻这一原则的要求：首先，教师要平等参与班级活动；其次，调动幼儿参与班级事务管理的积极性。

(4) 整体性原则。整体性原则是指班级管理是面向全体幼儿并涉及班内所有管理要素的管理。整体性原则保证了班级全体幼儿的共同进步而不是部分幼儿的超常发展，确保班级各种管理要素得到充分的利用。贯彻这一原则的要求：首先，注重教师集体和幼儿两方面的管理；其次，注重协调班级管理中的各种影响因素。

(5) 个性化原则。个性化原则是指在班级管理过程中要根据幼儿的年龄特征、个性特点和实际状况，开展有针对性、个性化的管理。不同的幼儿由于生理、心理发展的水平不同，他们的思维、自我意识、情感、意志、行为，以及个性的发展均具有不同的特征，班级管理必须依据幼儿的个性化特点因材施教，才能收到更好的管理效果。贯彻这一原则的要求：首先，班级管理的方法要适合幼儿的年龄特征；其次，要针对幼儿的个性特点进行教育。

(6) 高效性原则。高效性原则是指教师进行班级管理时，要求以最少的人力、物力和时间，尽可能地使幼儿获得更多、更全面、更好的发展，使班级呈现更健康的面貌。贯彻这一原则的要求：首先，有效利用班级的资源。其次，要增强时间观念，提高时间的利用率。

3. 幼儿园班级管理的基本方法

幼儿园班级管理方法是指教师为实现班级管理目的而运用的手段、方式、途径和程序等的总称。幼儿园班级管理的基本方法主要有以下 6 种。

(1) 说服教育法。说服教育法是指在班级管理过程中通过讲解、谈话、讨论等方式向幼儿讲清一些简单的道理，帮助幼儿分清是非，辨别好坏，使幼儿具有正确的道德观念，并能用这些道德观念来指导自己行动的一种方法。说服教育法是班级管理的基本方法。运用说服教育法的基本要求：首先，要有针对性；其次，要有感染力；再次，把握教育时机；最后，要注意教育民主，尊重幼儿。

(2) 范例引导法。范例引导法是指给幼儿提供具有教育意义的典型事例，以别人为榜样来影响幼儿的一种教育方法。教师在班级管理过程中常用的范例可以是幼儿喜闻乐见的故事人物形象，或者是故事中拟人化的动物形象。运用范例引导法的基本要求：首先，教师必须为幼儿选择充满正能量的阅读材料；其次，教师要做好幼儿的榜样；再次，教师要善于发掘幼儿周围生活中有教育意义的范例。

(3) 规则约束法。规则约束法是指用规范和条例约束幼儿行为，使其与集体活动的方向和要求保持一致或确保幼儿自身安全并且不危及他人的一种管理方法。规则约束法是对班级幼儿最直接和最常用的管理方法。运用规则约束法的基本要求：首先，教师要在一日活动中帮助幼儿掌握规则；其次，教师要尽量保持规则的一致性。

(4) 情感陶冶法。情感陶冶法是指教师有目的、有计划地运用情感和环境的因素，以境陶情，在班级管理中对学生进行潜移默化的熏陶和感染，使其心灵在耳濡目染中受到感化，进而促进其身心发展的方法。运用情感陶冶法的基本要求：首先，教师要表达师爱，与幼儿建立依恋关系；其次，教师的情感须运用于恰当之处；再次，教师要有意识地为幼儿创设教育环境。

(5) 行为训练法。行为训练法是指教师按照一定要求，有计划、有目的地训练幼儿的行为，使之形成符合要求的良好行为习惯的方法。运用行为训练法的基本要求：首先，训练要在教师有目的、有计划的指导下进行；其次，训练的要求既要严格，又要适当、合理；再次，要激发幼儿对训练的兴趣和愿望；此外，要长期坚持，持之以恒。

(6) 奖惩评价法。奖惩评价法是指对幼儿行为表现给予奖励或惩罚评价的一种方法，这是幼儿班级管理的一种辅助方法。奖惩评价的方式主要有表扬与奖励、批评与惩罚。运用奖惩评价法的基本要求：首先，应以表扬、奖励为主；其次，表扬和奖励、批评和惩罚必须做到公正合理，实事求是，恰如其分；再次，不要把批评表扬当作教育者情绪宣泄的一种手段。

二、2～3 岁幼儿的身心发展特点

教师要对入园幼儿年龄段的生理、心理特点有具体深入的了解。从心理学上说，2～3 岁幼儿有以下特点。

1. 身体发展方面

(1) 2～3 岁幼儿身体的各部位较柔嫩，骨骼继续骨化，具有弹性大、易弯曲的特点，表现出耐性差、易疲劳，不易做过分剧烈的运动。由于 3 岁以后幼儿大脑皮质完全与小脑相连后，才能实现对精细动作的控制，因此这一阶段的幼儿不宜从事需要手指灵活性、准确性较高的精细活动。这一阶段的幼儿发育尚未成熟，机体组织较弱，易受损伤，易感染各种疾病。

(2) 动作发展迅速，手眼动作协调，生活自理行为开始出现。这个时期的幼儿对任何事物都有极大的兴趣，什么东西都想自己摆弄，在日常生活中开始表现出独立的倾向。他们尝试着自己洗手，用小匙进食，自己穿脱衣服、鞋袜等。在如厕方面懂得表达需要，并能在成人帮助下自行如厕。但由于受动作能力发展的制约，动作仍然迟缓、笨拙，生活自理行为还需要成人帮助，有时看上去很令人担心，但成人一定要尊重、保护孩子对各种事物的好奇心。

2. 认知发展方面

(1) 2～3 岁是幼儿口语发展关键期，此时幼儿变得特别喜欢说话，词汇量迅速增加，已能用简单复合句来表达意愿，基本理解常用简单句型。2 岁后期会用“我”来表达自己的需求和愿望，开始把自己从客体中区分出来，言语发展促进了自我意识萌芽。这个年龄段幼儿的注意及记忆是随意、短暂的。喜欢重复是这个年龄段幼儿显著的特点。他们喜欢重复地摆弄物品，喜欢听教师重复讲一个故事，重复做某个动作，如反复地喂娃娃吃饭，在往返重复中逐渐认识物体属性，发展语言与动作，并由此逐渐认识事物简单关联、产生简单想象。

(2) 2～3 岁幼儿各种心理活动带有明显直觉行动性，记忆及思维都是通过直接与该事物接触或在活动中进行。他们往往先做后想、边做边想，如果离开了具体事物和具体活动，记忆及思维便不能进行。如在捏泥之前往往说不出自己要捏什么，而常常在捏出某种形象之后才会说“苹果”“大饼”等。他们的思维在行动中进行，而不是想好了再行动。此时，虽已能分清红、黄、蓝、绿等颜色，但空间与时间知觉还不是很明显，仍处于“感知运动阶段”；有意记忆开始萌芽，但具有明显的情绪色彩。

(3) 3 岁幼儿处于新异性探索阶段，此时幼儿对新奇事物特别感兴趣。因此，色彩鲜艳、有声响、会动的物品特别能引起他们的注意和喜爱，激发他们的兴趣，使他们能主动去认识环境，投入活动。

3. 社会性发展方面

(1) 自我意识初步萌芽并发展。独立意识增强，常常说“我要”“我自己”等，凡事坚持自己做，步入“第一反抗期”，拒绝别人的帮助。一方面，当周围的人不能接受他的意志或他自己感到烦躁时，就会以反抗的形式表现出来；另一方面，会表现出固执且支配别人的行为，让人感到这个时期的孩子“越来越不听话了”。

(2) 情绪与情感体验促进社会性行为初步发展。幼儿的动作、语言和认知能力进一步发展，扩大了社会交往范围，幼儿通过与其他成人的交往或亲密关系的建立，自尊心、同情心开始发展，开始懂得主动关心、爱护别人。逐渐习惯与同龄伙伴及成人交往，如在游乐场愿意到小朋友很多的地方玩。但在交往中带有明显的自我中心倾向，常常以自己的需要作为唯一标准，如在与小朋友玩时常常会抢别人东西，不能满足时甚至会抓咬别人。

(3) 情绪不稳定，有强烈的情感依恋。2～3 岁幼儿情绪发展的明显特征是易感性和易变性，他们的情绪非常外露，极易受环境的影响。如一个孩子想妈妈哭了，便有一群孩子跟着哭。他们一吓就哭、一哄就笑，高兴与不高兴、愿意与不愿意都流露在脸上。3 岁儿童对亲近的人有强烈情感依恋，当与亲人分离时，大多数都要经历或长或短的分离焦虑过程。他们用啼哭等方式表达分离的痛苦，这是因情感依恋而产生的分离焦虑，儿童对依恋对象的存在和消失十分敏感。

三、基于入园准备的家庭教育

2～3 岁幼儿身心发展特点

基于入园准备的家庭教育对于幼儿的入园适应具有举足轻重的作用，家长需要加强幼儿动作技能、情绪和言语等方面的训练，以增强幼儿入园后的生活适应能力。

1. 幼儿动作技能训练

(1) 了解幼儿动作技能发展的关键期，并施以恰当的训练。2～3 岁幼儿动作技能的发展重点是大运动技能和手部精细动作技能，需要通过活动进行针对性训练。

分离焦虑和依恋

(2) 增加幼儿户外活动时间的比重。野外游玩及户外的跑、跳等形式的游戏更有益于幼儿动作技能的发展。

(3) 重视幼儿动手能力的培养。在家中，鼓励孩子进行手工制作、参加家庭劳动。

2. 幼儿情绪训练

(1) 贯彻赏识教育的理念，培养孩子的自信心。对幼儿发展薄弱的领域进行针对性训练，对小成就给予及时的肯定。

(2) 为孩子的成长营造一个快乐的氛围，避免在幼儿面前发生冲突，要掌握惩罚技巧，对幼儿的情感需要保持敏感，在起床和入睡等重要时间段通过游戏调动幼儿的积极情绪，使孩子每天都有愉快的开始和结束。

（3）要重视培养幼儿自主和负责任的精神，家长要给孩子创造充分的社会锻炼机会，鼓励孩子与客人交流，提高孩子的交友愿望。

3. 幼儿言语训练

（1）在继续发展2～3岁幼儿词汇量的同时要重视对幼儿口头言语能力的培养，亲子共读是有效的言语培养途径。

（2）和幼儿一起做复述语言的游戏，这种语言复述游戏简单有趣，孩子乐意参与。复述的语言从短到长，不一定要求孩子复述完整，主要是以此激发他说话的兴趣。

（3）教幼儿学习场景提问。带孩子到户外活动时，可以就看见的情景提问，让孩子回答，这非常有利于孩子语言表达能力的发展。场景提问的问题与孩子生活中亲眼看到的情景有关，孩子自然喜欢回答。

（4）教幼儿简单复述故事中的情节。2～3岁的幼儿一般都喜欢听故事，可以引导孩子简单复述故事中的部分或全部情节，只要能说出个大意，哪怕是几句话都要热情鼓励和称赞。刚开始孩子不知道怎么复述，大人可以根据故事过程用提问的方式加以引导。

实务知识

一、通过家访奠定新生入园工作的基础

家访是教师了解新生的家庭教育状况，与家长沟通教育观念，帮助新生尽快适应幼儿园生活的必不可少的环节。父母特别是祖父母可能对孩子上幼儿园不放心，并在言行中有意无意地流露出来，孩子是敏感的，他们会从大人的态度中感觉到幼儿园不是个有趣、安全的地方。教师要通过家访使家长坚信：上幼儿园是孩子社会化的重要一步，对孩子的成长有很多好处，孩子有很强的适应能力，只要教师、家长给予协助，上幼儿园就会是一件快乐的事情。教师通过家访还可以与幼儿初步接触，建立感情，避免幼儿初入园的陌生感。最后，根据家访了解到的情况，教师可以给家长提出建议配合入园适应工作的开展。

幼儿入园前的家访有别于其他家访，应注重考虑如何减少入园哭闹、如何解决分离焦虑的问题。因此，在家访中可以考虑做好以下五方面工作：

第一，认识每一个幼儿，走进家庭，了解幼儿的生活能力（如进餐、大小便、睡眠）、语言表达能力、喜好及家庭教育观念的情况，并及时记录。

第二，送幼儿礼物时，大部分幼儿喜欢小动物，可以将幼儿水杯、毛巾标记中的动物形象做成精美的礼物牌送给幼儿，可让幼儿自己选择，既吸引了幼儿，又能帮助幼儿入园后熟悉标记。

第三，了解幼儿情况。幼儿年龄偏小，绝大部分家长不放心，牵肠挂肚，针对这一情况，教师应主动向家长介绍班内情况，分析幼儿入园后可能出现的各种不适应，如哭闹、依赖等，都属于正常现象，要求坚持送幼儿入园，并向家长做出必要的承诺。

第四，互换照片。为了给幼儿一个熟悉教师的过程，同时也使教师认清每个幼儿，教师可以采取互换照片的方法，请家长在家帮助幼儿辨认老师，并用幼儿照片布置室内环境，为幼儿入园进行前期准备。

第五，家访中要留出不少于半小时的时间与孩子接触，通过游戏或参与游戏的形式进一步相互熟悉与了解。

新生家访实施

案例分析

新生入园第一天

新生入园的第一天，活动室里到处都是哭声，跳跳在妈妈的陪同下也来了，他似乎充耳不闻其他幼儿的哭声，很快把班上的玩具汽车都找了出来，不一会儿，二三十辆汽车整整齐齐地摆成了一条龙。这时，仕贤走过去拿了一辆汽车（显然，他也想玩汽车），没料到跳跳拿起另外一辆汽车就往他身上打。

老师加以制止，跳跳不再打了，但也不理睬其他人，继续玩他的汽车。子弦自己从玩具筐里拿了一辆汽车，没想到跳跳看到了，就跑过来要抢，嘴里还嘟囔着说："汽车，我的。"子弦不给，他就硬抢，两个人在活动室里打起来。吃饭前，大伙收玩具了，跳跳拿着玩具不肯收，满脸的不高兴。下午的自由活动时间，跳跳喊着"110 车，110 车"跑过来，原来，有个小朋友正拿着一辆警车在玩，跳跳准备抢，老师制止他，拿了另一辆车给他玩，他不要，推开了。老师批评了他。过了一会儿，又有小朋友拿了一辆公共汽车，跳跳又要有所行动了，老师用眼睛盯着他，说"不行"，并告诉他可以去跟她商量交换，或者去拿其他没人玩的玩具，不能抢小朋友的，跳跳扭过身子不理老师。第三天，跳跳来园时哭了，不让妈妈走，说："幼儿园不好玩。"

讨论分析：案例中的老师做法如何？如果你是她(他)，你会怎么做？

二、建立幼儿基本状况的档案

为了更好更快地帮助幼儿适应幼儿园的生活与学习，教师要通过各种方式了解孩子在家的详细情况，也可以请家长讲明有哪些要求和希望，打消家长的顾虑。教师可以请家长填写一份孩子在家情况调查表，还可以请家长写一份孩子在家情况说明书交给老师，使老师进一步了解孩子，掌握孩子的第一手资料，这样有利于帮助孩子顺利度过适应期。

档案包括幼儿入园登记表、幼儿入园基本情况调查表、幼儿入园花名册(表 1-1～表 1-3)。

表 1-1　幼儿入园登记表

姓名		乳名		性别		出生年月	
所报班级			是否第一次入园			是否健康	
家庭成员情况							
		父　亲			母　亲		
姓名							
出生年月							
文化程度							
工作单位							
职务							
单位电话							
家庭地址							
家庭电话							
移动电话							
休息日							
幼儿主要由何人照顾					联系电话		
幼儿主要由何人接送					联系电话		
家长签字			园长意见				
备注							

表 1-2　幼儿入园基本情况调查表

家长：

您好！

为了能够了解幼儿入园前的基本情况，以便幼儿园能够根据每位幼儿的特点有针对性地开展教育，促进幼儿全面和谐健康发展，特做此项调查。请家长在选择的内容上打√，并如实填写相关内容，谢谢您的合作。

序号	项　目	表现情况			备　注
1	食欲	旺盛	一般	厌食	
2	爱吃的食物				
3	不爱吃的食物				
4	会不会正确使用勺子吃饭	会	不会		
5	是否要在大人的提醒下才能入睡	是	不是		
6	平均每天睡眠总时间				
7	会不会自己穿脱衣服	会	不会		
8	最喜欢谁				
9	愿意与小朋友一起玩	愿意	不愿意		
10	会说简单的礼貌用语	会	不会		
11	是否怕生	是	不是		
12	敢于在集体面前讲话、表演	是	不是		
13	是否怕打针	是	不是		
14	喜欢玩什么玩具				
15	需要哪些特殊照顾				
16	对哪些药物或食物过敏				
17	您对幼儿园的期望				

表 1-3　幼儿入园花名册

区（市）		幼儿园（盖章）			班		年　月　日	
姓名	性别	出生年月	入园时间	父亲姓名	母亲姓名	家庭住址	联系电话	备注

三、营造“快乐之家”

班级是幼儿在幼儿园活动的主要空间，在幼儿入园前，教师要用心布置教室以及幼儿园的环境，通过一些充满童趣或是可爱的卡通形象的图画、剪贴画、壁画，使幼儿对环境产生新鲜感、亲切感；通过柔软的靠垫、温馨的窗帘、低矮的桌椅，尽量给孩子一种安全感。为了让幼儿对班级环境感到熟悉，入园初期可以允许孩子带自己喜欢的玩具、图书到幼儿园，教师可以称呼孩子的乳名，这些会让孩子倍感亲切，从而消除陌生感。另一方面，教师要像母亲般地爱护他们，说话轻一点，动作柔一些，使孩子产生安全感，并对教师产生依恋，以尽快适应集体生活。教师还可以有目的地带幼儿参观校园，到室外去玩大型的滑梯、转盘、摇椅；去采野花、小草；到其他班级去参观小朋友的生活活动，引导幼儿与同伴一起快乐地做游戏，并鼓励他在游戏中扮演角色，逐渐使其融入集体生活中。教师还可以设置丰富的游戏内容，通过组织幼儿进行桌面结构游戏、户外运动性游戏、角色游戏、区域性游戏等，给孩子营造一种最佳的心理氛围。

技能训练

一、课堂训练

案例 1

评价家访记录表

表 1-4　家访记录表

家访时间	1.21	班级	小三班	访问对象	小鹏妈妈	教师	魏老师
家访目的：早晨入园经常迟到。							
家访形式：面谈。							
家访情况：每次到 9:30 左右，小鹏才会来到幼儿园，有时甚至要到 10:00 左右才能来园，那时候正在开展主题活动，小鹏经常只能参与一半的活动，有时活动结束了才来。由于早上来得迟，所以也影响到了中午午睡的质量。经过了解，原来是他早晨起床后，要坐在床上看动画片，不肯起床。							
家长的建议：每天他早上 8 点左右就醒了，但是总是不肯起床，要在床上看电视，所以每天来得比较晚，希望老师能让他不要看电视。							
教育措施：天气比较冷，孩子早晨不肯起床是很自然的现象，家长在给孩子穿衣服的时候，可以为他们准备一台暖风机，那样就不会感觉到冷了。不能让孩子坐在床上看电视，可以采取拔掉电源的方法，坚持自己的意见，不能妥协。另外，老师要鼓励他按时入园，在集体面前教育孩子早睡早起，坚持锻炼，不怕冷。家长和老师要鼓励帮助他养成良好的习惯。							

思考讨论：请以小组为单位分析上面的家访记录表的优缺点，并谈谈可适当增加哪些栏目使家访记录表更完善。

案例 2

孤单

扫描二维码，阅读案例“孤单”。

思考讨论：谈谈应如何帮助和关爱这类型的幼儿？

二、实战演练

根据自己见习班级中幼儿存在的主要问题，选择对象开展一次有准备的家访活动，设计家访谈话记录表并填写家访过程、建议与措施。

拓展任务

一、阅读材料

材料 1

幼儿“入园分离性焦虑”

幼儿园刚开学，经常可以看到这种情况：有些幼儿被父母抱进幼儿园时还笑容满面，一下子便变了脸，拉着父母往外走不愿待在幼儿园。有些幼儿当家长踏进教室门时，便紧搂家长的脖颈又哭又闹，死活不肯进门。这些幼儿在幼儿园表现为饮食减少、睡眠不安、情绪不稳、少言寡语甚至是拒绝进食。如此现象，一般至少要持续几周，有些甚至长达数月之久。这种情况，在心理学上叫作“入园分离性焦虑”。消除幼儿分离焦虑，有助于幼儿愉快地参加幼儿园组织的各种活动，帮助幼儿与教师及同伴建立良好的关系，有益于幼儿身心健康。幼儿入园时，家长也会产生焦虑，解决好幼儿分离焦虑有助于缓解家长的焦虑不安，便于家长安心工作。下面，就一些较特别的孩子的表现做一观察和分析。

观察一：来园时，桐桐小朋友还没走进教室，就哇哇大哭起来，老师从他爸爸手里接过他的小手，他没有反抗，但还是哭着，当他爸爸离开后，他赶紧跑到后窗口，一边哭一边说：“我要在这里看我爸爸，爸爸从这里走过的。”

分析：其实，那里根本看不到他爸爸。但是，孩子就这么幻想着、期待着。教师没有破灭孩子的希望，对他说：“你可以在这里看爸爸的，但是你不能哭，你哭的话老师就不让你看。”他听了教师的话，果然降低了哭声，但是还是会断断续续传来哭声：“我爸爸等会儿会来接我吗？”教师就对着他点点头，他也能很快明白。等他情绪稍微稳定后，教师就去开导他：“现在爸爸肯定在上班了，你看不到了，我们先玩游戏吧，等爸爸下班了，老师再让你看，好吗？”他很信任教师，点点头，期待着爸爸下班的那一刻，暂时平息了他的哭闹。

观察二：君君小朋友在爸爸的牵领下，来到了教室，他一脸的迷茫，爸爸看到老师，放下手转身就走了。他没有一点哭闹的表现，当他爸爸离开后，他就原地蹲下来，低着头双手捂着脸，把小脸深深地埋藏起来。

分析：这是一个特别胆小而内向的男孩，他不喜欢大声地宣泄，而是选择抗拒和沉默。当教师走过去想把他抱起来，他劲很大，硬是不肯抬头看。教师再想用力把他硬抱起时，他发出很小的哽咽声。此时教师想做的安慰对他来说是没有用的，反而增强了他的抗拒心理。还是应该让他冷静些。于是，教师尊重了他的意愿，就任他蹲在那里。他一直保持着这样的一个姿势，过了一段时间后，教师再过去说：“君君，这样小脚会很酸的，来坐这里吧。”教师边说边轻轻地拉起他的手，他慢慢平复情绪，而且估计小脚也酸了，他就那样很温顺地顺从了，坐到了座位上。

观察三：还没见到人影就先听到一阵大声的哭闹声，这准是我班的涵涵。一路上，妈妈是抱着她走来的。在教室门口，更是艰难地走过来，因为她胖胖的身体一直在扭动着，反抗着。当老师从她妈妈怀里抱过她时，是费了九牛二虎之力才勉强抱稳，她还是一个劲地蹬着小脚挥着小手，用最大的嗓门哭喊着，无论你怎么安慰怎么哄骗，她就是不睁眼看一下，不停顿地哭喊。

分析：涵涵在家中是真正的小太阳，爸爸妈妈爷爷奶奶都宠着她，由着她，因此使得她的脾气很大。从她的哭声中，可以听出她的任性与一点点的霸道。看来要平息她的哭声靠哄骗是没有用的，冷处理也效果不好，因为像她这样，你越是不理她，她越是哭得厉害，你越是哄，她越会哭得更凶，目的是要引起你的注意。最好的办法还是分散她的注意力。于是，教师说：“小朋友都有自己的椅子，你的椅子呢？”果然，她睁开眼睛，看了看，总算暂停震耳欲聋的哭声。然而，刚坐定一会儿又发起一阵哭声，这次，教师就引导其他小朋友做游戏，来分散她的注意力，效果还真不错，她听到其他孩子的笑声就睁开眼睛看一下。就这样哭闹在断断续续中进行，教师利用她停哭的间隙，引导她也参与游戏，使她慢慢融入这个新的集体中。让她感到老师对她既关心又不是很宠爱，这样可以平衡她的心理，也能逐渐使她情绪稳定。

请思考：谈谈以上三个案例及其分析对你的启示。

材料 2

扫描二维码，阅读材料“幼儿入园准备的现状调查与影响分析”。

请思考：谈谈小班幼儿入园前准备状况的调查与分析给你的教育启示。

幼儿入园准备的现状调查与影响分析

二、思政话题

立德树人践初心，思政教育润童心

“立德树人”是教育的根本任务，学前教育作为人生教育的开端，更应该重视培养什么样的人和怎么培养人这一问题。

对幼儿进行思想政治教育是重要的教学任务之一，幼儿教师作为教育的主导者，要充分考虑到幼儿年龄尚小，思维能力和认知能力都还未发展成熟，面对这种情况，言传身教是最有效的方法，幼儿教师在实际教学中，要从自身做起，在与幼儿交谈时，要注意使用文明用语，还要注重自己的行为举止，为幼儿树立良好的学习榜样。其次，思想政治教育的内容也要有所区别，应选择幼儿熟悉的身边内容融入思政要素，将思想政治教育渗透进幼儿日常生活各个环节。比如礼貌用语的应用，教师可以指导幼儿在每天早上向父母问好，在来到幼儿园时向老师问好，向其他同学问好等，虽然是一件小事，但是却能促进幼儿文明意识的形成；比如用餐礼仪，教师要教育儿童独立进餐，在进餐的过程中，不能挑食，吃饭细嚼慢咽，不剩饭菜，节约粮食，进餐结束后主动整理餐具等。这些小事正是一个人文明素养的体现，也是思政教育效果的体现，通过这些不同的教学方式，实现幼儿思想政治教育目标，为思想政治教育贯穿幼儿园教育提供良好的前提条件。

请思考：根据幼儿身心发展特点，作为一名幼儿教师应该如何在幼儿入园准备环节贯彻“立德树人”？

案例 1

回 家 午 睡

某班幼儿明明，平时在家午睡的时间都在下午 3:00，上了幼儿园之后，每天午睡的时候老师在旁边哄着她也没办法入睡，其他孩子起床了，她又想睡了。由于明明有午睡的习惯，但又和幼儿园的时间不一致，加上刚入园生病了，明明奶奶心疼死了，最后奶奶只好在明明午饭后每天来接回家午睡，再慢慢地调整午睡的时间。

讨论分析：说一说小朋友出现以上问题的原因，谈谈你的解决措施。

案例 2

扫描二维码，阅读案例“爱哭闹”。

讨论分析：教师应如何应对爱哭闹的幼儿？

爱哭闹

知识学习

理论知识

幼儿到 2～3 岁，就会特别渴望与同伴交往，不愿一个人在家玩，这说明幼儿已经从个体活动发展到需要有交往的集体生活了。幼儿园就是幼儿的集体所在，但是对幼儿来说，从家庭到幼儿园，生活环境发生了巨大的变化。有些幼儿会不习惯新的环境，小班的幼儿新入园有这样的特点：刚离开父母、离开家庭，来到陌生的环境，他们的心理上会出现失落、惧怕的情感。往往有这样的情绪：怕生，不愿接近老师和小朋友；忧郁，独自哭泣；逃避，偷偷逃回家等。案例“回家午睡”中明明的午睡表现就很明显是对环境的不适应，案例“爱哭闹”中悠悠的反应就是一种非常明显的焦虑表现。幼儿初次离开家庭来到一个新环境，尽管那里有可爱的小朋友、和蔼的老师、好玩的玩具，但这一切无法打消“我要妈妈”的焦虑。其实，父母也会焦虑，对孩子的反常表现感到不安，不放心的父母还会反复回来偷偷观看孩子的反应，而那些毅然离开的父母也会有各种各样的担忧和困扰。一个恶性循环就此形成——孩子越是伤心沮丧，父母越会为自己的离开而不安，甚至会对自己的离开产生道德上的谴责。父母的犹豫不决、焦虑、担心又反过来传递给孩子一个信息——上幼儿园是非同小可的事，是令人担忧的，甚至是可怕的。

一、幼儿不愿上幼儿园的原因

幼儿为何不愿上幼儿园，原因大致有以下几方面。

1. 情感上的依恋性

大部分幼儿在刚离开自己的父母时都表现出不同程度的“分离焦虑”，产生情感上的恐惧与不安，这与幼儿的依恋性有关。一般来说，幼儿对环境越陌生或者平时对抚养者的依恋程度越高，他的分离焦虑也表现得越严重。

2. 习惯上的不适应

幼儿在家庭中自由散漫惯了，各有各的生活习惯和作息规律，到了幼儿园，要遵守统一的规则纪律，这种习惯上的冲击使幼儿感到极大的不适应，从而产生不愿上幼儿园的抵触情绪。

3. 能力上的压力感

幼儿园的集体生活对幼儿的生活自理能力、同伴交往能力、解决问题的能力等提出了新的挑战，如不会自己吃饭，要解小便不会告诉老师，不知道怎样与同伴玩，这种种能力上的欠缺都会使幼儿产生心理压力而害怕上幼儿园。

4. 人际对象和关系的变化

家庭成员尤其是亲子之间面对面的关系，使他们之间的互动频率很高。这种十分密切的相互关系和相互影响是在日常生活中实现的。家庭中的亲子关系相互影响，不仅因为血缘关系而得以加强，而且由于父母对幼儿的照顾，满足了幼儿的需要，这种养育关系是不可取代的。进入幼儿园后，幼儿的交往对象变得不固定了，无法延续家庭那样一对一的相对不变的关系。他们需要通过一段时间的幼儿园生活，才能与教师和同伴产生情感、建立信任。

5. 对环境的敏感

如果幼儿到一个新的环境，其注意力能够被环境所吸引，那么他就容易适应这个环境，反之他就会选择拒绝并企图逃避。许多幼儿入园时表现出的不适应与他们对环境变化的敏感性有关，而在群体生活中难免会出现个别幼儿被忽视的现象，被忽视的如果是对环境比较敏感的幼儿，就必然会加剧他入园的不适应。

二、幼儿入园不适应的表现

1. 哭闹

积极的心理暗示

有的幼儿整天哭，这常表现在入园后1～2天；入园后3～4天，幼儿会一阵一阵地哭，这表示幼儿基本上接纳了老师和小朋友，对环境也不再陌生、紧张；到后来只是偶尔想家时哭一阵，或听到、看到别的幼儿哭时，也会跟着哭几声。多数幼儿经过前面几个阶段，情绪基本稳定了，只是早来园、晚离园时会哭。

2. 恐惧、紧张、缄默

有的幼儿入园后一言不发，做任何事情总是小心翼翼，生怕出了什么差错。

3. 恋物

有的幼儿通常会从家中带一件喜欢的玩具，一直拿着不愿意放手，如果老师要求他放下，他会用哭闹来反抗。

4. 喂食困难、拒食、食欲下降

有的幼儿表现特别激烈，并拒绝吃任何东西。当老师把食物靠近他们时，他们常用吃过了或回家吃等理由逃避，如果老师态度坚决，他们便会以哭泣、跳脚等来表示他们的不满，以及他们极度想回家的心情。有的幼儿到了幼儿园就会吃得很少，没胃口，晚上一回家就会吃很多东西。

5. 入睡困难、惊醒、说梦话

有些幼儿在家每天都有午睡习惯，但在幼儿园，每天入睡都很困难，有时会大声说梦话，有时还会突然惊醒。

实务知识

为了让幼儿尽快适应幼儿园的集体生活，教师要与家长积极配合，共同努力，做好新生幼儿的入园指导工作。

一、组织家长辅导，给予入园准备的建议

1. 家长要做好幼儿入园的心理准备工作

每位幼儿从小在父母的身边长大，对父母的依恋已经成为一种习惯，一旦离开就会有许多的不适和恐惧。家长可以告诉幼儿："宝宝长大了，就应该上幼儿园，幼儿园还有钢琴、玩具、图书。在幼儿园可以学到许多本领，如唱歌、跳舞、讲故事等。幼儿园有许多小朋友，大家可以在一起游戏、玩耍。老师像妈妈一样喜欢每一个宝宝。"通过讲述让幼儿从心理上对上幼儿园产生憧憬。

2. 家长要做好幼儿入园的身体准备工作

由于环境的改变、分离的焦虑、交叉感染机会的增多等因素，幼儿入园后初期生病概率会比较高。因此，家长在孩子上幼儿园的时候要为孩子积极做好身体上的准备。平时要增加孩子的户外活动时间，在饮食上也要调整好，增强孩子的免疫力。在饮食和午睡的时间上也尽量和幼儿园的饮食、午睡时间一致。

3. 家长要做好幼儿入园的能力准备工作

提前培养幼儿的基本生活自理能力，如定时吃饭、主动喝水、学会上厕所等。

4. 家长要做好幼儿入园的物质准备工作

幼儿园上学所需的被褥，家长应提前按尺寸大小缝好，让幼儿在休息时舒服、安逸。缝好的被子角上写好幼儿的名字，以便老师晒被子铺床。给幼儿穿的外套、鞋帽应该是易穿易脱的，以便老师根据天气的变化给幼儿增减衣物。患病需吃药的幼儿，家长可以把药带上送到保健室，向保健老师说明幼儿的姓名、班级、服药的时间和剂量，以便保健老师按时按量给幼儿服用。适应性较差的幼儿，可征得老师的同意，带上一样最喜欢的物品入园，如一件玩具或午睡时自己的小毛巾被等，使幼儿产生亲近心理，尽快适应集体生活。上幼儿园的第一天，家长可以给每位幼儿胸前衣服上做个标志写上名字，或直接写在手背上，以便老师及时地了解每位幼儿的情况，能及时叫出每位幼儿的名字来。

二、开放幼儿园给家长、幼儿参观，去除幼儿陌生感

教师可以要求家长提前利用假期带领幼儿参观幼儿园的园舍，熟悉幼儿园的环境，让幼儿玩一玩园里的大型玩具，如滑滑梯、蹦蹦床等；带幼儿看看园舍内墙上的壁画，再讲一讲其中的故事，让幼儿对幼儿园产生兴趣，知道幼儿园才是孩子们的乐园，减少幼儿的陌生感。

三、举办开学亲子活动

入园初教师可以采用父母陪伴方式，让孩子在父母陪伴下情绪愉快地参加幼儿园的活动，主动地熟悉幼儿园的环境、熟悉老师、熟悉幼儿园的一日作息，父母也可以了解幼儿在学校的生活学习过程，能够更放心地留下孩子，使孩子们能主动适应新环境，逐渐达到不哭闹。开学举办亲子活动，还可以尝试让家长来当老师，辅助教师共同指导自己的孩子洗手、如厕、使用毛巾、自选餐、整理并放好自己的餐盘、对应放玩具。让家长从旁观的角色转变为孩子的指导老师，家长一对一地指导，能够提高幼儿入园适应的效率和效果。

四、重视入园之初活动的设计与安排，尽快建立和谐的师幼关系

微课

新生幼儿入园指导工作

1. 制作胸卡

教师可给每个孩子制作一张胸卡，写上孩子的姓名和昵称，并挂在孩子胸前，这样便能很快熟悉孩子，叫出孩子的名字，使孩子迅速产生亲切感。

2. 对“号”入座

幼儿入园的第一天教师要给孩子安排固定的座位，并在每个孩子的椅子上贴上孩子喜欢的小动物图案或孩子自己的照片，帮助孩子对“号”入座。

3. 多点名

初入园幼儿的情绪很不稳定，缺乏集体意识，常常表现得比较“自由”，因此，教师要尽量让孩子在自己的视线范围内活动，经常清点人数，以防孩子走失。

4. 尽快记住每位幼儿的名字

新生入园后，教师要尽快熟悉每位幼儿，让每位幼儿在教师的心中定位。记住幼儿的名字有利于教师的工作。如孩子在做一些危险的事情时，你只要一喊他的名字，就会中断他的行为；下午，接孩子时只要家长报上幼儿的名字，幼儿就可以被教师很顺利地送到家长手中。当然，要问清楚接的人和孩子的关系，还要查看接送卡，以免接错幼儿。

5. 掌握引导沟通技巧

（1）适时转移注意力。根据幼儿注意不稳定、易受外部因素影响的特点，幼儿入园初期，教师可精心组织一些有趣的活动，让他们陶醉在这些精彩的活动中以消除与亲人分离和陌生环境所带来的孤独感。如：教师可以给他们讲好听的故事，组织幼儿观看动画片，带他们到户外玩大型玩具，组织他们玩有趣的“开火车”“拍皮球”等游戏，这些都可以吸引和转移他们的注意力，使他们沉浸在活动中，忘掉心中不愉快的事情。

（2）身体接触降低陌生感。新入园幼儿早上入园时，心情往往都很紧张甚至害怕。此时，教师亲切友好的态度会给孩子带来心理上的安全感。教师以和蔼的态度和笑脸迎接孩子，亲切地摸摸孩子的头、脸或者将其抱在怀里等，都可以使孩子紧张的情绪得到放松。吃饭时鼓励幼儿多吃饭，帮助幼儿吃好饭，不会自理的幼儿，老师可以喂他，让幼儿感知老师对他的关爱；幼儿口渴了及时给幼儿喝水；幼儿不小心尿裤子了，教师应说：“没关系，老师帮你洗洗，给你换下来。”让幼儿切身地感知到老师像妈妈一样亲切，如果严厉训斥幼儿，会影响幼儿的情绪。

案例分析

选择性缄默

笑笑小朋友在刚进幼儿园的一段时间几乎不说话，虽然她在家里话很多。一整天，她只是在向老师提要求时才说最简单的话，如：“我想尿尿。”但她似乎非常注意观察老师和别的小朋友，她看人的眼神非常专注，几乎是紧盯着对方，尤其注意观察老师的言行。她会记住幼儿园一日活动的许多细节，回家后详细地复述给父母听。她告诉妈妈她害怕幼儿园，不想上幼儿园，她说自己不知道为什么不想说话。

讨论分析：案例中的笑笑为什么会这样呢？如果你是她的班主任，你会怎么做？

参考回答

（3）教师的游戏选择、活动设计组织要得当。幼儿初上幼儿园，对新的环境感到陌生胆怯，往往对一日生活不知所措。对此，教师可采用幼儿喜爱的游戏方式帮助他们熟悉幼儿园的环境和周围的小朋友，放松幼儿的紧张情绪。如：教师可组织“旅游团”的游戏带领幼儿参观幼儿园的活动室、寝室、厨房和室外大型玩具等，教师以导游的身份告诉幼儿，这是什么地方，这些可以用来做什么，小朋友每天在这里可以做什么，让幼儿在轻松的游戏中熟悉幼儿园的环境。通过玩“打电话”“猜猜我是谁”“找朋友”等有趣的游戏让幼儿互相熟悉，互相沟通，这样可以有效地减轻身处新环境下的陌生感和恐惧感，焦虑的情绪也可以得到

缓解。需要注意的是，幼儿初上幼儿园，心里想得最多的还是爸爸妈妈。老师在组织教学时可以避免提到家里人，不要玩过家家之类的游戏，以免引发幼儿恋家的情绪。做一些幼儿感兴趣的游戏，如竞赛类、技能类的。鼓励幼儿积极参与，老师和幼儿共同参与，缩短老师和幼儿的距离，让幼儿通过快乐的游戏真正体会到上幼儿园的乐趣。

(4) 教师多鼓励、多表扬强化幼儿入园的信心与积极性。新入园的幼儿年龄虽小，但他们的自尊心、好胜心却很强。针对这一特点，教师在日常生活中要注意观察幼儿的一言一行，善于捕捉孩子在不经意间表现出来的闪光点并及时给予奖励强化，这些都有利于孩子形成愉快积极的情绪体验，并增强对教师的依恋感。教师可以根据每个幼儿的特点有针对性地夸夸孩子。如："看，你的衣服多漂亮""声音真响亮""自己走着进来，真棒"等，这些都会让幼儿感觉到老师亲切、慈爱、喜欢他，不安全感就会消除许多，心情也会逐渐平静下来。老师要及时表扬和鼓励幼儿的每一点进步，如上幼儿园没哭、把自己的早点吃完了、主动向老师问好了、向爸爸妈妈说再见了等等，教师都要及时给予肯定，可以采取奖励小红花、分发糖果的方式，增加幼儿的自信心。

(5) 教师和家长及时做好沟通工作。在下午离园时，教师可用简短的话语向家长介绍幼儿一天在园的情况，需要家长配合的要及时通知家长。如：幼儿一天在园的生活、学习状况；幼儿当天的作业，需要家长配合的注意事项；等等。请家长留意的事情包括：

注意事项 1：接送孩子的人员要固定，如果变换了人来接，要及时告知班主任。刚入园时，要尽量固定人员。刚开学两周，下午要早接。

注意事项 2：孩子进入陌生环境，哭闹是正常现象，所以，早晨送孩子，放下就走，不要多停留，根据老师的经验，停留时间越长，孩子哭闹的时间会更长。

注意事项 3：坚持送孩子入园，不能三天打鱼两天晒网。

注意事项 4：孩子在家如有特殊情况应及时告诉老师，如过敏了、有点感冒了、肚子不舒服了等，以便老师更多地关注到他。

注意事项 5：早晨送孩子入园，注意看看孩子口袋里有没有装危险品，如小扣子、牙签、小刀等。

五、制订幼儿园班级工作计划

制订班级工作计划是幼儿园教师一项非常重要的任务。幼儿园班级工作计划是为实现班集体管理目标而预设的工作实施内容、途径和方法。它既是指导班级活动，保证教师和家长对幼儿教育影响一致性的前提条件，又是改进班级管理工作，提高班级管理工作质量的重要保证。幼儿园班级管理人员通常需要制订的班级工作计划有班级学期(年)保教工作计划、月计划、周计划、一日活动安排等。

1. 班级学期(年)保教工作计划

班级学期(年)保教工作计划是结合本班幼儿情况制订的学期(年)的工作重点和具体的工作措施和工作安排。内容包括养成教育、保教工作、家长工作、安全工作等方面。幼儿园班级学期(年)保教工作计划主要包含计划名称、班级基本情况分析(如学习情况、品德情况、身体状况、个性状况、人际关系情况等)、指导思想(《幼儿园教育指导纲要(试行)》《规程》《3-6 岁儿童学习与发展指南》等)、班级工作目标(幼儿发展、教师发展、家长工作等)、主要工作及措施、学期(年)内每个月主要活动安排等基本要素。

2. 月计划

月计划的制订应在总结上月工作目标执行情况以及幼儿发展情况的基础上，提出本月工作目标。月目标与学期目标之间要体现层次分解性，本月目标与上月目标之间应体现渐进发展性；围绕月目标选择的教育内容应体现整体性、季节性、适量性，并制订与之相应的措施。幼儿园班级月计划主要包含计划名称、幼儿情况分析、本月工作重点、五大领域的月目标、教学内容、环境创设要求、家长工作等基本要素。

幼儿园班级周计划的制订

3. 周计划

周计划是教师对班级一周内工作制订的方案，在月教育活动和具体教育活动之间起着承上启下的作用。周计划是幼儿园重要的工作计划，可反映出一周全部的保教工作面貌。通常，幼儿园各班的周计划都会张贴在家园联系栏里，以便家长了解幼儿园的保教工作，做好家园配合工作。幼儿园班级周计划主要包含计划名称、周次、周保教目标、周工作重点、周教学内容和活动场地安排等基本要素。

4. 日计划

日计划是指幼儿园班级在一日常规工作方面的具体规划。幼儿园一日常规工作主要包括入园离园、自由游戏、教育活动、生活活动、户外活动等基本活动，以及串联一个活动与另一个活动的过渡环节。一日常规工作安排应遵循整体性、动静交替、分散与集中结合、预设与生成结合的原则。幼儿园班级日计划主要包含计划名称、一日活动时间安排、一日活动内容具体项目等基本要素。

技能训练

一、课堂训练

案例 1

幼儿陌生感的化解

新学期开始了，幼儿园又迎来了一批新朋友，他们个个聪明可爱，一双双小眼睛不时地打量着新的环境，可当我笑盈盈地从家长手中接过他们时，有的小家伙不乐意了，尖叫着要妈妈，就连教室里不哭的孩子的情绪也被感染了，整个教室就像是被引爆的定时炸弹炸开了。再等一会儿厨房就要送早餐了，稳定幼儿的情绪非常重要。

我和搭班老师商议把孩子分成两拨，把哭的孩子带到寝室，因为那里较为安静，有助于缓解孩子情绪，留一位老师专门照看这群孩子。当我带着孩子们来到寝室，孩子还是不停地叫着妈妈。我知道转移孩子的注意力有助于孩子忘记思念，我故意装出很神秘的样子，张大我的嘴巴，告诉孩子不要出声音，“嘘！小老鼠你在哪里？快出来和我们一起玩！”我神神秘秘地带着孩子们在寝室里转悠，请孩子们帮我找找看，小老鼠是不是藏起来了。这时我发现孩子真的止住了哭泣，一本正经地盯着我手指的方向。

讨论分析：参考以上教师做法，谈谈在开学初的活动中可以通过哪些途径化解幼儿的陌生感与不适应。

案例 2

扫描二维码，阅读案例“幼儿适应性问题的应对”。

讨论分析：幼儿适应性问题应如何应对？

幼儿适应性问题的应对

二、实战演练

生活活动是刚入园的孩子最惧怕的，孩子在情感上总想找到一些依赖，因此，一到各种生活环节，孩子就会哭闹。而且孩子在幼儿园吃得怎样、睡得怎样，也是家长最担心的。

请结合见习活动，设计一个幼儿迎新活动(参考选题“我们真能干”“游戏真快乐”)，帮助刚入园的孩子缩短过渡期，消除孩子的焦虑和家长的担心。

拓展任务

一、阅读材料

材料 1

幼儿入园初期哭闹解决方法

1. 提前熟悉法

所谓提前熟悉法就是让幼儿在入园前提前熟悉幼儿园。家长可以经常性地带幼儿到园内玩耍，

指给幼儿看一些漂亮的墙饰画，告诉他们是老师画的，幼儿园老师最喜欢小宝宝，使其对幼儿园产生向往之情。

2. 表扬鼓励法

幼儿一旦入园开始集体生活，老师就要注重个体差异，对不同性格特征的幼儿分别对待。如对一些性格温柔、胆小、乖巧的幼儿采取表扬鼓励法，用亲切的语气说老师喜欢他，准备一些小红花、小玩具、小图书、小糖果等奖励给他们，这样可以使部分幼儿安静下来，同时对哭闹的幼儿也起到一定的榜样作用。

3. 事物吸引法

用一些能够引起幼儿兴趣的事物转移注意力。比如：新奇的玩具、新近热播的动画片、幼儿熟悉的音乐、好玩的游戏等，让他们被这些事物所吸引，缓解、淡化分离的焦虑和痛苦。允许幼儿从家里带自己喜欢的玩具，以减少对幼儿园的陌生感。

4. 泰然处之法

美国心理咨询专家帕蒂惠芙乐在《倾听孩子》一书中说道："要理解孩子对哭的需要"，"哭泣是愈合感情创伤的必要过程"。也就是说，对于极个别采取蛮横、极端手段（如在地上边打滚边哭，对其他幼儿或老师进行攻击）的幼儿要理性对待。因为正如帕蒂惠芙乐所说的：他们"需要哭"，当什么办法都不管用的时候，不妨试试"泰然处之法"。在保证幼儿和自身的安全前提下，进行"理性"的对待，蹲在他身边亲切地注视、耐心地倾听；给孩子一个适应、缓和的机会，一个与老师进行感情交流的机会。

请思考：你会使用哪种方法缓解幼儿入园初期哭闹？为什么？

材料 2

扫描二维码，阅读材料"走入班级的入园亲子活动案例"。

思考讨论：谈谈以上亲子活动案例给你的启示。

走入班级的入园亲子活动案例

二、思政话题

耐心、爱心、责任心

作为一名幼儿园教师，不仅仅需要去简单地传授课本上的知识，还需要注意培养和引导幼儿，发现他们的潜力，挖掘他们的潜力。教师和孩子一起成长，一起学习，感受他们的快乐和生活的变化，发现他们的进步，也是对自己付出的一种回报和一种肯定。我们的教育是必须要面向社会的，与此同时还要面向生活；我们要让我们的教育走向社会，走进生活，在此基础上要为幼儿提供更多的动手动脑的场合和实践机会，要给幼儿提供更多的选择，让他们能够自己动手进行实践操作，能够在实践中学习，能够有所收获。

在日常的教学活动中，为了更好地执行教学计划，我们必须多多思考教室里的区域如何使用，集体活动、户外活动如何开展，如何帮助幼儿抓住学习机会，提供给幼儿教师的资源有哪些等等问题。幼儿教师想要做好工作不是件容易的事，我们必须要用心。爱是一种信任，爱更是一种理解。我们既要爱孩子，教育孩子，更要用心去观察孩子，去读懂他们，多多关心儿童的生活成长。

要想更好地影响孩子，我们应该做到因材施教。对特别的孩子，我们要有特别的教育方式。比如：在"熊"孩子做错事的时候不能严厉批评，要细心引导，让他明白道理。对于性格内向的小朋友，我们要不断地鼓励他们，这样他们才能放开自己。对于活泼调皮的孩子，需要我们随时提醒，他们才能管好自己，做自己该做的事。在日常工作中，我们要有耐心。耐心是爱心和责任心的基础。我们必须具有更强的心理素质，忍耐住性子，始终以积极的心态来面对高难度的工作。

对幼儿教师来说，不管是执行力还是影响力都是必不可少的，幼儿教师从大的方面说要对孩子的终身发展负责，从小的方面讲就是对孩子的人身安全、衣食饱暖甚至每天的喜怒哀乐负责。所以，我们必须要用爱和耐心去培养孩子，静静地品味这平凡中的幸福。

阅读以上文字并小组讨论，交流感受与启发。

单元小结

幼儿入园适应是每个孩子都需要经历的一个阶段。在这个过程中，孩子们需要适应新的环境、新的人际关系、独立生活技能、基本礼仪习惯、语言表达能力和社会适应能力等一系列的变化。家长和老师需要为孩子们提供足够的支持和引导，帮助他们尽快适应新的环境和人际关系，掌握独立生活技能和基本礼仪习惯，提高语言表达能力和社会适应能力，增强自我保护意识、学习兴趣和动力，建立健康的生活习惯等。通过这些方面的培养和锻炼，孩子们能够更好地适应幼儿园的生活和学习环境，为未来的发展打下坚实的基础。

单元练习

在线练习

一、填空题

1. 2～3 岁幼儿身心发展特点分为________、________、________三大方面。
2. 2～3 岁幼儿各种心理活动带有明显的________，记忆及思维都是通过直接与该事物接触或在活动中进行。
3. 分离焦虑是儿童焦虑症的一种类型，多出现于________期，主要表现为婴幼儿与________分离时产生的焦虑反应。
4. 家长需要加强幼儿________、________和________等方面的训练，以增强幼儿入园后的生活适应能力。
5. 幼儿入园不适应的表现有________，喂食困难、拒食、食欲下降，入睡困难、惊醒、说梦话。
6. 为了让幼儿尽快适应幼儿园的集体生活，家长需要为幼儿做好________、________、________和物质准备工作。
7. 2～3 岁幼儿情绪发展的明显特征是________和________，他们的情绪非常外露，极易受环境的影响。
8. 幼儿入园前的家访有别于其他家访，应注重考虑如何________以及如何________的问题。
9. 当幼儿常常说“我要”“我自己”等词时，说明幼儿________意识初步萌芽并发展。
10. ________和________是幼儿入园初期最普遍、最典型的情绪反应和行为表现。

二、简答题

1. 简要说出幼儿不愿上幼儿园的原因。
2. 简述幼儿入园初期哭闹的解决方法。

三、案例分析

程程上幼儿园快 1 个月了，这几天上幼儿园之前总是哭，并且哭得很厉害，感觉好像特别害怕幼儿园。老师说，在幼儿园表现还可以，可以和小朋友一起玩，早上在幼儿园哭一会就好了。可是孩子回家之后稍有不顺心，就哭个没完，脾气也变得越来越坏。程程的妈妈问幼儿园老师，程程这样实在让人伤脑筋，她是不是在幼儿园受了什么委屈，或者心理有了阴影？

1. 请分析程程出现以上问题的原因。
2. 谈谈你的解决措施。

四、论述题

论述如何在入园之初尽快建立和谐的师幼关系。

聚焦考证

1. 小班的明明小朋友入园一个多月，每天还哭闹不止，作为老师该怎么办？
2. 新生入园，家长每天数次电话或微信向老师询问幼儿在园情况，作为老师应该怎么办？

单元二
班级环境创设

单元导读

幼儿园班级是幼儿活动的重要场所，班级环境对幼儿心理的影响力不可低估，因此，班级环境的有效创设是每位幼儿教师工作的重心。班级环境是指在幼儿园班级中对幼儿身心发展产生影响的物质环境和心理环境的总和。幼儿园班级环境创设是指在以班级为单位的空间中，幼儿和教师依据教育目标以及儿童的物质和心理需求共同创造和布置班级物质环境和心理环境的过程。如何有效创设班级环境，促进幼儿的主动学习成为幼儿教师工作中一个亟待解决的问题。《幼儿园教育指导纲要（试行）》（以下简称《纲要》）明确要求："幼儿园应为幼儿提供健康、丰富的生活和活动环境，满足他们多方面发展的需要，使他们在快乐的童年生活中获得有利于身心发展的经验。"《规程》也指出："要创设与教育相适应的良好环境，为幼儿提供活动和表现能力的机会和条件。"幼儿园的环境是为儿童发展而设计的，环境创设迫切需要站在儿童的角度，聆听儿童的声音，注重儿童个性的发挥与发展，促进儿童的个性化发展。同时，班级环境作为幼儿园班级的隐性教育资源，为幼儿提供了一定的活动和游戏的空间，成为幼儿教育过程中的重要组成部分。因此，科学创设幼儿班级区域环境对幼儿发展有着至关重要的作用。

本单元主要阐述班级环境创设的意义、内容和特点，以及班级环境创设的原则和建设措施。通过知识学习、技能训练、拓展任务练习等，帮助学习者掌握班级环境创设方案制订的方法，提高对环境建设育人功能的领悟与设计的能力。

学习目标

➢ 素质目标

1. 增强立德树人意识，形成文化育人、环境育人的观念。
2. 具备工作岗位必备的创新精神和工匠精神。

➢ 知识目标

1. 了解班级环境创设的意义、内容和特点。
2. 掌握班级环境创设的原则及建设措施。

➢ 能力目标

1. 具有分析班级环境创设问题的能力。
2. 能制订班级教室环境创设方案，根据需要布置班级环境。

思维导图

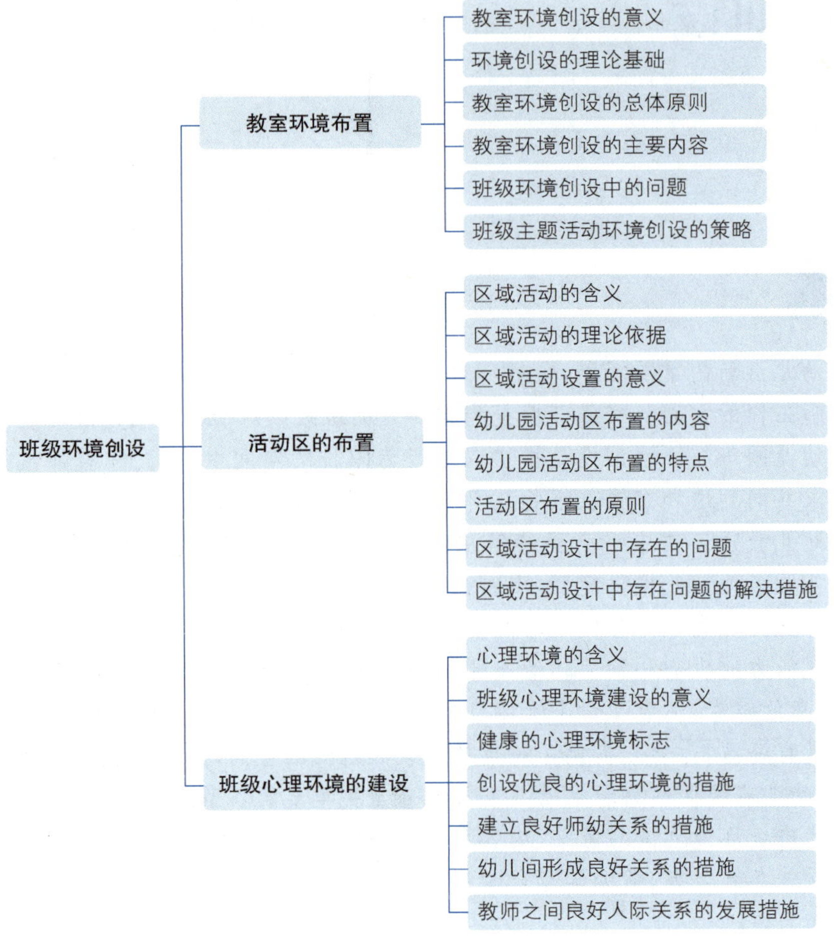

任务 1 教室环境布置

情境导入

案例 1 观察图 2-1 并进行如下讨论。

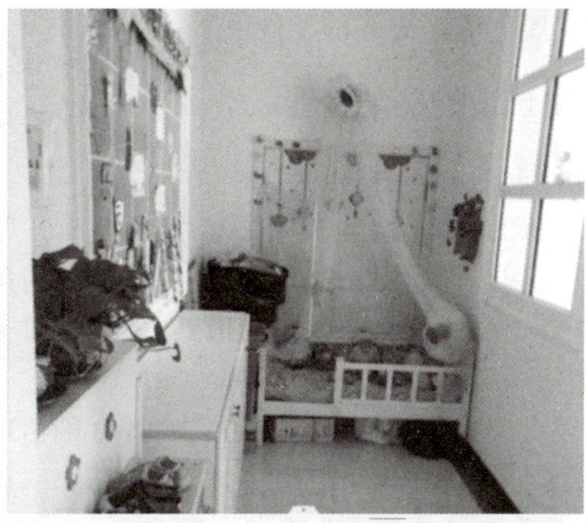

图 2-1　教室环境示例

讨论分析：1. 布置教室有什么好处？对幼儿发展有何意义？
2. 教室环境创设的原则及有效措施是什么？

案例 2

扫描二维码，阅读案例“大班活动室天花板的布置”。

讨论分析：你觉得哪位老师的做法比较合理？为什么？

大班活动室天花板的布置

知识学习

理论知识

一、教室环境创设的意义

教室环境布置是指对班级教室环境进行的布局、改造、装饰、摆设等活动，旨在为幼儿提供一个优美、舒适，有利于开展主题活动的环境。《规程》指出：幼儿园要创设与教育相适宜的环境，为幼儿提供活动和表现能力的机会和条件。环境是重要的教育资源，应通过环境的创设和利用，有效地促进幼儿的发展。幼儿的成长在某种程度上来说就是与环境相互作用的过程，环境对幼儿具有特殊的意义。幼儿园环境是幼儿园生态系统中的重要构成部分，发挥着重要的隐形教育作用，在开发幼儿智力、促进幼儿个性发展方面都会产生潜移默化的影响。班级是幼儿生活的场所，班级环境创设既为幼儿的积极参与提供了活动机会，又为幼儿的发展创造了有利的条件。

二、环境创设的理论基础

1. 蒙台梭利的环境教育观

蒙台梭利认为，幼儿的健康成长和发展与其自身所处环境息息相关，并且极其重要。环境是一种时机，与水和空气一样，能为幼儿心理发展提供必要的条件。合适的外部生活环境是幼儿成长和发展的必要条件，同时能够拓宽儿童今后的生活道路，如果脱离了适宜的环境，幼儿的精神生命发展就会停滞不前。

瑞吉欧教育的环境观

2. 瑞吉欧理论的环境教育观

瑞吉欧教育模式中的环境是基于它的教育价值取向而创设的，认为教育的目标就是要为幼儿创造一个和谐的环境，使身处于这个环境中的每一个幼儿、教师都感到自在、愉悦和生活幸福。瑞吉欧教育理论强调"互动关系"和"合作参与"，包括教师和学习者的互相沟通，关怀和控制的不断循环，以及教育活动相互引导的过程。

3. 建构主义理论的环境教育观

皮亚杰认为，儿童的发展是主动建构的过程，儿童是在与周围环境的相互作用中发展的。因此为儿童提供良好的环境，并鼓励儿童参与环境创设、与环境进行积极互动，是家长和教师的基本任务与责任。维果茨基的"社会性建构"理论也指出：儿童生活的文化环境、人文环境等是儿童发展的重要条件。班级环境的创设，要调动儿童在创设中的主动建构，引导他们积极与环境互动将极大促进幼儿的发展。

4. 人本主义理论的环境教育观

人本主义理论认为教育环境的良好创设和营造对学生成长至关重要。教育环境应该具有民主、平等、自由的氛围，教育场所应该符合学生的生理和心理需求，通过营造良好的教育环境来激发学生的学习兴趣和积极性。

5. 生态系统理论的环境教育观

布朗芬布伦纳在生态系统理论中，将环境分为四个层次：微观系统、中介系统、外部系统和宏观系统。幼儿园隶属于中介系统，中介系统的质量会影响幼儿的思维、行为以及适应和发展，对幼儿产生重要作用。

三、教室环境创设的总体原则

微课

教室布置的总体原则

1. 目标性原则

主题选择时要符合幼儿园教育目标，与教学内容和教学计划相一致，环境创设上要兼顾德、智、体、美、劳等方面的内容，不能在幼儿健康、语言、社会、科学、艺术等五大教育领域上厚此薄彼。因此，在环境创设选择上，凡是能增加幼儿的身心发展经验、符合幼儿园教育目标设计、促进幼儿德智体美劳全面发展且属于五大教育领域的，都应该形成系统的主题环境创设内容。

2. 发展性原则

环境布置的发展性原则是指根据当前的教育目标和幼儿的现有水平，分期变换创设。如：小班初期，幼儿绘画技能有所欠缺，教师和孩子合作创设环境；到了中班，幼儿的绘画技能有所提高，作品也很丰富，可以开设"个人小画展"；到了大班，教师针对孩子会照相的技能，提议孩子们可以开设"个人摄影展"，使孩子们的审美情趣又有所提高，并且这一活动也能培养幼儿的交往能力、语言表达能力等。

3. 安全性原则

幼儿自我保护意识差，他们生活在幼儿园班级中，跑步、追逐、嬉戏，难免会有一些磕磕碰碰，这样就要考验教师环境创设的能力，如活动场地应平整，避免凹凸布局，不同接口的交角应做成圆弧，并采用防滑、柔性的材料，绿植地区应选择不含刺或黏液的植物，栏杆应避免儿童攀爬的危险，桌椅的棱角应妥善处理，避免意外伤害儿童，室外装饰或玩具铁件应尽量防止腐蚀，木质材料应防止腐烂等。

4. 经济性原则

环境布置时可以运用各种材料，特别是废旧材料。如设计"绿色乐园"，就用挂历纸、旧竹签、棉花等多种材料，教师可带领幼儿到设置的生态环境中亲自栽种植物、喂养小动物，可让幼儿一起利用各种废旧材

料参与制作，幼儿在操作中学习，产生兴趣，自然而然地增强了环保的意识，以及热爱大自然的美好情感。

5. 参与性原则

环境创设应该让幼儿参与，征求幼儿意见，共同完成幼儿园整体环境创设。幼儿参与主题环境创设主要体现在参与设计、收集和准备材料、布置、操作、管理等。幼儿在参与主题环境创设的过程中，要学会与环境互动，用自己的双手和想法布置创设学习和生活环境。如进行食育主题环境创设时，可以让幼儿参与制作自己喜欢吃的菜肴，运用绘画、废旧材料等制作出来。

6. 互动性原则

幼儿园教室环境从内容来源、主题的产生等方面都应生动、直观、真实，再现师幼之间近距离的对话。幼儿园环境创设是教师与幼儿合作、幼儿能以小主人的身份亲自参与的教育过程。因此，在实践工作中，环境创设方面应重视师生共同参与，坚持师生共同讨论主题，共同设置布局，真正发挥幼儿的主体性和参与意识。

7. 审美性原则

具有趣味性的环境更容易诱发幼儿去操作和探索，成为一个主动的学习者。环境创设要给人以美的感受，在构图、色彩、造型上要符合审美情趣。如主题环境创设中的室内外墙饰，画面要形象逼真、色彩搭配协调、布局合理，要富有儿童情趣，培养幼儿的审美能力，要注重趣味性与审美性相结合，给人以耳目一新的感觉。

8. 创造性原则

创造性在环境创设中具有非常重要的作用。如教室墙面中有两根暖气管，自下而上，如果巧妙布置会别有一番风味，可以用绿色的豹纹纸缠住做树干，牵牛花自下而上环绕上去。又如孩子们开展主题活动“飞向太空”，每人画了一幅图，若把幼儿作品摆成火箭形状，再添其他东西，一定令人耳目一新。

四、教室环境创设的主要内容

1. 班级墙面

班级教室墙面通常包括：主题墙面、区域墙面、其他墙面（家长园地、班级之星、值日、奖励、班级工作安排、提示和天气栏等）。

幼儿园班级墙面创设

（1）主题墙。幼儿园班级主题墙设计是指教师或幼儿围绕中心议题或与之相关的内容来创设的活动室内外墙面环境，它是一种隐形的课程资源，具有教育或审美的功能。

班级主题墙创设不仅能推动课程的生成、开展，还能成为幼儿学习探究的一种“记录板”，在每个主题活动中或活动后，教师和孩子们一起将活动内容、探究结果以照片、文字图画等多种形式体现在班级环境上，以此来呈现整个主题活动的进展情况，同时也借此帮助幼儿梳理、积累在活动中获得的相关经验。它可以真实地记录下幼儿和教师的学习过程和结果，让幼儿的学习“看得见”。

创设良好的主题墙不仅能激发幼儿思考，还能引导幼儿的行为与活动，改变幼儿的认识和理解。它为幼儿的合作学习提供了非常好的资源，在与墙面环境的互动中，幼儿的活动以及所获得的经验会引发同伴的模仿、学习及共同探究，形成一个学习共同体。而幼儿与墙面环境的互动过程又是教师了解幼儿的主要途径，如教师观察幼儿对哪些事物感兴趣，他们遇到了什么问题和困难等。在此基础上，教师可以通过创设变化的环境来支持和引导幼儿的活动从而使教育效果更加显著。

主题活动中，教师把控着班级环境创设的脉搏，初步实现了让墙面说话、环境育人的教育目标，使班级的主题墙创设在内容、空间和方法上，更加突出幼儿自身发展的个性，教师充分发挥特长和创新能力，增强创设教育环境的实践能力，提升教师自身的专业素质和教育理念，促进教师专业成长。

（2）区域墙面。区域墙面是配合班级美术区、阅读区、表演区、建构区、数学区、益智区等区域设置而布置的墙面。在区域墙面装饰中应体现幼儿认知特点，色彩上以艳丽的纯色为主；造型以稚拙、简洁为主要表现特点；内容与各区域的主题一致，以幼儿熟悉的东西为主。一定要具有知识性，根据不同年龄段的幼儿展现出不同的情景；让幼儿有一定的发挥空间，也可采取适当的留白，使幼儿和墙面互动，方便教师进行指导，充分调动幼儿积极性。区域墙面的设计要以幼儿为主，注意根据各年龄班幼儿的不同心理特点来设计墙面布置，突出主题，和幼儿实际生活相结合，并以图文并茂的方式呈现幼儿进区规则。

（3）其他墙面。家园联系、小红花园地专栏，是幼儿园班级必不可少的栏园。家园联系专栏是教师与家长之间沟通联系的园地，该专栏可以使家长了解、掌握幼儿园的教学情况，以及幼儿在园内的学习情况，配合教师做好教育工作。教师还要通过家园信箱栏目，向家长介绍一些教育信息，教育子女的方法。家长也可以把自己的意见、见解和要求，通过信箱传递给教师，共同为教育好幼儿做出努力。幼儿园设置小红花园地，是为了表扬和鼓励幼儿进步，激发幼儿积极向上的愿望。小红花代表的内容可以根据幼儿的特点和情况确立，如午睡小红花、进餐小红花、学习小红花、守纪律小红花、讲卫生小红花等。在周末总评时，就可以比一比，谁的红花最多，谁的进步最大，通过在幼儿园设置小红花园地，使孩子们能够在德智体等多方面得到发展。

2. 区域环境

幼儿园班级区域环境布置主要指的是班级区域的空间设置及布局，材料的选择与投放，班级区域标识语的创设以及墙面布置等等。班级区域环境布置通常包括五种类型：活动区域环境布置、自然角布置、走廊过道及吊饰布置、盥洗室环境布置和午睡室布置。

（1）活动区域环境布置。幼儿园班级区域包括美工区、数学区、生活区、科学区、语言区、建构区等。为使幼儿园的每一块墙壁、每一个角落都与幼儿产生交流作用，每班提供的活动区至少 4 个以上。环境和准备投放材料时，要有效地利用环境促进幼儿的发展，引导幼儿与环境相互作用，区域的选择上便于幼儿活动，材料的提供上利废利旧，便于幼儿取放，让幼儿在一个相对自由的空间里有机会和条件按照自己的意愿和兴趣通过具体的操作、体验去获得经验，发展认知能力，探索创造的无限空间。

（2）自然角布置。可以放置一些小动物和植物，便于幼儿轮流照顾、观察，掌握有关动、植物的知识。要求班级有自己的特色，归类摆放有层次感，动、植物长势良好，中大班实验区和记录有实效，发挥教育作用。

（3）走廊过道及吊饰布置。走廊与过道属于公共区域，它既是班级活动的空间，又是最让别人直观感受到班级特色的地方，布置时要体现班级特色，还要让幼儿感到亲切、有趣，并产生安全感、亲切感、归属感。悬挂的吊饰要符合班级幼儿年龄特点，并且要安全美观，有趣味性和一定的教育意义。

（4）盥洗室环境布置。盥洗室环境创设要考虑卫生和整洁，墙面上可以布置一些儿童卫生行为习惯养成的教育图片，让幼儿去观察、感受、检查自己，培养幼儿从小讲卫生、守公德的良好行为和习惯。

（5）午睡室布置。午睡室的色彩宜用蓝色系，蓝色给人以宁静、安详的感觉，有助于稳定幼儿情绪，帮助幼儿入眠。

实务知识

一、班级环境创设中的问题

1. 环境创设等同于展示，环境创设价值难以体现

从主题活动一开始，教师为了达到充分展示的目的，将收集的主题资料、幼儿的一系列作品一并往墙上贴，一面主题墙既是资料墙又是幼儿的作品展览墙，贴满了、丰富了，却成为一面名副其实的“花墙”。殊不知主题墙不只是一面墙，它蕴藏了许多教育的价值。视觉上满了，但是主题墙的教育价值没能体现出来。

2. 环境创设等同于随性，课程教学难以体现

环境创设没有真正从幼儿的兴趣、需要出发考虑问题，而是教师凭自己的主观判断和臆测去随意布置，具有一定的盲目性。比如：图片、照片资料在环境布置上是教师的首选，教师在请家长帮助收集资料时，由于没有很好地沟通，有些资料不能很好地突出主题，甚至于有些文字资料多于图片资料，虽然算是图片有了，文字有了，幼儿、家长基本参与了，可是难以看出环境创设和课程之间有什么关系，甚至这两者被

割裂开来，环境创设归环境创设，课程归课程。

3. 环境创设等同于独秀，幼儿主体性难以体现

幼儿教师心灵手巧，为了让环境创设达到完美效果，有的教师费尽心思用各种美术技能秀出绚丽多彩、精巧别致的作品。还有一种情况：对于幼儿来说，由于年龄特点的关系，更是丧失了参与环境布置的机会，区角等同于教师的创意角，孩子没有成为环境创设的主人，只是这个事件的旁观者，导致幼儿主体性难以体现。

儿童心理学及脑科学的有关研究都表明：积极有效的环创活动能激发幼儿思考，引导幼儿的行为与活动，改变幼儿的认识和理解。在主题活动中，墙面和区角环创就像"骨架"一样把主题涉及的各个方面和一系列活动呈现出来，通过课程创设班级主题墙和区角，由主题墙和区角来展现课程、推进课程，从而让环创与课程教学产生互动。

二、班级主题活动环境创设的策略

（一）关注幼儿发展，让幼儿成为环境的主人

1. 从幼儿经验、兴趣出发，确立环境创设的内容

（1）引导孩子多观察。在进行环境创设时，往往是教师动脑多，孩子动脑少，这样创设出来的环境是从教师兴趣和愿望出发的，没有考虑到幼儿的需要和现有发展水平，因而环境也失去了影响和促进幼儿发展的教育价值。所以，在创设环境之前，我们应先和孩子们讨论一下，以孩子的眼光创设环境。

（2）引导孩子多动手。在进行环境创设时，往往是教师动手多，孩子动手少，这样一来孩子们自身参与得少，对环境的理解和兴趣也不高。教师应该把权利还给幼儿，充分给孩子自主权，同时也能调动他们学习的积极性、创造性。在环境创设中，幼儿是否有自主选择和使用材料的权利，在很大程度上影响着他们参与环境创设的积极性。所以，主题环境的创设中，应在幼儿手所能及的空间内，为幼儿提供一个自主的环境展示平台，让孩子们把他们的创造性用小手大胆地表现出来。

2. 从幼儿意愿出发，提供自主选择的权利

每一个主题环境的创设，不仅是课程内容的体现、教学活动的反映，更是幼儿学习过程和结果的记录。因此在布置环境时教师可以根据幼儿水平创设一部分任务，让他们共同参与，让幼儿在这个过程中体验平等意识，培养他们的主人翁精神和参与意识，难度大的部分由教师操作，难度小的部分由幼儿操作，同时教师还根据作品内容、幼儿水平灵活添加一些操作内容，启发幼儿充分想象、自由表现。教师始终努力创造不断与幼儿相互作用的主题环境，让幼儿名副其实地成为环境设计的主动者。孩子们可以自由地选择老师为他们准备的各种材料，通过自发的学习或游戏来获取知识经验，不同能力层次的幼儿都可以通过自己的活动，选择、调整适合自己的学习内容，按照自己的意愿探索、尝试，做自己能力范围内的事情，使自己的能力水平得到了最充分的发挥。

3. 从满足幼儿多方面发展的需要出发，鼓励幼儿参与环境的设计和布置

幼儿是环境的主人，应该让他们按照自己的意愿和想法来设计创造教室的环境，这样的环境对幼儿来说也更具有教育意义。幼儿在这个积极投入、参与的过程中，其想象能力、创造能力和动手操作能力都得到了培养。这样会激发幼儿更充分地与环境相互作用。

（二）关注动态生成，让幼儿和环境互动对话

1. 将创设环境的过程作为幼儿的学习过程

环境是教学活动不可分割的一部分，它有时是教学活动的起始，有时是教学活动的延伸。为了让学有余力的幼儿进一步得到心理能力上的满足，让学力不足的幼儿有一个更长的消化知识的过程，教师可以在环境中将知识保留，并将其适当引向更广阔的空间。环境中的许多作品不仅装饰了幼儿园环境，还为教育、教学所利用。在环境与教学的互动中，两者互为一体又互相促进，环境不再是一种摆设，而是幼儿学习

生活的一部分。在创设主题环境中融进多种教育，使教师省时省力，体现了较强的教育性，而且生动、丰富的环境使幼儿更加轻而易举地掌握所学知识，从而使教学活动显得更精彩。

2. 利用环境的创设引发幼儿进行主动活动

幼儿对事物的认识，是通过他自身的感知和活动来形成的，所以教室环境的建设为幼儿通过主动活动获得知识经验提高能力创造了条件。在创设的丰富多彩的区角活动环境中，幼儿主动活动得到了最充分的体现。教师根据幼儿的活动情况，及时调整活动环境，使得环境能真正有效地促进幼儿的发展。

案例分析

“过大年”主题活动环境创设

教师预设的活动目标：以“过大年”为主线，将礼仪、风俗、民间艺术等融入其中，希望幼儿通过本单元的学习，能够知道春节是中国最重要的节日之一，也是中国人家庭团聚的日子；通过了解有关过新年的习俗，激发幼儿对中华民族传统文化的热爱，增进亲子间的交流；通过区域活动的创设，提高幼儿的动手能力及创造力。

开展“过大年”主题活动时，教师根据主题活动目标创设了语言区、益智区、生活区、表演区、美工区、亲子游戏区和建构区等，并根据主题相关活动，师生一起在区角内投放相关材料。

语言区：各种与过大年有关的图书、画册，各种记录海报和人们欢度春节的录像片，与家人过年的照片制成的相册；

益智区：师生收集的各种“年历”；

美工区：各种美工用具和剪纸、窗花、鞭炮、拉花、中国结等制作示意图和有关样本；

生活区：设置了一个家庭过年的情景，提供各种生活用品和厨房用具。幼儿可以根据需要布置房间，打扫屋子迎新年，也可以做许多好吃的，等等。

请思考并分析：在布置主题活动区角环境时，需要注意哪些问题？

参考回答

技能训练

一、课堂训练

案例1　主题活动“我是中国娃”环境创设

（一）主题目标

1. 知道自己是中国人，了解祖国主要的名胜古迹和人文景观，为自己是中国人而感到骄傲和自豪。

2. 知道中国是个多民族国家，了解几个少数民族的服饰、用品的特征，增加对少数民族的了解和热爱。

3. 初步感知世界著名的人文景观，对世界文化感兴趣，产生热爱和平之心。

（二）主题墙饰

主题过程中，我们整合各种资源创设主题墙，从阅兵式内容在主题墙的呈现，到整个主题墙内容完整呈现，都随着孩子们的兴趣展开。

随着主题展开的两条脉络：中国和中国人，主题墙的创设逐步开展实施。中国这条主线主要围绕首都、物产等，而中国人这条线则是以人为中心，突出中华民族的智慧。

（三）区域布置

1. 益智区

孩子们自己带来了中国地图拼图，在拼拼摆摆的过程中了解中国的地域分布，各省市的大致地形和名称，祖国各地盛产的水果和食物，各少数民族分布情况等。

2. 阅读区

孩子们收集了中国的“世界之最”图片、照片，以及自己去祖国各地旅游的照片，了解了长城、玉龙雪山、黄河、长江、天安门、故宫、水立方、鸟巢等，通过讲述和观察，萌发对祖国的热爱之情。孩子们还带来了具有中国特点的各种建筑图片和文字进行匹配。了解了具有中国特色的建筑：如北方的四合院、江南的民居、藏族的帐篷、蒙古族的蒙古包、西双版纳的吊脚楼……大班孩子对中国汉字的演变很感兴趣，我们投放了各种汉字及汉字的演变过程，如从甲骨文到简体字。初步了解中国象形文字的特点，也知道中国书写工具的变化。孩子们还带来了自己收集的成语故事、绕口令、唐诗等方面的书籍，这些内容使幼儿掌握的知识涵盖面更广。

3. 探究区

在开展活动“四大发明”后，我们投放了磁铁、指南针和纸浆，让孩子进一步认识了解了中国的四大发明。

4. 美术区

教师准备生宣纸和彩色水，让孩子用小勺舀着往纸上倒，等颜色晕染开后再染第二种颜色，染好后可以根据需要组成墙饰，孩子们在操作中学会了扎染的基本过程。在区域投放空白面具、颜料等，让孩子们按自己的想法在脸谱上画上各种花纹，画成自己喜欢的角色模样，画好后，戴上自己的面具表演相应角色。提供生宣纸、水、墨等，让孩子们体验国画的艺术美感。

5. 建构区

投放各种积塑和四合院、江南画坊等图片，让幼儿随意拼搭各种建筑，孩子们还可以自己制作树、花等辅助材料，增加建构元素。

6. 表演区

与美术区互为作用，将美术区制作的少数民族服装、脸谱等投放到表演区，进行时装表演和民族舞蹈表演等，为孩子提供一个展示自我的平台。投放各民族的音乐、乐器，使孩子在自己创设的平台上尽情舞蹈和表演。下载各种中国武术音乐，让孩子在表演区中自由表演，了解中华武术之精髓。

7. 生活区

投放中国民间古老的研磨工具，让孩子自己尝试磨豆浆、捣豆子等，让孩子在操作活动中，发现这些民间古老工具的作用，体会中华文化的源远流长。

投放各种刺绣、十字绣作品和工具，让孩子初步体验民族工艺的精美和初学民族工艺的快乐。

8. 角色扮演区

开设“中华美食一条街”等活动，将中国各种美食融入游戏中，让幼儿更了解中国传统美食文化。

全班同学自由组合，分成6人小组，参考以上主题活动环境创设方案，设计并现场布置“我是中国娃”活动的主题墙或其中一个区角。

请思考：如何进行主题活动的环境创设？

案例2

扫描二维码，阅读案例“幼儿园墙面创设”。

思考分析：上述案例中，可以发现幼儿园班级墙面创设与管理中的哪些现象？

幼儿园墙面创设

二、实战演练

实地考察1～2所幼儿园，每个同学根据自己观察实践的情况，结合自己的理念，设计一幅主题鲜明的班级教室环境布置图。

拓展任务

一、阅读材料

材料 1

陈鹤琴的幼教思想中的环境观

陈鹤琴先生是我国从实践角度深入系统地探索幼稚园环境创设的第一人。他在南京创建了我国第一所实验性的幼稚园，即鼓楼幼稚园。正是在这一幼稚园中，他与许多有志之士通过艰苦探索，终于形成了自己的一些理论。而有关幼稚园环境创设的思想便是其中很重要的一部分。

陈鹤琴认为，幼稚园的课程应以儿童的环境（包括自然环境与社会环境）为中心。陈鹤琴在《我们的主张》中指出："儿童的环境不外乎两种：一种是自然的环境；一种是社会的环境。自然的环境就是各种动植物的现象。社会的环境就是个人、家庭、集体、市集等类的交往。""这两种环境都是儿童天天要接触的，所以我们应当利用这两种环境作幼稚园课程的中心"。总之，"大自然、大社会是我们的活教材"，我们应当"注意环境，利用环境"。

陈鹤琴还认为，小孩子应该有游戏的环境、艺术的环境与阅读的环境。首先，我们应为儿童创设一个良好的游戏环境。他说："从心理方面说，小孩子是好动的，好模仿的。游戏可以给小孩子快乐、经验、常识、思想和健康。"这种游戏环境的创设主要包括两个方面，即"适宜的伴侣"与"相当的设备"。我们应如何选择并置办设备呢？陈鹤琴认为，置办幼稚园的设备时应注意遵循以下几个标准，即儿童化、坚固耐用、合乎卫生、艺术意味、本地风光、安全与多变化等。艺术的环境主要包括音乐的环境、图画的环境与审美的环境。陈鹤琴认为，教师可以用自然物，儿童成绩，有教育意义的图画、挂图和画片布置幼稚园的环境。"不过我们用自然物来布置的时候，最好能设法改变它原有的形状，这样可以更加别致，更加有趣。"但"布置不仅要'美'，还应当含有'教育'或'鼓励'的意义才好"。

陈鹤琴还深入分析了选择玩物或玩具的标准。他认为，好的玩物应符合以下标准：①好的玩物是有变化的，小孩子玩了不容易生厌。②好的玩物是可以引起爱和情感的，如小娃娃、猫、狗之类。③好的玩物是可以刺激想象力和发展创造力的，如积木之类。④好的玩物是质料优美且构造坚固不易损坏的，如木类、橡皮等。⑤好的玩物能洗涤而颜色不变，形象不丑陋，是可以抒发美感的，如松香做的玩具。总之，成人应为儿童创设良好的游戏环境。

陈鹤琴认为，教师在布置幼稚园的环境时应注意遵循这样三个基本原则。首先，"环境的布置要通过儿童的大脑和双手"。其次，"环境的布置要常常变化"。再者，环境布置的"高度应以儿童的视线为标准"。这些原则体现了他"儿童本位"的思想。

最后，陈鹤琴在幼稚园环境创设的过程中始终坚持"中国化"的原则。一方面，"他重视我国民间优秀传统玩具，善于向民间艺术学习。如将民间捏面泥引进到幼儿园，成为孩子做泥工的好材料，为孩子们所喜爱"。另一方面，"他又根据中国幼教的实际需要吸收国外之精华，洋为中用。他所设计的'双人木马'，就是从国外引进图纸改制的。总之，陈鹤琴在幼稚园环境创设的过程中始终坚持'中国化'的原则，即使是在吸收国外精华时也是有所改造，而非照搬照抄"。

思考讨论：陈鹤琴的教育思想对当前幼儿园环境创设的指导作用。

材料 2

蒙台梭利教室环境的六大要素

扫描二维码，阅读材料"蒙台梭利教室环境的六大要素"。

请思考：谈谈蒙台梭利教育环境观对教室环境布置的启示。

二、思政话题

根据《学前教育专业认证标准》(2017),在践行师德方面学生要有师德规范和教育情怀;在学会教学和学会育人方面学生要掌握科学创设环境并了解环境育人价值;在学会发展方面学生要拥有批判性思维、创新意识和团队协作精神。基于上述要求,课程制定的教学目标中应体现三个方面的思政元素。第一,家国情怀方面,要坚定文化自信,将社会主义核心价值观、中国优秀的传统文化植入幼儿园环境创设中,在润物细无声中传递正确的价值观,培养学生成为有理想信念、有道德情操、有扎实学识和有仁爱之心的好教师。第二,个人素养方面,尊重幼儿,从幼儿的角度创设幼儿园环境,投放符合幼儿年龄的材料,结合幼儿身心发展特点创作出具有一定育人价值的环境。第三,科学发展观方面,幼儿园环境创设中运用批判性思维和创新意识,注重团队协作,分析判断幼儿园环境现状,找出存在的问题并提出可行性解决方案,提升理论知识转化实践创作的能力。

请结合以上材料,思考与分析:应如何在幼儿园班级环境创设中融入立德树人的元素?

任务 2　活动区的布置

情境导入

案例 1　观察图 2-2 并进行以下讨论。

图 2-2　活动区示例

讨论分析: 1. 图片中的活动区布置有什么优缺点?对幼儿发展有何意义?

2. 幼儿园班级活动区布置有什么特点?

案例 2

角色游戏区的布置

扫描二维码，阅读案例“角色游戏区的布置”。

讨论分析：案例中的角色游戏区布置是否合理？为什么？

知识学习

理论知识

一、区域活动的含义

区域活动是指为了促进幼儿主动性与自主性的发展，根据幼儿发展的需要，划分为不同的区域，幼儿能够自主选择活动的主题与材料，与周围的物质和个体进行互动的活动。在区域活动中教师要根据幼儿已有的经验、知识、兴趣，有目的、有计划地投放材料，创设环境，并在幼儿活动时提供必要的指导、支持和帮助，促使幼儿主动地探索与交往，让幼儿的发展更有意义。

二、区域活动的理论依据

1. 蒙氏教育理论

区域活动主要源于欧洲的学前教育机构。区域活动的思想最初以“开放教育”的思想体现出来。蒙台梭利是倡导幼儿园区域活动的第一人。她认为应当将幼儿教育的领域分为不同的区域进行活动，她还对幼儿园教室中各个区域的布置和材料的投放进行了具体的阐述，使幼儿能在区域中借助各种操作材料主动地、集中地工作，以实现理想的教育目的。她倡导让幼儿结合自身的兴趣和需求自主挑选活动区域中的操作材料来促进自身的各方面发展，主张为儿童提供“有准备的环境”，让其通过与有准备的环境相互作用，进行自发的主动学习，得到发展。

2. 高瞻课程理念

高瞻课程旨在使幼儿通过主动的活动获得知识并使其身心得到发展。这个课程的有效实施需要借助于各种区域活动的展开。教师将幼儿需要掌握的经验物化作各种活动的材料和各种活动情景，幼儿在区域中结合活动材料、活动环境和其他幼儿共同学习、共同发展。高瞻课程设置了积木区、美工区、音乐区、安静区（规则游戏区）、沙水区、运动区、木工区、娃娃家区和动植物区这九个活动区域，每个区域都是根据幼儿的自身兴趣所创设的，并且根据幼儿的实际数目和兴趣对区域进行改造与完善。

三、区域活动设置的意义

活动区域环境的设计理念

1. 区域活动的开展加强了幼儿之间的交往

区域活动设置灵活，幼儿在自由、开放的环境下选择自己喜欢的区域，幼儿之间得到有效互动，有了一个去探索、求知、合作、交往的机会。

2. 区域活动增强了幼儿的集体意识和社会意识

区域活动注重幼儿的实际生活和实践体验，积极引导幼儿参与、体验、发现。区域活动的开展弥补了集体教育的不足。通过区域活动，幼儿学会了与同伴分享，学会了合作，学会了相互协调，也增强了集体意识和社会意识。

3. 丰富的区域材料为幼儿提供了更多的生活经验，拓展了他们的思维

活动区材料是幼儿参与区域活动的重要组成部分。幼儿是否对活动区的材料感兴趣，这些材料是否能够吸引他们的注意力，是影响幼儿能否主动学习的重要因素。首先，要根据幼儿的个体差异投放材料；其次，活动区材料要根据教育目标不断进行充实和调整，让幼儿对活动区保持新鲜感，从而激发他们参与操作的兴趣；最后，通过投入丰富的材料，给幼儿提供了想象的空间。

4. 区域活动有利于幼儿的全面发展

区域活动能为幼儿提供较为宽松的自由发挥的空间，让他们能够按照自己的意愿，独立自主地进行活动，为他们良好的自主习惯和能力养成发展提供条件，有助于开发幼儿自身的潜力，尊重幼儿自己建构的想法，为幼儿的全面发展奠定坚实的基础。

四、幼儿园活动区布置的内容

《3-6 岁儿童学习与发展指南》(以下简称《指南》)从健康、语言、社会、科学、艺术五个领域描述幼儿的学习与发展，提出了 32 条目标，要求为幼儿创设一个宽松、自由的公共活动区域。

(1) 大型器械区。如娃娃城、攀爬墙、滑滑梯、迷宫等。这些大型器械都是按照幼儿基本动作练习的需要设计的，是幼儿进行钻爬、攀登练习的最佳场所。

(2) 小型器械区，如秋千、单双杠、平衡木、跳马、球、绳等。这些器械便于移动又具有可变化性，丰富的体验有助于提高幼儿的综合运动能力。

(3) 玩水玩沙区，如沙坑、沙盘、海洋球池等。虽然水和沙的材料比较简单，但可以配合很多辅助性的工具，所以对于幼儿来说每次玩水、玩沙的游戏都是一次探索的过程。

(4) 种植饲养区。如种植园、鱼池等。此区受幼儿园活动场地的限制，一般会以班级内小鱼缸、植物角的形式代替。但是幼儿对于自然界的一切事物都很感兴趣，他们通过种植和饲养活动，感知生物的多样性和独特性，以及生长发育、繁殖和死亡的过程。因此，幼儿园应当特别重视这个区域的设置。

(5) 专门功能室，如科学启蒙室、音乐活动室、综合游戏室等。专门功能室实际是幼儿园将某个功能区扩展为专门的活动室，可以供各班组织幼儿轮流到功能室活动，这样就弥补了班级活动室的不足。

五、幼儿园活动区布置的特点

1. 安全性

在活动区域材料的投放上，安全是第一位。提供给幼儿的活动材料，应注重对无毒、无味和对幼儿无伤害隐患材料的选择，并在制作前进行清洗、消毒处理。

2. 目标性

以本班幼儿的阶段培养目标为主要依据，有针对性地投放材料，使材料与教学目标、幼儿发展的实际水平相匹配，力求使材料能够满足幼儿发展的需要。

3. 自主性

在区域活动中，要将收集材料和创设环境的过程作为幼儿学习的过程，要把主动权交给幼儿，和幼儿一起布置，应让幼儿自主选择和使用材料，给予幼儿出错的权利。

4. 开放性

应创设让幼儿看得见、摸得着，便于幼儿根据自己的需要有选择地进行自主活动的开放性的区域环境。

5. 趣味性

在材料投放时，教师先要观察幼儿，把幼儿的兴趣作为材料投放的主要依据，让材料跟着幼儿的兴趣点走。只有这样，才能让材料发挥更大效能，真正为幼儿服务；只有这样，幼儿的潜能才能在与材料的互动中得到开发。

6. 操作性

材料不仅仅要能让幼儿直接动手操作，还应能引发幼儿手、眼、脑协调活动的操作。幼儿是在与材料的“对话”中获得发展的，材料必须能够引发、支持幼儿的游戏和各种探索活动以及幼儿与周围环境的积极互动。

六、活动区布置的原则

1. 坚持适应性与有效性相结合

在区角环境创设时，尤其是材料和主题的选择，既要和幼儿的生活相联系，又要恰当地增强主题的深入性。在区角环境创设中体现适应儿童的心理发展水平至关重要，体现了适应性原则。例如，小班的幼儿生活经验少，教师在观察时，就要更多地关注区角环境的创设是否选择了色彩鲜明、生动形象的材料来吸引幼儿的注意。大班幼儿已经具备了相对丰富的知识和经验，他们喜欢探索思考性更强的区角，如科学区、益智区等。区角环境创设应坚持与幼儿身心发展特点相适应，这样才能吸引幼儿进入区角，进行游戏活动。

2. 坚持开放性与层次性平衡

开放性是指区角的创设可以让幼儿根据自己的想法自由发挥、自主创造。积极主动的学习要比被动学习效果显著许多，对于幼儿来说也是如此，因此，区角不应该是展示台，而是操作台，不一定要有精致的工具，而是要有可以满足幼儿探究的各种材料，让幼儿根据自己的想法，在教师的指导下进行操作从而获得发展。

层次性是指区角的创设可以给幼儿提供选择的余地，为不同能力水平和不同兴趣爱好的幼儿提供不同难度的可操作性材料。在区角环境的创设中，特别是材料的选择中，要坚持高结构与低结构材料相结合，简单操作材料和复杂操作材料相结合，幼儿不同阶段对于材料的解读不同，他们在操作、利用不同材料中能够得到多种程度的发展。

3. 坚持参与性与安全性相结合

由于幼儿认知水平的限制，决定了其在区角游戏中离不开教师的指导，参与性也是区角环境创设需要考虑的因素之一，因此，参与性不仅仅是指幼儿的参与，更是指教师在区角游戏中的有效指导，同时引导幼儿深入探究。在各个区角游戏中，需要适当地设置难点，为教师的参与提供机会，为给幼儿更高层次的探究留下空间。

安全性是区角环境创设的根本，区角环境创设中我们会要求区角游戏场地的地面不能凹凸不平、坑坑洼洼；区角的上方空间不能悬挂易碎物品；区角的墙面无显露在外的电源插孔。另外，区角中投放的玩具材料要保证安全，室内外玩具都不能有危险性；材料的选择要保证无毒；在选购玩具时要注意，避免选购表面有锋利部分、易划伤幼儿的危险玩具，室外的大型玩具边角都应有圆滑处理。

活动区域的布置

实务知识

一、区域活动设计中存在的问题

案例分析

案例 1　益智区活动

益智区有几个小朋友在玩玩具，过了一会，原本在益智区的洋洋和云溪来到了隔壁的美工区，玩了起来。老师发现后，严厉地说："谁让你们玩颜料的，我请你们玩了吗？"洋洋和云溪只能将颜料小心翼翼地归还原位，回到益智区继续玩。

案例 2　建构区活动

建构区活动时间到了，小朋友开心地去建构区将材料拿到桌子上，进行桌面游戏。8 分钟后，老师说："把玩具收一收，我们要下去做游戏了啊，赶快！"有的小朋友马上收拾玩具，有的还沉浸在自我操作的过程中，于是老师又催了几遍。

案例 3　美工区活动

美术活动时间，老师事先画好苹果树的轮廓，调制好颜料，让小朋友用手指蘸颜料然后按在树上，为苹果树挂上红苹果。小朋友都很兴奋地操作着，汉堡的作品很独特，老师看到后生气地说："你看你画的是什么东西，颜料弄得一张纸都是，苹果怎么会长在树的外面啊，你这样我怎么贴出去！"接着老师握住汉堡的手，蘸了颜料，"帮"他一个一个地挂上了红苹果。

案例 4　户外活动

在户外活动时，小班老师们为了创设一个障碍跑步活动的环境，在草地上用木棍和绳子搭建了一个简易的障碍，让幼儿在其中跑步。然而，在使用前，这些绳子并没有被固定好，没有标识出危险区域，导致其中一条绳子在幼儿跑步时松动，绊倒了其中一个幼儿，造成了伤害。

案例 5　自然角布置

为了提高幼儿的环境认知和理解能力，幼儿园班级进行环境创设，计划包括增加绿植、装饰墙面等，但计划并没有经过充分的考虑和调研，导致部分方案实施不当，如绿植数量过多，导致室内湿度过高，幼儿易感染；墙面装饰过于复杂，幼儿无法理解，反而造成视觉疲劳等。最终导致环境创设失败。

请思考并分析：上述案例在区域设置过程中存在哪些问题？应该如何解决？

参考回答

二、区域活动设计中存在问题的解决措施

1. 适时提供物质材料，调整环境设置

幼儿乐于摆弄和操作物体，幼儿的认知能力正是在其与环境的相互作用中获得发展的。幼儿的年龄特征决定了他们对世界的认识还是感性的、具体的、形象的，常常需要实物和动作的帮助。物质环境是幼儿学习的中介和桥梁，教师要努力将教育目标和内容物化，将期望幼儿获得的知识经验蕴含在物质环境之中，使幼儿通过与环境的不断相互作用获得最基本的知识经验。

2. 充分认识环境材料所蕴含的教育价值

在布置环境和准备投放材料时，有些教师没有真正从幼儿的兴趣、需要出发考虑问题，而是凭自己的主观判断和臆测，具有一定的盲目性；同时，对环境的设置和材料的投放要实现什么教育目标也很少考虑，缺乏针对性，无法有效地引导幼儿向更高的水平发展，环境的教育价值也无从体现。要想有效地利用环境促进幼儿的发展，引导幼儿与环境相互作用，教师必须对每一个活动、每一种材料所蕴含的教育价值有所了解。

3. 启发、鼓励和引导幼儿与环境相互作用

环境创设需要教师和幼儿共同来完成。要使幼儿在与环境的相互作用中主动学习和发展，根据幼儿的兴趣、需要和现有发展水平以及教育目标来设置环境和投放材料是基本前提，但要真正实现还必须有教师的启发、鼓励和引导，为此教师应做到以下 3 点：

(1) 将收集材料和创设环境的过程作为幼儿的学习过程。在发动幼儿集体讨论决定了区角布置或墙饰的内容后，教师应和幼儿一起准备材料并进行设计制作。在这个过程中，教师应充分调动幼儿的积极性，幼儿能做得到的让他们自己去做，幼儿能想得到的让他们自己去想，让幼儿利用已有的知识经验，通过看、听、问等途径获取信息和材料，发展他们获取信息、材料的能力和探究解决问题的能力。

(2) 要给幼儿自主选择和使用材料的权利。幼儿是否有自主选择和使用材料的权利，在很大程度上影响着他们参与区角设置和墙饰制作的积极性，影响着幼儿与环境材料之间的相互作用。因此，教师应尽可能让幼儿自己选择材料，自己决定做什么，并把材料放置在方便幼儿取放的地方，以最大限度地调动幼儿的积极性，便于幼儿不断地与环境材料相互作用。

(3) 支持、启发和引导幼儿与环境相互作用。无论是师生共同准备和创设的环境材料，还是教师根据教育目标和内容提供的环境材料，教师都应积极支持和鼓励幼儿进行探究和操作活动。关注幼儿的兴趣和需求，正确判断他们的发展水平，引导幼儿向更高的水平发展。

案例分析

镜头一：在幼儿园大会上，园长提出，“从下周一开始，随机抽查各班区域活动的开展情况，每班必须创设美工区、结构区、表演区、角色区、阅读区……”下面的老师愁眉苦脸，悄悄议论，设置了这么多区域，孩子坐到哪儿去啊？

镜头二：某班区域活动刚开始，小朋友们都高兴地进入区域里进行探索学习，突然告状声四起：“老师，某某看书总挤我。”“老师，某某老踩我的脚。”老师一看，各个区域里面都变得像“下饺子”一样。

参考回答

镜头三：午餐时间，因为教室四周都设置了很多区域，孩子们的桌子就只能摆放在区域当中了。当孩子们在区域中的小桌子上吃饭时，有几个孩子边吃边从旁边的玩具柜中拿出玩具来玩，导致其进餐速度缓慢，饭菜变凉。

请思考并分析：案例中的幼儿园在创设区域环境时遇到了哪些问题？应如何解决？

技能训练

一、课堂训练

案例 1　　**设计活动区域布置方案**

教师事先布置学生准备材料，完成设计任务要求。

1. 以小组为单位讨论，设计一个活动区域布置方案。
2. 小组汇报。先选代表发言，然后本组其他同学补充。
3. 选出最佳方案，课堂实践。
4. 全班讨论，选出最佳设计方案。

案例 2

活动区域与主题活动相结合

扫描二维码，阅读案例“活动区域与主题活动相结合”。

思考讨论：如何才能将活动区域环境与主题活动有机结合，创设整体协调、主题鲜明突出，又能辅助主题教学活动的开展、促进幼儿反思性学习的活动区域环境？

二、实战演练

参观一所幼儿园，选取某年级中的两个班级，对班级活动区布置进行观察，分析班级活动区布置的优劣，并提出改进的依据和有效布置方案。要求学生独立完成。

拓展任务

一、阅读材料

材料 1

幼儿园环境创设方案

（一）指导思想

幼儿园环境是幼儿园课程的一部分，在创设幼儿园环境时，要考虑它的教育性，应使环境创设的目标与幼儿园教育目标相一致。同时,幼儿正处在身体、智力迅速发展以及个性形成的重要时期,有多方面的发展需要,幼儿园环境创设应与幼儿身心发展的特点和发展需要相适宜。

(二) 目标及任务

1. 体现幼儿与教师合作的过程,要有让幼儿参与环境创设的意识,认识到幼儿园环境的教育性。

2. 充分利用空间,依托家乡特色资源,以幼儿的参与为主线,创设一幅幅富有情趣、立体多样的画面,拓宽幼儿的视野,促进幼儿想象。

3. 让幼儿受到美的熏陶,真正使幼儿感受到幼儿园是文明的校园、生活的校园、孩子的乐园。

(三) 措施与方法

幼儿园的环境创设应与教育任务、内容相结合,注重发挥,塑造幼儿的"三性":积极性、主动性和创造性。

1. 主题墙墙面布置

班级墙面布置教师可以大胆创新,根据本班幼儿年龄特点,结合班级开展的主题活动,并随着季节的变化,创设与教育相吻合的环境。教师应认识到幼儿园环境的教育性不仅蕴含于环境之中,而且蕴含于环境创设的过程中。教师将幼儿参与环境创设融入课程,可以对幼儿有针对性地进行教育。教师由单纯的知识传授者变成了观察者、倾听者、合作者、决策者,幼儿由单纯的倾听者变成了计划者、参与者,有助于充分认识到自己的能力,意识到自己是环境的主人,人人出谋划策,人人都来承担自己的一份责任,使幼儿的参与性落到实处。如中班幼儿自己动手制作了"松树爷爷"(废旧纸杯、光碟),激发了幼儿的积极性、主动性、创造性。大班的幼儿和老师一起创作了主题活动"小狐狸""小篱笆",让每位幼儿都献计献策。

2. 户外环境

户外的环境也是整个幼儿园的脸面,优美的户外环境可以让每个入园的幼儿心情格外舒畅。幼儿园这次在大门口画了一个大大的房子,让幼儿每天早上都高高兴兴、蹦蹦跳跳地入园,每个幼儿都喜欢做游戏。本学期幼儿园还布置了很多让幼儿做游戏的图案,如为了让幼儿更好地认识数字,幼儿园把幼儿做早操的小红点改成了数字。

3. 廊道门窗

幼儿园的阳台应采用不易褪色的材料布置,可用幼儿的作品来装饰廊道,并称之为"幼儿天地"。这样家长能看到幼儿园的教学情况,幼儿也知道爱护自己和别人的劳动成果,体会到成就感。

4. 区域创设

为使幼儿园的每一块墙壁、每一个角落都与幼儿产生交流作用,幼儿园可以要求每班提供至少5个活动区,在准备环境和投放材料时,可以有效地利用环境促进幼儿的发展,引导幼儿与环境相互作用,将收集材料和创设环境的过程作为幼儿的学习过程,如每位幼儿看到自己带来的废旧物品在老师的改动下变成了自己喜爱的玩具,也能知道废物利用、保护环境的道理。幼儿园开辟了图书角、益智区、农贸市场、音乐角,让幼儿的想象力有了展示的舞台。本学期幼儿园还创设了一个"今天我过生日"的主题,很受幼儿欢迎。

5. 家长园地

家长园地是教师与家长之间沟通联系的园地,是联系幼儿与家庭的一座桥梁。本学期要求各班根据自身的特点及幼儿的实际情况创设好每周一次的家长园地,真正发挥它的教育价值。通过家长园地让家长了解孩子每天在幼儿园的活动安排,知道一些简单的育儿知识,以及了解孩子在幼儿园的表现。开辟幼儿园宣传栏、健康知识栏,通过宣传栏,向家长宣传幼儿教育、卫生保健知识,增强宣传力度,达到家园共育的效果。

请思考以上材料对幼儿园活动区布置的启示。

材料 2

活动区域教师观察与指导要点

扫描二维码，阅读材料“活动区域教师观察与指导要点”。
思考讨论：活动区布置的指导作用有哪些？

二、思政话题

《规程》要求“幼儿园应当将环境作为重要的教育资源，合理利用室内外环境，创设开放的、多样的区域活动空间，提供适合幼儿年龄特点的丰富的玩具、操作材料和幼儿读物，支持幼儿自主选择和主动学习，激发幼儿的学习兴趣与探究愿望”。不仅如此，《幼儿园教师专业标准（试行）》(2012)（以下简称《专业标准》）也提出，教师要“合理利用资源，为幼儿提供和制作适合的玩教具和学习材料，引发和支持幼儿的主动活动”。班级区域环境作为幼儿园环境的重要组成部分，更加注重儿童个性的发挥、选择与发展，是促进儿童个性化发展的重要教育资源，具备独特的教育价值。因此，重视幼儿园班级区域环境创设不仅是为促进幼儿全面发展、发挥其作为隐性教育资源的重要作用，也是为全面贯彻落实《规程》和《专业标准》的要求。

请结合以上相关文件，思考与分析：创设幼儿园班级环境的总体要求有哪些？

任务 3 班级心理环境的建设

情境导入

案例 1

某幼儿教师在幼儿园中总是对班级里相貌漂亮的小朋友极为关注，对那些长相一般的小朋友有所忽视，对此行为，她解释道：“爱美之心，人皆有之，我有这样的表现也算人之常情吧。”

讨论分析：请对这位幼儿教师的所作所为进行辨析。

案例 2

幼儿纠纷的处理

扫描二维码，阅读案例“幼儿纠纷的处理”。
分析和评价该老师的行为，并讨论这个案例给你什么教育启示。

知识学习

理论知识

一、心理环境的含义

心理环境是指在主体已有认知经验的指导下，以现实的客观环境为认知对象，以个体的心理感知为基础，而形成的以主体为中心，由普遍的心理认同要素所构成的环境。幼儿园心理环境是指幼儿园的人际关系以及心理氛围，人际关系主要是指师师间、师幼间、幼幼间、教师与家长间的关系。

二、班级心理环境建设的意义

心理环境对幼儿的成长，特别是对幼儿情绪、情感、社会性以及个性品质的发展具有十分重要的作用。良好的心理环境能促使幼儿积极向上，推动幼儿发展；相反，压抑的心理环境会导致不良性格的形成，制约幼儿发展。

1. 班级心理环境创设有利于促进幼儿人际关系

好的班级心理环境可以加强幼儿之间的相互合作，让幼儿间的冲突行为减少，更多地参与到教师教学活动中。心理环境的创设影响着幼儿的人际交往能力，有助于丰富幼儿的情绪，培养幼儿的信任感和独立性，提高幼儿的审美意识。

2. 班级心理环境创设有利于促进幼儿积极主动性

没有安全的心理环境氛围，幼儿的主动学习和探究就不可能发生。环境创设最主要的功能就是为幼儿的成长创造条件，充分发挥幼儿的积极性和主动性，为幼儿营造宽松的氛围、自由与安全的环境，促进幼儿的健康发展。

3. 班级心理环境创设有利于幼儿的身心健康和个性发展

只有为幼儿创设一个良好的心理环境，才能激发幼儿学习的兴趣和探索的欲望。良好的班级环境应该注重幼儿的心理需求，要有利于幼儿放松身心，让幼儿自主地去生活与学习。环境作为一种“隐性课程”，不仅关系到幼儿的身心发展，而且影响着幼儿的个性发展和思维形成；不仅影响幼儿的认知与情感，还会影响幼儿社会性以及个性的发展。

三、健康的心理环境标志

健康的心理环境表现在尊重、平等、开放、民主这 4 个方面。

1. 尊重

幼儿虽小，但自尊心很强，教师不能采取粗暴的态度给幼儿施加压力或说一些伤害幼儿的话，更不能在众人面前训斥幼儿，使幼儿失去自尊，要善于发现幼儿的微小进步，并及时给予肯定、表扬，使幼儿树立自信心。

2. 平等

教师要与幼儿建立起心理上的平等关系。缺少平等精神的教育，幼儿容易养成怯懦、自卑、自私等不健康心理。当自己心情不佳时，应尽量克制不向幼儿发泄，让幼儿真正感受到平等的地位。

3. 开放

心理上的开放有益于养成幼儿开朗的性格。要鼓励幼儿说出自己的想法，哪怕是错的。幼儿豁达大度、直言不讳、善解人意的性格与健康开放型的心理环境影响是分不开的。

4. 民主

教师要充分考虑到幼儿的意见，让幼儿也有发言权，遇事大家一起来商量，让幼儿也说说看法，参与讨论，使幼儿得到心理上的满足。只有形成民主的风气，才能保证幼儿的心理健康发展。

营造积极健康的心理环境，其核心是建立融洽、和谐、健康的人际关系。在幼儿园各种人际关系中，师幼关系是最重要的，正如著名教育家赞可夫所言，“就教育效果而言，很重要的一点是看师生关系如何”。

四、创设优良的心理环境的措施

积极健康心理环境的标志

《纲要》指出：“幼儿园为幼儿提供健康、丰富的生活和活动环境，满足他们多方面发展的需求，使他们在快乐的童年生活中获得有益于身心发展的经验。”幼儿生长在幼儿园这个大环境中，时时刻刻都会和环境发生相互作用，这会对幼儿造成一些心理方面的冲击，对幼儿的心理发展产生积极或消极的影响。教师在注重幼儿园物质环境创设的同时，也应该格外地重视心理环境的创设。

1. 让幼儿体验到爱的温暖

教师应尊重每一位儿童，平等地对待每一位儿童。一个幼儿教师只有全心全意地热爱儿童，无微不至地关心儿童的健康成长，才能竭尽全力地去教育好儿童。只有对儿童施以无私的爱，才能真正从生活与学习等方面去关心儿童，才能真正去关注儿童的一举一动，观察儿童的一言一行，真正去了解儿童的心理动态。教师对儿童的爱是教育中最宝贵的营养元素，只有沐浴在爱的甘露下的儿童才会有一种良好的安全感，也才能适应幼儿园的环境，才能无拘无束地去与同伴、教师交往、沟通，也才能形成活泼、开朗的性格。只有让幼儿感受到自己是被老师、被同伴所喜爱的，才能让幼儿在爱的氛围中产生积极愉悦的情感体验，从而让幼儿能真正做到爱自己、爱周围的人、爱幼儿园。

2. 坚持用科学的方法教育幼儿

作为一名幼儿教育工作者应充分认识与了解幼儿身心发展的特点，应遵循儿童身心发展的规律，坚持用科学的方法教育幼儿。第一，幼儿教育工作者应树立正确的儿童观。儿童拥有多种合法的权利，儿童的成长受制于多种多样的因素，既有生理因素的影响，又有社会因素的影响。儿童的发展有极大的潜力，儿童发展的潜力只有通过恰当的环境以及施加教育影响，才能被挖掘出来，儿童的发展是连续不断的，儿童的发展具有差异性。第二，幼儿教育工作者应树立科学的幼儿教育观，应热爱儿童、尊重儿童、全面教育儿童，因材施教，深入研究儿童，为儿童构建独特的心理环境，努力促进幼儿健康成长。

3. 帮助幼儿学习交往技能

教师要善于利用集体活动为幼儿创造交往机会，帮助幼儿提升交往技能，促进幼儿积极交往行为的展开。例如，在建构活动中，教师可以把幼儿分为几个小组，让小组成员合作建构。当材料不够时，小组间可以相互协商、借用。教师应鼓励幼儿相互合作，共同建构。这对于想独占较多材料的幼儿来说，是一个学习交往技能的时机。在活动中，幼儿可以通过观察对方的社交行为来学习，从而丰富自身的社交行为，使积极交往行为得到进一步发展。又如，在安全教育活动中，教师可以设计一些因交往行为不恰当而给同伴带来不便的环节，组织幼儿交流讨论这样的问题，让幼儿懂得友好交往的重要性。

4. 提供幼儿表现自我的机会

教师应坚持面向全体幼儿的教育原则，努力在集体中为幼儿提供表现的机会。教师在安排各项幼儿力所能及的服务工作和一些集体活动时，要让每一个幼儿都有平等的机会，要特别鼓励缺乏交往技能或害羞的幼儿积极参加。例如，入园时，教师可以指导幼儿轮流接待同伴，在接待时主动向同伴问好；让幼儿轮流做值日生，做教师的小助手，为同伴发碗、发筷子；让全体幼儿参加“六一”文艺演出活动，参加冬运会等。这样，每个幼儿都可以参与集体工作，为他人服务，体验为同伴服务的快乐。参与集体活动有助于幼儿同伴交往能力的提升，有利于幼儿间的相互交往。

创设优良的心理环境的措施

实务知识

一、建立良好师幼关系的措施

1. 尊重幼儿的人格，树立新型的儿童观

教师都要有一颗包容心，心平气和、耐心地启发幼儿认识自己的错误，并帮助其及时纠正错误，不能有过激的情绪、语言和行动伤害幼儿自尊心，也不能用语言和行动体罚和变相体罚幼儿，更不能侮辱幼儿。

2. 要有爱心和耐心，理解和接纳幼儿

教师要爱护和关心幼儿，理解并与幼儿沟通。教师应允许幼儿犯错，对待犯错的幼儿要加以耐心的心理疏导，态度平易近人。对待幼儿不能急躁，急于求成，否则会适得其反，我们必须理解和接纳幼儿的不足之处。

3. 主动与幼儿沟通，做幼儿的知心朋友

教师要善于与幼儿交流，在日常教育教学过程中，通过看、聊、访的形式，了解幼儿的内心世界、兴趣爱好。看就是仔细观察教学活动中的游戏，生活细节；聊就是聊天，可以主动找幼儿感兴趣的话题进行交谈；访就是访问幼儿家长，了解幼儿日常生活中未表现出来的情况。还可以开展丰富多彩、有益于幼儿身心健康的活动，使幼儿的知识得到增长，激发他们的学习兴趣，自然而然教师就能与幼儿成为知心朋友了。

4. 要善于欣赏幼儿，发现幼儿的闪光点

渴望被人欣赏是人的天性。有爱心的教师总会及时发现和捕捉每一个幼儿的优点，适时地加以肯定和鼓励，树立幼儿的自信心和进取心，使幼儿找到"我能行"的感觉。教师应充分发挥赏识的作用，以促进他们对新鲜事物的尝试和接受的兴趣，使他们向更优秀的方向发展。

5. 提高教育教学能力，善于开展游戏互动

教师应不断提高自身的教育教学水平，提高自身专业能力，不断丰富自身的文化修养以及提高自身沟通能力，不断学习各种新型的教学方式，通过使用游戏教学的方式，启发幼儿，寓教于乐，不断引导幼儿探索出游戏中富含的各种道理，并帮助幼儿解决在参加游戏过程面临的困难，这样幼儿就会更加信任教师，也能从心理上更加依赖教师，利于建立更加和谐、良好的师幼关系。

案例分析

毛毛是个活泼的孩子。这学期体检时，毛毛被检查出弱视，需要戴眼镜治疗。李老师发现毛毛戴眼镜后变得沉默了，还时不时把眼镜摘下来。李老师关心地问毛毛，毛毛说怕被小朋友笑话，所以不想戴。于是李老师组织了一次"眼睛生病怎么办"的集体活动。活动后，幼儿都知道了眼睛生病要治疗，毛毛戴眼镜也是为了治疗。毛毛戴上了眼镜，又和往常一样活泼开朗了。

参考回答

请思考：李老师组织这次活动要解决的问题是什么？李老师的做法有哪些方面值得学习？

二、幼儿间形成良好关系的措施

1. 引导幼儿正确认识同伴之间的平等关系

引导幼儿发现每一个人都有好的方面，知道大家应该互相学习，即使有缺点与错误也是可以改正的，别人有困难要去帮助他，而不能嘲笑或指责。在集体中，无论年龄大小，能力强弱，大家都是平等的，可以有各自不同的想法和做法，只要不影响他人、侵犯他人，同伴之间都应该做到宽容他人和相互接纳。

2. 引导幼儿学会尊重他人

培养幼儿尊重他人的品质，可以有效地提高幼儿利他行为的水平，降低其不良行为出现的可能性，从而改善幼儿的同伴关系，建立良好的同伴友谊。教师可以引导幼儿说话要温柔，多和他人进行情感交流，多给他人鼓励和表扬。同时，要引导幼儿在集体活动交往中认真倾听老师和同伴谈话，在别人表演时要保持安静，并在别人节目结束后鼓掌表示感谢和赞赏。

3. 引导幼儿学会关心周围的人和物

对幼儿来说，身边的玩具、小动物、小树、小花就像是一个个鲜活的生命，是他们生活中最亲近、最自然的伙伴。要引导幼儿用友善的态度对待这些伙伴，和它们做朋友。如布娃娃掉在地上时，可以这么和幼儿说："哟，布娃娃都摔疼了，快抱起来摸摸它""小猫是你的好朋友，和它一起做游戏吧"等。在和同伴的交往中，开展"大带小"活动，请部分能力强的幼儿帮助能力弱的幼儿；有的幼儿在入园时哭闹，可以引导其他幼儿去安慰、关心，送玩具给他并和他一起玩。同时，可以要求幼儿帮助成人做一些力所能及的事，如整理玩具、分发碗勺等，做老师和父母的小帮手。

4. 引导幼儿学会换位思考和理解别人

只有相互了解，才能互相尊重。由于幼儿年龄小，理解他人的能力有限，教师要积极鼓励幼儿学会表述自己的意愿，主动让他人了解自己的想法和做法，同时逐步学会用询问、商量、观察等方法去了解同伴的意愿和行为。在移情教育活动中，帮助幼儿学会观察和辨别他人表情与内心的情感及变化，引导幼儿去思考、询问他人情感发生变化的原因。

5. 培养幼儿的合作意识和合作能力

在日常生活中，教师可以要求幼儿互相帮忙、合看一本书、与小伙伴一起玩，共同分享快乐，使幼儿懂

得什么是“友好合作”，怎样做才是“友好合作”。在集体活动中，引导幼儿互相配合，共同完成一幅画，一起唱歌、跳舞，一起用打击乐器为乐曲简单伴奏等，逐步体会到团结合作的力量是无穷的、巨大的。在游戏活动中，鼓励幼儿自己尝试分配角色、解决小问题，通过具体的合作情景，帮助幼儿渐渐习得合作的方法、策略，尝到合作的甜头，进而激发幼儿的合作愿望。

三、教师之间良好人际关系的发展措施

1. 生活上做到互相尊重、客观公正

幼儿教师既要公正地对待同事，也要公正地对待自己。这主要是要求教师能够公正地评价自己和他人的工作，并在此基础上相互配合，共同完成教育任务。尊重他人就是既要有对自己正确的评价，也要有对他人全面、客观的评价，既要尊重与自己感情较好、观点相近的同事，也要尊重与自己联系较少的同事，注意克服自傲、妒忌的心态。当发生矛盾冲突时，要宽容大度，体谅他人。

2. 工作中做到团结协作、优势互补

幼儿教师的工作是一个有机整体，必须同心协力，互相配合和支持，每一个教师都有其自身的优势。因此，教师之间的交往应充分挖掘互补功能，使教师在互相交往中实现理想上的互助、信息上的互换、情感上的融合和知识上的整合，以提高整个队伍的专业化水平。“合作、体谅、补位”是幼儿教师团队精神的集中体现，团结协作是教育事业对教师提出的道德要求，只有全体教师团结协作，才能完成教学计划，才有可能实现教育目的。

3. 心理上做到情感互动、互相支持

幼儿教师要善于设身处地，换位思考，要善于表现友好相处的愿望，相互理解，做到“小分工、大合作”；幼儿教师与其他教师交往时，要主动热情，培养广泛的兴趣爱好，使自己有更多的渠道和机会与更多的同事接近和交往；同时，要及时、妥善地处理矛盾，同事之间避免过激和尖锐的争辩，以不伤害对方为尺度。做到“合作愉快”，这样才能给幼儿营造一种良好的人文环境，才能让幼儿更好地成长。

技能训练

一、课堂训练

案例 1 **班级心理环境建设新思路设计**

全班同学自由组合，分成 7 人小组，进行班级心理环境建设新思路设计。要求有理有据，有效合理，措施可行。

案例 2

扫描二维码，阅读案例“浩浩上小班了”。

思考分析：教师应如何理智对待幼儿想妈妈（想家）的现象？有哪些方法？需要注意哪些方面？

浩浩上小班了

二、实战演练

参观一所幼儿园，选取某年级中的两个班级，对班级心理环境进行观察，分析优劣，并提出改进的依据和建设良好班级心理环境的方案。要求学生独立完成。

拓展任务

一、阅读材料

材料1

孩子们从生活中学习

如果一个孩子生活在批评之中，他就学会了谴责。
如果一个孩子生活在敌意之中，他就学会了争斗。
如果一个孩子生活在恐惧之中，他就学会了忧虑。
如果一个孩子生活在嫉妒之中，他就学会了嫉妒。
如果一个孩子生活在耻辱之中，他就学会了负罪感。
如果一个孩子生活在鼓励之中，他就学会了自信。
如果一个孩子生活在忍耐之中，他就学会了耐心。
如果一个孩子生活在表扬之中，他就学会了感激。
如果一个孩子生活在接受之中，他就学会了爱。
如果一个孩子生活在认可之中，他就学会了自爱。
如果一个孩子生活在承认之中，他就学会了要有一个目标。
如果一个孩子生活在分享之中，他就学会了慷慨。
如果一个孩子生活在诚实和正直之中，他就学会了什么是真理和公正。
如果一个孩子生活在安全之中，他就学会了相信自己和周围的人。
如果一个孩子生活在友爱之中，他就学会了关心别人。
如果一个孩子生活在真诚之中，他就学会了平静地生活。

由于幼儿年龄小，生活经验少，逻辑思维水平低，需要通过亲身实践来感知和理解学习内容，体验式教育更需要与之相适应的教育环境相匹配。

请思考：成人为幼儿创设良好的心理环境时应遵循哪些原则？

材料2

扫描二维码，阅读材料“社会主义核心价值观融入幼儿园精神环境创设的策略”（节选）。

思考讨论：如何将社会主义核心价值观真正落实到幼儿园班级心理环境创设中？

社会主义核心价值观融入幼儿园精神环境创设的策略

二、思政话题

《纲要》指出：“幼儿园应为幼儿提供健康、丰富的生活和活动环境，满足他们多方面发展的需要，使他们度过快乐而有意义的童年。”“教师的态度和管理方式应有助于形成安全、温馨的心理环境，言行举止应成为幼儿学习的良好榜样。”这就意味着当代的幼儿教师正面临一系列的考验和挑战：应在自己的工作岗位上尊重每个幼儿发展的权利，用心、用智慧深入到幼儿独特的精神世界中去，成为幼儿学习、生活、游戏的支持者、合作者和引导者，进而为幼儿营造一个鼓励提问、敢于探索、善于争论、相互学习、相互鼓励的学习、生活与游戏环境。

请结合《纲要》文件，思考与分析：当代幼儿教师如何为幼儿创设良好的班级心理环境？

单元小结

环境作为一种“隐性教育手段”，在开发幼儿智力、促进幼儿个性方面，越来越引起人们的重视。幼儿园班级环境建设体现在教室环境、活动区环境与班级心理环境的建构三方面。作为班级课程的一部分，认识班级环境建设的意义与内容，建设良好的班级环境对于幼教专业的学生来说非常重要。只有明确树立儿童文化和积极的成长观念，在设计中彰显课程意义，落实安全、自然、美观、利于互动、因地制宜、张扬个性等原则，才能做好班级环境创设工作。

单元练习

在线练习

一、填空题

1. 根据《纲要》的规定，“幼儿园应为幼儿提供健康、丰富的生活和________，满足他们多方面发展的需要，使他们在快乐的童年生活中获得有益于身心发展的经验。”
2. 幼儿园班级墙面通常包括：主题墙面、________、________。
3. 教室布置中的总体原则有安全性原则、经济性原则、参与性原则、目标性原则、________、________、________。
4. 健康的心理环境表现为________、________、________、________这四个方面。
5. 幼儿园心理环境主要体现在________及________方面，对幼儿心理及行为的发展产生着实实在在的影响。
6. 幼儿园的人际关系主要体现在________、________、幼幼间、教师与家长间的关系。
7. 区域活动是指为了促进幼儿________与________的发展，根据幼儿发展的需要，划分为不同的区域，幼儿能够自主选择活动的主题与材料，与周围的物质和个体进行互动的活动。
8. 环境创设需要________和________共同完成。
9. 幼儿园活动区布置的特点为________、________、________、目标性、操作性和安全性。
10. 班级环境布置通常包括五种类型：________、________、________、盥洗室环境布置和午睡室布置。

二、简答题

1. 简述幼儿园创设优良的心理环境的措施。
2. 有哪些措施可以帮助建立良好的师幼关系？
3. 简述班级主题活动环境创设的策略。
4. 简述活动布置的原则。

三、论述题

区域活动设计中存在问题的解决措施。

四、案例分析

案例一：中班的故事课上，老师正在给大家讲太空人的故事。讲到精彩处时，小虎插了嘴。老师瞪了他一眼，没说话。讲完故事后老师走到小虎面前：“你现在说吧，我给你时间说！怎么不说话？哑巴了？以后全班小朋友都不要理他，让他一个人说好了。”

案例二：庆庆今天好不容易得到老师点名回答问题的机会，又激动，又兴奋，吭吭哧哧、结结巴巴还没回答清楚，老师就打断他说：“好了，你坐下吧。”然后老师就自顾自按照自己的思路把“正确答案”说了出来。

请运用班级心理环境创设的相关知识分析以上案例并提出解决问题的措施。

聚焦考证

一、选择题

1. 建立良好师幼关系的前提是（　　）。

A. 传授丰富的知识　　B. 尊重理解幼儿
C. 不批评幼儿　　D. 满足幼儿的一切需求

2. 幼儿园创设物质环境时，首先应考虑的要求是（　　）。

A. 经济性　　B. 安全卫生性　　C. 功能性　　D. 美观性

3. 教师通常在班级设置许多活动区，提供多层次的活动材料，让幼儿自选，这遵循的心理发展原则是（　　）。

A. 阶段性原则　　B. 社会原则　　C. 操作性原则　　D. 差异性原则

4. 幼儿园环境与外界环境相比具有可控性，即幼儿园环境的构成处于（　　）。

A. 教育者　　B. 保育员　　C. 园长　　D. 社会

5. 教师的教育理念、教育行为，幼儿园的人际关系和情感氛围属于环境中的（　　）。

A. 精神环境　　B. 广义环境　　C. 物质环境　　D. 教育环境

6. 设计幼儿园墙饰时，首先应该考虑从（　　）的兴趣、爱好出发。

A. 家长　　B. 教师　　C. 园长　　D. 幼儿

7. 主题墙饰主要是在幼儿园各班级教室中，以各学期相关（　　）为主题的各类墙饰设计。

A. 教育内容　　B. 亲子活动　　C. 教师活动　　D. 游戏内容

8. 墙饰设计应符合幼儿的（　　）特点。

A. 心理　　B. 游戏　　C. 生理　　D. 爱好

9. 幼儿园活动区是一种（　　）。

A. 环境装饰　　B. 游戏功能　　C. 教育形式　　D. 美化手段

10. 活动区的（　　）应该是设计时需要重点思考的内容。

A. 安全性　　B. 多变性　　C. 艺术性　　D. 实用性

二、材料题

春天来了，老师们都忙着为班级布置春天墙饰。张老师设计了一幅美丽的春天图画。李老师只在墙上画了株大树的树干，她希望幼儿能随时将看到的信息用剪纸、绘画等方式反映到墙面上。

请评价两位教师的做法。

单元三
班级一日常规工作管理

单元导读

一日常规就是需要幼儿遵守的班级规则和规定，是幼儿在幼儿园一日生活的各种活动中应该遵守的基本行为规范，包括三个方面的含义：①遵守一日活动的时间及顺序的规定；②遵守一日活动各环节具体要求的规定；③遵守幼儿的一般行为规范的规定。显然，一日常规是幼儿教育主要内容之一，要科学合理地安排和组织一日生活，建立良好的常规。一日常规的建立不仅是集体教育幼儿的需要，还能促进幼儿形成良好的卫生习惯、生活习惯和行为习惯，同时也有益于促进幼儿身心健康和谐发展，对培养幼儿良好的情绪也有帮助。一日常规一旦形成，幼儿就知道什么时间该干什么事，什么事能做，什么事不能做，对教师完成保教工作、管理班级都有很大的帮助。

一日常规的建立对幼儿园教育有着非常重要的意义：①能帮助幼儿适应幼儿园集体环境；②能帮助幼儿学习在集体中如何生活；③可以维持班级活动的秩序；④可以帮助保教人员组织班级活动。

有这样一句教育名言："播种行为，收获习惯；播种习惯，收获性格；播种性格，收获命运。"这就是说良好的行为习惯是可以通过教育来培养的，行为习惯的养成也是从幼儿时期抓起的。个体年龄越小，行为的可塑性就越大，动力定型就越容易。

本单元主要阐述班级一日常规工作安排，以及一日生活活动常规和一日教育活动常规的工作内容、流程与工作技巧。通过知识学习、技能训练、拓展任务等，学习者将提高一日生活活动常规工作和一日教育活动常规工作管理能力，具备幼儿园班级管理工作岗位必备的劳动精神、创新精神和工匠精神。

学习目标

➢ 素质目标

1. 树立科学管理的观念，提高幼儿一日生活质量。
2. 养成幼儿园班级管理工作岗位必备的劳动精神、创新精神和工匠精神。

➢ 知识目标

1. 了解一日生活活动常规的工作内容、流程与工作技巧。
2. 了解一日教育活动常规的工作内容、流程与工作技巧。

➢ 能力目标

1. 能进行班级一日生活活动常规工作管理。
2. 能进行班级一日教育活动常规工作管理。

思维导图

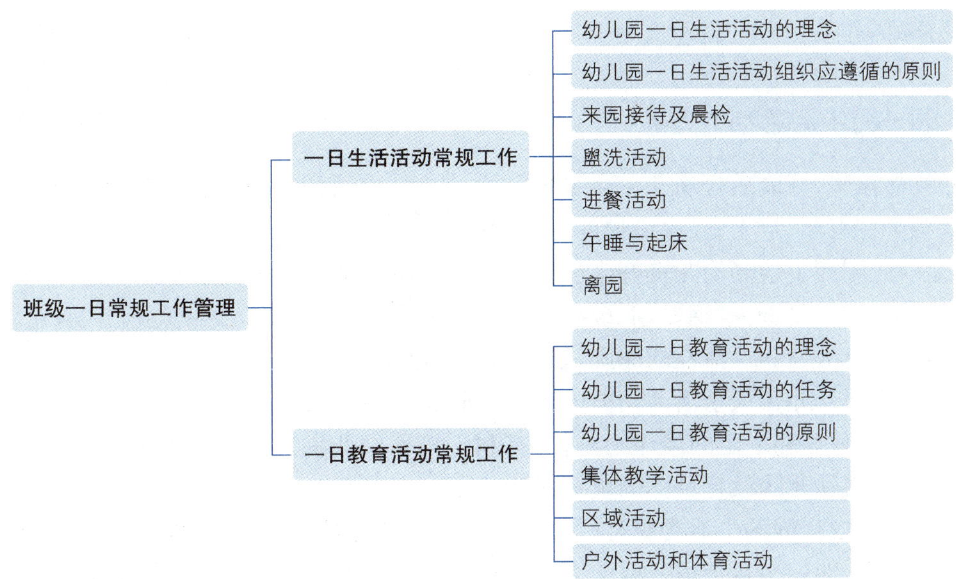

任务1　一日生活活动常规工作

情境导入

案例1

好大的瀑布

贪玩是每个幼儿的天性。生活中大人们不太关心的一些事物却常常成为他们贪恋、玩耍的对象。比如水，孩子们玩耍起来简直是爱不释手，这在小班孩子的身上表现得尤为突出。有一阵子，我发现班上不少孩子总喜欢往盥洗室跑，于是跟着孩子进入盥洗室，看到的是6个水龙头齐刷刷地被开到了最大。看着孩子们满身满脸的水花以及正不断地被浪费的白花花的水，一股无名之火窜上脑门，“住手——”我的话音未落，瞳瞳兴奋地拉着我的衣角说：“老师，你看！好大的瀑布啊！这是我们做的。”

讨论分析：面对这种情形，如果你是该老师，你会怎样处理这事呢？

案例2

扫描二维码，阅读案例“安心如厕”。

讨论分析：案例中教师的适宜行为有哪些？如果你是该教师，你会怎么办呢？

安心如厕

知识学习

理论知识

一、幼儿园一日生活活动的理念

了解孩子、读懂孩子，开展适合幼儿生命发展节律的一日生活活动，有助于培养幼儿的做事能力与成长的独立性，让孩子在有序、自主、轻松愉悦的环境中成长。

生活常规是幼儿园为了培养幼儿良好生活习惯和生活基本能力，确保幼儿健康成长而制定的幼儿园生活各环节的基本规则与要求。《纲要》明确指出："幼儿园日常生活组织，要从实际出发，建立必要的合理的常规，坚持一贯性、一致性和灵活性的原则，培养幼儿的习惯和初步的生活自理能力。"

幼儿园生活常规对幼儿每天生活活动的内容、时间、程序等均有明确的规定，使幼儿一日生活能保证在一定的节奏、一定的秩序和一定的规律中进行，有利于培养幼儿良好的生活习惯和基本生活自理能力，同时生活常规也是实现幼儿园教育目标的重要保证。

对于幼儿来说，形成良好的生活常规是一日常规的重要组成部分。幼儿的本性是天真无邪，他们就像一张白纸，教他们什么，他们必然会按所教的去做，所以从入园的第一天起就要有目的地培养幼儿的生活常规。

二、幼儿园一日生活活动组织应遵循的原则

幼儿在幼儿园的一日生活都是课程，教师在组织一日生活的各项活动中应该遵循以下六点原则：

1. 整体性原则

幼儿园一日生活活动的整体性原则，要求教师树立整体观和系统观，不要把一日生活活动看成一个个要素、部分的简单相加，一个个环节的简单连接，而要把一日生活活动各要素、各部分、各环节都看成是课程整体系统中的要素、部分、环节，看成是相互联系、相互渗透、相互影响、不可分割的。把一日生活活动组织成为一个具有合理结构和内在逻辑联系的整体，使之发挥"整体大于部分之和"的效应，这是一日生活活动整体性组织原则的关键所在。

2. 游戏化原则

游戏是幼儿的天性。古往今来，任何时代、任何民族、任何国家、任何地区没有不做游戏的孩子，也没有不喜欢游戏的孩子，孩子们离不开游戏，就像鱼儿离不开水、鸟儿离不开天空、花儿离不开太阳。首先，幼儿在游戏化的一日活动中，心理过程和个性品质能得到更快更好的发展；其次，游戏能提高幼儿的观察能力、想象能力、创造能力；最后，游戏可以促进幼儿社会交往能力的发展。

3. 动静交替原则

幼儿的年龄特点决定了他们的注意力集中的时间是短暂的，这就要求幼儿教师要根据他们的不同需求安排适宜的活动：活动形式适宜、时间长短适宜、活动内容适宜。其中活动形式要求有动有静，让幼儿松紧有度，大脑的不同区域轮流运转，身体的大小肌肉都得到锻炼。运用动静交替的原则组织幼儿活动，幼儿学习、游戏不易疲劳，能积极参与各项活动，效果显著。

4. 分散与集中原则

个体、小组、集体活动相结合，灵活多变的活动组织形式，能满足幼儿多方面发展的需求，能给予幼儿不同的帮助。集体活动能让幼儿相互分享同伴的智慧，体验交往的乐趣；小组活动能使交往更加充分，幼儿有更多的表现机会；个体的活动则能提供更多的探究空间，有利于教师进行有的放矢的教育。

5. 双主体原则

一日生活活动组织是教师主动引导的、幼儿积极参与的教育教学过程。在一日生活活动中，教师是一

个主体，儿童也是一个主体。在教育的过程中，不仅仅是教师影响着儿童，儿童也同样地以各种方式影响着教师。在这里，教师和幼儿是同等重要、互为主体的，这种影响不是单向、线性的影响，而是双向交互的，不是一次性、间断的影响，而是一个链状循环的连续过程。

6. 预成与生成相结合原则

幼儿园的生活中处处可能蕴含着有价值的教育内容，教师可以随机将这些内容纳入计划，生成课程，这既可以看作是教育生活化，也可以看作生活教育化。一日生活活动组织过程中有很多不确定性，很难准确预测，需要幼儿教师在与幼儿的教学交往中根据情况作出适当的反应。因此，无论是他人或是教师自己制订的教学计划，都应“留有余地”。一个缺乏弹性的计划不仅束缚了教师，更束缚了幼儿。

知识链接

幼儿园生活常规的制定

实务知识

一、来园接待及晨检

1. 幼儿行为养成

(1) 能衣着整洁、高高兴兴地上幼儿园。

(2) 双手清洁，接受医务人员的体温检测。

(3) 做好入园登记。

(4) 不带危险品、零食入园。

(5) 能向老师、同学问早、问好，能与家长说再见。

(6) 能将外衣、帽子、书包等放在固定地方。

(7) 双手轻拿轻放小椅子，玩桌面游戏时，能保持安静，不随意走动，不影响别人。

2. 教师常规工作制度

(1) 提前到校，开窗通风，让室内空气流通、光线充足。做好室内外清洁卫生工作。

(2) 热情地接待幼儿，亲切自然地向幼儿问好。与家长做好交接手续，检查幼儿外套、帽子、书包等物品的放置。

技巧：来园接待时，教师一般要处在既靠近门口又能通观全局的位置。这样教师一方面可以主动地和个别家长、孩子交流；另一方面可以随时观察其他孩子的动向，防止孩子趁机离开集体或发生其他不安全事件。

(3) 切记家长反映的特殊情况，如：孩子哪里不舒服了，孩子的情绪变化了或者带了药品，等等，这些特殊情况每天都有，教师一定要在一日活动当中对他们加以特殊关照，发现问题及时处理或及时通知家长。

(4) 观察幼儿来园状况，做到一摸（是否发热）二看（咽喉部、皮肤和精神状态好与否）三问（饮食情况、身体是否有什么不舒服的地方），发现问题及时处理，如有异常及时与保健医生取得联系。

(5) 仔细观察幼儿是否携带了不安全物品，如有，先想办法收起来，在家长接孩子时交给家长，并告知家长随时注意不要让孩子把某些物品特别是危险物品带到幼儿园里来。

(6) 组织幼儿桌面游戏，提醒幼儿做好简单的自我服务性劳动。

(7) 清点人数，做好点名记录。

(8) 做好幼儿生活用品的安放及毛巾、水杯等的消毒工作。

(9) 准备好幼儿一日饮水，保证幼儿随时有温开水喝。

(10) 做好晨检记录。

微课

来园和晨检工作管理

二、盥洗活动

1. 幼儿行为养成

(1) 能按教师的要求有序进入盥洗室，不推不挤，排队如厕、洗手。

(2) 逐渐掌握洗手、洗脸、漱口的正确方法。

（3）饭前、便后、手脏时能主动洗手。

（4）大小便能基本自理，有困难的能及时跟教师说出大小便的要求。

（5）盥洗时不把水洒在地上，能保持地面干爽、清洁。

2. 教师常规工作制度

（1）组织幼儿排队，有序地进入盥洗室。

技巧：对小班的幼儿来说，排队是一件比较困难的事情，他们常常顾前不顾后，顾后不顾前。游戏式的引导能够收到比较好的效果。如，可以采取"开火车"的游戏，上"火车"后同教师一起"擦车厢""拧螺丝""擦玻璃"，一只手牵住前面小朋友的衣服，另一只手同教师做一样的动作，有时可以用给"火车"加油的办法，摸摸每个小朋友的耳朵或是小脸，不仅排队问题迎刃而解，而且满足了幼儿对肌肤接触的渴望。

（2）指导幼儿进行正确盥洗的方法。提醒幼儿手脏洗手，节约用水。

技巧：指导幼儿正确洗手的方法是挽起衣袖，拧开水龙头（水量不能太大），把手冲湿后，站到一侧打肥皂（后面一位小朋友上前洗手、打肥皂），然后两只手手心相对搓，搓出肥皂泡后，右手搓左手背，左手搓右手背，左手握右手腕转圈到手掌再到手指尖，右手动作同左手。两手五指分开手指交叉洗指缝，用清水冲干净手后，离开洗手台。指导幼儿正确擦手的方法是从毛巾架上取下自己的毛巾，将小毛巾平摊在右手上，右手握住左手腕转圈从手腕到手掌再到手指尖，再用毛巾擦干手指缝，左手动作同右手。将毛巾放回固定位置，最后把衣袖放下，走出盥洗室。

指导幼儿正确洗脸的方法是挽起衣袖，手心朝上，双手小指对齐并拢，双手成瓢状，接水，用水打湿脸，用食指擦洗内外眼角、嘴角，双手上下搓洗脸部，把手上的水甩入池内，离开洗手台。指导幼儿正确擦脸的方法是从毛巾架上取下自己的毛巾，将小毛巾平摊在双手上，将毛巾轻轻地按在脸上，让毛巾上的毛毛将水分吸干，不要用力擦。完毕后，将毛巾放回固定位置，最后把衣袖放下，走出盥洗室。

指导幼儿正确漱口的方法是左手拿水杯，含一口水，闭住嘴，两腮鼓动三四下，不要昂着头，低头弯腰将水吐入水池内，连续三四口即可。漱完后，将水杯放回原处。

幼儿喜欢玩水，教师在幼儿洗手洗脸的过程中应全程观察，避免水弄湿衣服而导致幼儿感冒。

（3）幼儿如厕，要观察并给予帮助。允许幼儿按需要随时大小便。饭前、外出、入睡前提醒幼儿上厕所，便后要洗手。

技巧：小班幼儿如厕的指导是先让幼儿熟悉幼儿园厕所的环境，了解厕具的使用。然后给幼儿讲清楚应该站在什么位置，怎样脱裤子和整理裤子，如何大小便。正确使用手纸（手纸应在便前提前取好）的方法是从前向后擦屁股。提裤子的时候要注意裤子的顺序，先里后外，整理好衣裤。

掌握好幼儿如厕的时间。一般幼儿如厕的时间间隔是 40 分钟左右。第一次如厕会集中在来园时间，所以幼儿来园时，都要提醒他们去一下盥洗室。然后每隔半小时再提醒一次，记住哪些幼儿去了，在下一次提醒中要特别注意让那些没有去的幼儿及时如厕。养成按时如厕的习惯后，可以慢慢将时间间隔拉长，然后从由教师提醒过渡到幼儿按需如厕。

注意观察幼儿是否有大小便迹象，比如放屁、扭动身体、突然涨红脸不动、用小手摸小鸡鸡或者小屁股，就要提醒幼儿去如厕了。

盥洗活动管理

（4）盥洗后及时清洗厕所、水池，消毒毛巾。

（5）保持地面干爽、防滑。

三、进餐活动

1. 幼儿行为养成

（1）餐前能先轻轻转好小椅子，然后洗手，小手擦干，安静入座。

（2）正确使用勺子或筷子，能正确舀起（夹起）饭菜，送入口中。

（3）进餐时不讲话，细嚼慢咽，专心吃完自己的饭菜，尽量不挑食，不剩饭菜。

（4）注意桌面、地面整洁，注意衣服整洁。

（5）吃完后能按要求把餐具放在指定的地方。

(6) 餐后用小餐巾擦嘴，倒温开水漱口。

(7) 自己取水喝水，学会排队等待。

(8) 吃好午餐能按要求进行散步或安静游戏，不乱走乱跑，不做剧烈、有危险的动作。

2. 教师常规工作制度

(1) 进餐前40分钟安排幼儿安静的活动。

技巧：创造愉快、安静的进餐气氛，餐前半小时要安排幼儿做一些安静的游戏，防止幼儿过度兴奋，影响食欲。不要在餐前或进餐时批评幼儿或处理幼儿的问题，不良的情绪会影响幼儿的食欲和消化，要使幼儿情绪安定，积极进餐。

(2) 进餐前25分钟提醒幼儿收拾玩具，放好椅子。

(3) 进餐前20分钟班主任带领幼儿进入盥洗室如厕、洗手，保育老师负责清洁消毒餐桌，准备餐具。

技巧：消毒的要求是先清水后消毒水再温开水。消毒时应从上到下，从左到右，最后将抹布翻一个面擦洗四周，一块抹布只能擦一张桌子。消毒完后分餐时，戴上口罩，罩住口鼻，戴上头巾，将碎发包住或将头发扎起，防止掉落，最后应用肥皂或洗手液洗手，流水冲净。不应留长指甲。

(4) 组织洗净手的幼儿回到指定位置，开始分发食物。

技巧：教师要把盛放饭菜的桶放在安全的地方，不要让孩子太靠近，以防烫伤。分发饭菜的原则是盛一桌吃一桌、体弱先发、肥胖最后发。盛的顺序：冬天是菜—饭—汤，夏天是汤—菜—饭。盛的要求是轻拿轻放、少盛多添、手指不能进碗内。端的要求是托盘应在幼儿肩部过。摆放要求是饭碗在左，汤碗在前，菜盘在右。

(5) 照顾幼儿用餐，培养幼儿文明卫生的用餐习惯。

技巧：教师可以先向幼儿介绍饭菜，使其简单了解食物中的营养，激起食欲。

教师要用合适的姿态，轻声和蔼地指导幼儿，帮助其掌握进餐技能：一手扶碗，一手拿勺，低头，细嚼慢咽，不撒饭，保持桌面和衣服干净。中班开始学习使用筷子，幼儿常常会将筷子含在嘴里，教师要认真观察幼儿的动静，避免因为幼儿的突然动作而带来的危险。

提醒幼儿菜与饭应搭配着吃，不要吃汤泡饭。根据幼儿的饭量随时添饭，不催食，指导语可使用“你添饭了没有?”或“你需要……吗?”等。

加强对体弱儿、肥胖儿及特殊幼儿的照顾，有需要的要喂好饭。及时纠正幼儿的不良姿势和挑食的习惯。但是也不要强硬要求幼儿不挑食，因为各人口味不一样，有的孩子不吃姜，有的不喜欢吃葱，所以不能强求。一般情况下进餐时间不少于30分钟，督促幼儿尽可能食用完，但不得督促幼儿加快速度，更不应让幼儿比赛“看谁吃得快”。指导幼儿吃完最后一口饭菜再离开饭桌并放好餐具。有特殊情况允许幼儿剩饭。

(6) 进餐时，不拖地、不扫地。

(7) 保育老师进行整理餐具、地面、桌面等清洁消毒工作。指导幼儿将用过的饭碗、筷、盘等餐具有序摆放在指定的容器中。

技巧：餐具不要直接摆放在地上，摆放顺序为盆—碗—碟—筷，指导幼儿轻放餐具。

(8) 班主任协助指导幼儿漱口擦脸，然后轻轻将椅子搬回原处。

(9) 午餐后组织幼儿进行10～15分钟的散步、文学艺术欣赏等安静、轻松的活动，提醒幼儿按老师的要求活动，外出时不推挤，不做剧烈运动。

进餐活动管理

技巧：教师应让幼儿知道散步的意义，记住将特别调皮的孩子拉在自己的身边，引导幼儿一个跟随着一个，慢慢走，眼睛向前看，不做剧烈活动。带孩子到教室外面四处走走，熟悉幼儿园每个地方，在上下楼梯的时候提醒他们靠右走。

案例分析

源源是我们小1班的开心果，是一个活泼开朗的小男孩。源源在家里吃饭从来不动手，就是等着爷爷奶奶来喂他，不喂他就宁愿饿肚子。于是我想了个办法改变源源的这一行为。今天我看见他旁

边的小朋友在大口大口地吃饭，可是源源就看着这份饭菜一动不动，突然我看到了眼前的小馒头（源源非常喜欢的零食），于是我就跟他说："你今天自己吃饭我就奖给你小馒头。"他犹豫了一下，点点头。

请问：源源的行为该如何纠正？

四、午睡与起床

1. 幼儿行为养成

（1）保持寝室安静，自己在床铺前有序脱衣裤、鞋袜。整理好自己的衣物等，放在指定位置。

（2）安静入睡，睡姿正确，不玩物品，不带小玩物上床，不和别人讲话，不影响别人。

（3）按时起床掀被。起床时，在教师的帮助下穿好衣服、鞋袜。

（4）起床后安静回到教室，坐在自己的座位上，不随意到户外玩耍。

2. 教师常规工作制度

（1）睡前应提醒幼儿如厕。

（2）提供温馨宁静、光线柔和、空气清新、温度适宜的寝室。

技巧：在刚开始组织幼儿进入寝室时就要保持安静，以后他们进入寝室就会形成条件反射，保持安静。教师一进入寝室就将声音降低，脚步放轻，给幼儿安静的暗示，以后幼儿也会模仿教师的言行。

寝室的布置不宜五颜六色，应以淡雅的暖色调为主，给幼儿温馨的感觉，有利于稳定情绪。

寝室的光线应柔和，光线过强，不仅使幼儿入睡比较慢，而且会引起视力下降，长期在这样的环境中睡眠还会引起免疫功能的下降。因此，选择合适的窗帘很重要，不能太薄，当然，厚实的密不透光的窗帘也可能给幼儿带来紧张焦虑的感觉。

新鲜空气可以促进健康的血液循环，帮助食物消化得更完全。同时，新鲜的空气还能安抚神经，让幼儿有更恬静和美好的睡眠。为保证寝室的空气质量，教师必须每天定时通风。

幼儿的睡眠环境以温度25℃左右为宜。温度较低、较高都不利于幼儿的睡眠，教师要保证寝室的温度。睡前半小时，教师可以预先拉上窗帘。天热时，进入寝室前半小时就打开空调，确保幼儿一进入就感到舒适。

（3）上床前检查幼儿口袋里是否有异物。个别幼儿好动，好奇心强，随心所欲，无所顾忌，特别在睡前和睡醒后的那段时间，因耐不住安静，常趁老师不注意偷偷玩口袋中或身上的小件物品，甚至放入口中。

（4）指导、帮助幼儿穿脱衣服，提醒穿脱的顺序与方法，鞋放在固定位置。

（5）帮助幼儿盖被子，纠正不正确睡姿。

技巧：幼儿的睡姿最好为右侧卧（心脏在左边），不能蒙头睡觉。教师可以通过讲故事、讲道理等形式引导幼儿能自然地以正确的姿势睡眠，并充分利用幼儿园的设备，如多媒体电脑，通过放"电影"的形式，让幼儿直接观察错误的睡眠姿势给身体带来的不良影响。在此基础上，教师要给予经常性的提醒，在巡视中及时改正不正确的姿势。

（6）随时检查睡眠情况，值班人员不得离岗。

技巧：幼儿午睡了，教师或者保育老师一定要坚持巡逻，为幼儿盖被，观察幼儿面色，注意个别幼儿的危险小动作，尤其是孩子躲在被窝里做的事情，不容易被发现，比如有孩子带小豆豆或石子，很有可能就会塞到耳朵或者鼻子里去，还有一些有癫痫的幼儿如果在睡眠的时间发作，很可能错过抢救的时间，直接导致无法挽回的结果。

（7）安慰入睡困难的幼儿。

技巧：教师可以请幼儿闭上眼睛，保持安静即可。一般来说，幼儿会受气氛的感染，过一会儿就睡着了。不过，应警惕幼儿入睡困难是否有生理上的原因。

（8）特别注意午睡期间起床如厕幼儿的安全。

技巧：教师应让幼儿穿上鞋子及外套，以防感冒。

另外，睡眠期间起床的幼儿可能还未完全睡醒，教师应陪同前往盥洗室，以防出现摔倒等意外情况。

(9) 认真观察幼儿午睡后的状况。

技巧：幼儿午睡以后，如果精神呆滞、面带潮红、呼吸急促，预示着他可能发病了，教师应及时处理好，以免延误幼儿的病情。

(10) 指导或帮助幼儿整理衣裤鞋袜，梳理头发。保育老师打扫好教室卫生并及时开窗通风换气。

技巧：指导幼儿按顺序穿衣，整理衣裤(小肚子不露在外面)，先里后外，最后穿鞋。检查或组织幼儿互相检查着装是否整齐。

(11) 指导或帮助幼儿学习整理床铺被子，从小培养自己的事学着自己做，并且愿意帮助别人做事的好品质。

午睡环节管理

(12) 提醒幼儿如厕，进行午睡后的盥洗活动。

(13) 组织幼儿用午点，等幼儿吃完点心后，清洁消毒寝室。

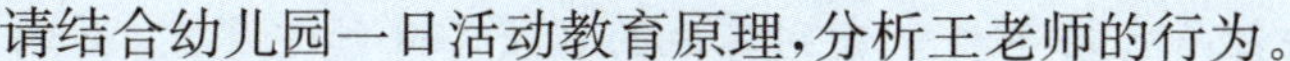

案例分析

午睡起床时，烨烨发现小床边的鞋子不知怎么到了床底下。为了拿到鞋，烨烨趴在地板上，用手伸进床底下去拿，但够不着，他将身体挪近床沿后再试，还是够不着。在一旁仔细观察的王老师提示他，能不能找样东西来帮忙。烨烨便找来一根绳子，一试，发现绳子是软的，无法够到鞋子。他不甘心，索性坐下来，一只手臂钩住床侧的挡板，一条腿伸到床底下够鞋还是不行。他的脚如钟摆在床底下晃动，虽然碰到了鞋子，却依然弄不出来。于是，烨烨干脆拿起老师做卫生的笤帚，慢慢地移动鞋子，他终于拿到了鞋子。站在一旁多时的王老师伸出大拇指，微笑着对烨烨说："你真棒!"

请结合幼儿园一日活动教育原理，分析王老师的行为。

参考回答

五、离园

1. 幼儿行为养成

(1) 能在教师的指导下，安静地进行活动。

(2) 能在家长来接时，收拾好玩具，在离开之前检查自己的衣柜，将脱下的衣帽带回家。

(3) 走时能跟老师和同伴说再见，不独自离园。

(4) 在家长来接后能及时离园，不在园内玩耍逗留。

(5) 不乱吃小摊贩上的东西，不乱扔垃圾，讲究卫生。

2. 教师常规工作制度

(1) 组织好幼儿安静地进行活动，帮助幼儿稳定情绪。观察幼儿的活动情况，因为这个时候孩子特别兴奋，容易和小朋友发生打斗等。

(2) 站在靠门边的位置，防止幼儿偷偷离开教室。

(3) 要严格确认接孩子的家长，陌生人接必须打电话联系家长确认。杜绝孩子自己回家，要亲自把孩子交到家长手中。对生病和当天表现异样的孩子，一定要将相关情况告知家长。

(4) 认真与家长交接，有计划地与家长交谈，简单交流幼儿在家在园的情况，做好家园沟通。

(5) 家长来接孩子要求幼儿收拾整理好玩具、放好小椅子才可以离开。

(6) 提醒家长将幼儿衣服、帽子带回家。

(7) 要求幼儿养成向家长问好，向老师、小朋友说再见的习惯，因为这样教师能清楚地知道哪位幼儿离园了，以及是家中的哪位家长接的。要求家长及时离园，不买小摊贩上的食物给幼儿吃，讲究饮食卫生。

离园活动管理

(8) 提醒幼儿和家长不乱扔垃圾，保持幼儿园环境卫生。

(9) 将迟接的孩子移交给值班老师。

(10) 整理活动室，按要求做好清洁消毒工作。

(11) 检查水电安全，关锁好门窗，做好防盗安全工作。

案例分析

离园时，李老师发觉琪琪的衣服挺别扭，仔细一瞧，原来是纽扣错位了。在李老师的指导下，琪琪笨拙地解开了一个又一个纽扣，准备重扣。正在这时，琪琪妈妈出现在活动室门口。显然，她已看到了一切，脸上写满了不高兴。只见她快步上前，动手要帮琪琪扣纽扣。

李老师一把拉住她说："瞧这衣服模样，就知道肯定是琪琪自己穿的。琪琪能够独立穿衣，这是一件值得高兴的事啊！让她再练习一下，相信她会有进步的，你说对吗？"琪琪妈妈听了李老师的话，似乎悟出了什么，脸慢慢由阴转晴，笑眯眯地对琪琪说："乖孩子，慢慢扣，妈妈等着你！"

参考回答

请结合幼儿园一日生活活动常规原理，分析李老师的行为。

技能训练

一、课堂训练

案例1

快乐进餐

午餐时间到了，孩子们都坐在自己的座位上进餐，只有珊珊还坐在那一动不动，老师走过去，让珊珊过来吃饭，她才慢慢地走了过来。只见她手拿勺子不是盛饭吃，而是把勺子放在嘴里，一会儿朝上仰，一会儿又往桌子底下钻。老师提醒了好几次，她似乎都是无动于衷。直到其他的孩子都陆续吃完了，她的碗里还是满满一碗菜和饭。

(1) 请根据上述案例，谈谈在一日生活活动常规工作中，该怎样处理好幼儿的进餐问题。

(2) 设计一个主题活动，帮助幼儿建立良好的用餐习惯。

案例2

吃完饭后做什么

扫描二维码，阅读案例"吃完饭后做什么"。

思考分析，并谈谈你对幼儿园一日生活活动常规的看法。

二、实战演练

结合幼儿园见习经历，根据幼儿园一日生活活动常规的工作细则，协助幼儿园教师完成一日生活活动常规工作管理，完成相应的见习工作总结。

拓展任务

一、阅读材料

材料1

游戏化的一日生活

"游戏化的一日生活"体现了对小班幼儿年龄特征的尊重。游戏要作为幼儿一日生活的主要内容来安排，不能作为过渡环节或课后休息环节来安排。教师应创设良好的游戏环境，提供丰富的游戏材料，在游戏中发挥幼儿的主动性、创造性。

例如，在幼儿午睡起床穿衣环节中，孩子们总把衣服穿反，针对这个现象，可以在穿衣环节中教孩

子们玩“钻山洞”的游戏。也就是把衣服上的小动物图案贴在桌子上，头从下面的大洞口里钻出来，再把胳膊从两边的小洞里钻出来，并运用儿歌的形式：“小小鸡，变呀变，钻出蛋壳看一看。攥紧袖口伸翅膀，一捋绒毛头转转。”幼儿边穿衣服边说儿歌，增加了游戏性，同时也不会再穿反衣服了。

再比如，户外活动回来后要喝豆浆。那么，在回来的路上就可以增加“猫宝宝”的游戏，老师当猫妈妈，孩子们当猫宝宝，并配以儿歌：“猫宝宝，回家家，洗手洗脸别忘了。喝杯豆浆有营养，干净聪明人人夸。”孩子们很自然地小便、洗手、喝豆浆，环节过渡得很自然，且幼儿很感兴趣。

小班孩子注意力持续时间不长，因此在环节过渡上也要动静结合。如在户外活动前，老师提要求的环节幼儿总有不注意听的。教师可以采用不同的形式，有时用“静悄悄的猫妈妈”的形式，带宝宝出去锻炼身体，再配以漂亮的头饰，孩子们会安静地跟“妈妈”出去。有时变成蹦蹦跳跳的小青蛙，孩子们也会争先恐后地一展自己的身手。有时还可以用“美丽的蝴蝶”的形式，让孩子们翩翩起舞。每天都给幼儿新鲜感，有助于幼儿各方面的发展以及培养幼儿活泼的天性。

在小班游戏化一日生活中，还需要教师去大胆地尝试、大胆地思考、大胆地创新，以及仔细地观察、认真地倾听、敏锐地发现幼儿的所思、所想、所做，用游戏化的语言加以积极的引导，同时使幼儿喜欢幼儿园生活，健康、愉快地成长。

请思考：谈谈以上材料对你开展一日常规工作的启示。

材料 2

扫描二维码，阅读材料“游戏精神与幼儿园一日生活教育的融合”。

思考讨论以上材料对你开展幼儿园一日生活教育的启示。

游戏精神与幼儿园一日生活教育的融合

二、思政话题

为深入贯彻《幼儿园保育教育质量评估指南》(2022)精神，规范保教常规，提高保教质量，近期，由湖南省衡阳市石鼓区教育局相关股室负责人及抽调的部分幼儿园园长组成专家组，对全区幼儿园进行了保教常规工作检查。

本次检查主要围绕保育工作、教育教学、常规工作等，采取听、查、看、问等形式，对各幼儿园保教常规工作开展情况进行全方位了解。检查结束后，专家组就各幼儿园的检查情况作了集中交流和总结反馈。

据悉，该区教育局将对检查情况进行通报，并将检查结果运用到幼儿园的年度考核中。此次检查，对各幼儿园的保教常规工作不仅是一次全面的体检，更是对今后工作的督促与提升。

结合以上新闻报道，请根据幼儿身心发展特点，思考与分析幼儿园班级一日常规工作管理的价值有哪些。

任务 2　一日教育活动常规工作

情境导入

案例 1

小宝在家很活泼，在外面玩得也很疯，在幼儿园院子里玩滑滑梯的时候也很好，可是一到老师上课的时候，其他小朋友们一起背儿歌、唱歌、做游戏，小宝从来不愿意参与，不开口也不动，只是看。上幼儿园已经一年的时间了，一直都是这样。小宝每天还是很愿意去幼儿园的，在幼儿园心情也不错，但和小朋友一起玩得很少。

讨论分析：如果你是小宝的老师，你打算怎样帮助他呢？

案例 2

案例
怎样"认识电"

扫描二维码，阅读案例"怎样'认识电'"。

讨论分析：该案例中老师的做法怎么样？你会为孩子准备哪些材料来"认识电"？

知识学习

理论知识

一、幼儿园一日教育活动的理念

幼儿园的一日教育要注重学习内容的生活化、童趣化和游戏化，采用自主、开放的学习方式和发展性评价、过程性评价等评价方式，让孩子在快乐学习中感悟快乐，在游戏中感悟快乐，在同伴交往中感悟快乐，在成人爱护中感悟快乐，在教师的尊重和宽容中感悟快乐。

知识链接
传统的幼儿游戏理论

二、幼儿园一日教育活动的任务

《规程》对幼儿园的任务作了明确规定，幼儿园的任务是：贯彻国家的教育方针，按照保育与教育相结合的原则，遵循幼儿身心发展特点和规律，实施德、智、体、美等方面全面发展的教育，促进幼儿身心和谐发展。幼儿园同时面向幼儿家长提供科学育儿指导。

1. 幼儿园要对幼儿进行德、智、体、美等方面全面发展的教育，促进幼儿身心和谐发展

（1）德育方面。萌发幼儿爱祖国、爱家乡、爱集体、爱劳动、爱科学的情感，培养诚实、自信、友爱、勇敢、勤学、好问、爱护公物、克服困难、讲礼貌、守纪律等良好的品德行为和习惯，以及活泼开朗的性格。

（2）智育方面。发展幼儿智力，培养正确运用感官和运用语言交往的基本能力，增进对环境的认识，培养有益的兴趣和求知欲望，培养初步的动手探究能力。

（3）体育方面。促进幼儿身体正常发育和机能的协调发展，增强体质，促进心理健康，培养良好的生活习惯、卫生习惯和参加体育活动的兴趣。

（4）美育方面。培养幼儿初步感受美和表现美的情趣和能力。

2. 幼儿园要为家长参加工作、学习提供便利条件

幼儿园应努力做到减轻家长在教育、保育幼儿方面的负担，同时不断提高教育质量，切实保证幼儿在德、智、体、美各方面生动活泼、健康和谐地发展，才能真正达到解除家长后顾之忧的目的。

总之，对幼儿实施德、智、体、美全面发展的教育，必须实行"保育和教育相结合的原则"。该原则表现了幼儿园的工作性质和特点，表明了幼儿园与各级各类学校的区别，幼儿园担负着幼儿的保育和教育的双重任务。

三、幼儿园一日教育活动的原则

幼儿园应充分认识和利用一日生活中各种活动的教育价值，通过合理组织、科学安排，让一日活动发挥一致的、连贯的、整体的教育功能，寓教育于一日活动之中。

1. 一日活动中的各种活动不可偏废

无论是幼儿吃喝拉撒睡一类的生活活动，还是集体教学、参观访问等教学活动，无论是有组织的活动还是幼儿自主自由的活动，都各具重要的教育作用，对幼儿的发展都是不可缺少的。因此不能顾此失彼，

随意削弱或取消任何一种活动。

2. 各种活动必须有机统一为一个整体

每种活动不是分离地、孤立地对幼儿发挥影响力的。一日活动必须统一在共同的教育目标下，形成合力，才能发挥整体教育功能。因此，如何把教育目标渗透到各种活动中，每个活动怎样围绕目标来展开，就成为实践中应当特别关注的问题。

实务知识

一、集体教学活动

1. 幼儿行为养成

(1) 能注意力集中(稳定 10～15 分钟)，有兴趣参加集体学习活动，愿意学本领，能认真听讲，按老师的要求去做。

(2) 坐姿自然端正，会搬椅子，学会用正确的姿势和最安全省力的方式搬椅子；知道危险的搬椅子方式，如将椅子扛在头顶，放下椅子时会砸着其他小朋友，钩住椅背行走更容易碰撞到其他幼儿的腿部。

(3) 在活动中能保持正确的坐、写、画的姿势，在教师或同伴的提醒下能自觉纠正不正确的姿势。

(4) 知道说话前先举手的道理，得到教师允许后再发言。能用较标准的普通话回答问题，大方自然、吐字清楚，声音响亮适宜。能大胆地在集体面前讲话。

(5) 能安静地听教师和同伴说话，不打断别人的话，不插嘴。

(6) 愿意协助教师准备学习用具、材料；学会正确使用和爱护各种学习用具、材料；用完后在教师的指导下学习收拾和整理学习用具、材料。

(7) 掌握正确的与同伴交往的技能，能和同伴商量或讨论教师提出的问题或要求；学会和同伴共同使用学习用具、材料。

(8) 知道珍惜自己和别人的活动成果，学习正确评价别人和自己的作品。

2. 教师常规工作制度

(1) 选择合适的教学内容和生动有趣的教学方式，能吸引幼儿的注意力。

(2) 能根据幼儿年龄特点控制好时间，避免幼儿大脑疲劳。

(3) 教具、学具等材料安全无毒。

(4) 做好教育活动前的准备工作。

技巧：室内地面清洁不起尘，无异物。摆好座位，光线充足，从左射入，空气新鲜。注意经常交换幼儿座位，保护视力。

提醒幼儿收拾玩具、如厕，做好活动的身心准备。

充分理解、分析、熟悉教材，准备好教育活动计划。文字材料能背诵，示范动作要熟练、准确(教育活动计划要提前写好)。

实物、图片、模型、教具实验用品、玩具或其他材料应于前一天准备好，幼儿用品数量要多于幼儿数量。

(5) 课前能稳定幼儿情绪，教幼儿听信号坐好，坐姿正确，保护视力。

技巧：指导幼儿轻轻搬动椅子，一手握椅背，一手托椅身，轻拿轻放，移动椅子时要拿起椅子摆好再坐下。放椅子时不能有声音。知道爱护桌椅。

正确的上课坐姿是双脚自然并拢平放，双手平放在膝盖上，长时间坐着可以轻轻靠在椅背上。

正确的写字、绘画坐姿是视力保护的重要措施。上身与桌子要保持适当距离，双脚自然平放，上身不歪斜，眼睛和纸张的距离保持在一尺左右。避免不正确的坐姿，如斜靠椅背、斜趴桌子、坐时跷腿、驼背坐等。

(6) 能正确、全面地贯彻教育工作原则，灵活运用多种教育形式和方法，重点突出，解决难点，具有创造性。要注意观察了解幼儿，有不同层次的要求和指导。能以幼儿为主体，面向全体幼儿，让幼儿充分运用感官，动脑、动口、动手，启发幼儿学习的积极性、主动性和创造性。

(7) 要注意教育过程中的启发性指导和随机教育、个别教育。

(8) 衣着打扮符合幼儿园教师的职业特点，教态亲切自然、情感真挚。语言清晰、简练、准确、规范、生动形象。

技巧：衣着活泼大方，大小得体，便于活动，颜色鲜艳，不同场合穿不同服装，给孩子以美的熏陶。日常着装柔和、大方、典雅，以色彩柔和淡素的职业装为佳；上班时间不穿拖鞋、打赤脚，当班时间穿平底鞋。

仪容（化妆）：精神饱满，健康向上，充满活力。日常生活化妆要求自然、大方、淡雅，与肤色、衣服相匹配；杜绝浓妆艳抹或使用有刺激性味道的化妆品；工作时间将长发束起，不披头散发；额前头发不可过长，挡住视线。

体态（站姿、走姿、坐姿、交谈姿势、手势）：姿态端正、大方、自然、规范。体态挺拔，站立自然，挺胸收腹，头微上仰，两手自然下垂，面带微笑；走姿稳健，头正胸挺，双肩放平，两臂自然摆动，双目平视，不左顾右盼，随时问候家长、同事和幼儿；手势自然、适度，曲线柔美，动作缓慢，力度适中，左右摆动，不宜过宽；交谈姿态以站姿为主，自然亲切，对幼儿可采取对坐、蹲下、搂抱等姿势，尽量与交谈方保持相应的高度。

语言：语速适中，态度温和，语言生动、有趣、儿童化。组织集体活动时应使用普通话，用词规范；语气柔和，委婉中听，忌大声呼叫；咬字准确，吐音清晰；语调婉转、平稳，抑扬顿挫，语速适中；语言生动、有趣、儿童化。各个活动的过渡环节语言应活泼欢快，亲切温柔，言情一致，精神饱满，目光恰当；说话时不可过分夸张，不过分喜怒形于色；杜绝训斥、讥讽的语言；杜绝给孩子造成惧怕、恐慌心理的语言。生活语言应亲切关爱，体贴入微。不讲粗话，脏话，忌训斥幼儿；忌大呼小叫，不要离幼儿太近；时刻面带微笑，保持关注的目光；不催促幼儿过快饮食，引导幼儿养成良好习惯。

(9) 注意幼儿说话、唱歌的声响，保护幼儿声带。

技巧：指导幼儿保护嗓子，首先要保证幼儿睡眠充足和营养合理。吃得好，睡得好，身体健康状况好，嗓子才有可能好。帮助幼儿改掉大声说话、喊叫的毛病。不要无端地引起幼儿大声哭闹。在幼儿唱歌前，不要让他做剧烈的运动，以防声带充血。幼儿嗓子不适、感冒时，不要唱歌。为幼儿选唱的歌曲，曲调要上口，音域不要太宽。一般以由五六个音（3～4 岁幼儿）或七八个音（5～6 岁幼儿）组成的一首歌为宜。在唱歌前，最好带幼儿模仿些动物的叫声（如布谷鸟、小鸡、小鸭等），这是必要的唱歌准备活动，即“练练嗓子”“开开声”。教会幼儿用自然的声音唱歌，不模仿成人特别是歌星们的演唱。唱歌时音量适中，切忌“喊歌”。唱歌时间不要过长，以免声带过于疲劳。饭后不宜马上唱歌。

微课

集体教学活动管理

(10) 教育活动后效果检查：活动结束后要记录和分析幼儿的学习情况及活动成功或失败的原因，以总结经验，积累资料，不断地改进教育方法，提高教育水平。

(11) 作品的保存：绘画、手工等作品要注明幼儿姓名、班次、日期和主题。

案例分析

在一次音乐活动中，教师播放钢琴曲《牧童短笛》，让孩子两两扮演牧童与牛，并让他们自己寻找“笛子”的替代品进行表演。教师在孩子熟悉对话性乐段的基础上让他们听音乐表现乐曲所展现的动作与表情。第一次孩子们的表演仅限于骑在牛背上走，于是教师及时地用问题做引导：“牧童非常爱牛，他带牛到河边除了骑着它，还会做什么？哪一段是讲述牛不听话，牧童生气？……”第二次，幼儿的表现就丰富了许多：和牛说悄悄话、抚摸牛、围着牛跳舞、吹笛子……幼儿尽兴地体验到了歌曲的内涵与快乐。

请思考：这则材料说明了什么道理？请试着分析教师的教学行为。

参考回答

二、区域活动

1. 幼儿行为养成

(1) 学会轻拿轻放玩具材料。

(2) 游戏中注意自身安全，不伤害伙伴。
(3) 学习物归原处。
2. 教师常规工作制度
(1) 为幼儿准备安全无毒、清洁卫生的游戏材料与玩具。
(2) 加强安全教育，引导幼儿在游戏中增强自我保护意识，注意幼儿游戏安全。
(3) 指导幼儿学习自己收拾玩具、清理场地。
(4) 每周定期清洁消毒玩具。

自主自由玩转区域

案例分析

晨间活动时，一个小朋友指着书问我："陈老师，这个图是教我们折纸的吗？"我一看，原来书页上是一只小青蛙的折纸步骤示意图。于是我肯定地对她说："是啊，这个图就是教我们折小青蛙呢！""我，我要学！"小朋友顿时来了兴趣，而且马上到美工区取来纸折了起来，旁边的几个小朋友也带着好奇心凑过来，我乘机说："我们一起跟着图示来学，看谁先把这只可爱的小青蛙变出来。"我利用多媒体课件将步骤图示放大，边给他们讲解步骤图示的意思，边示范着折纸，孩子们专心致志地跟着学起来。

请分析材料中教师的做法有哪些可取之处。

参考回答

三、户外活动和体育活动

1. 幼儿行为养成
(1) 积极参加各种体育活动。
(2) 遵守户外活动纪律，在指定范围内活动。
(3) 能按教师的口令做相应的动作，不乱跑、不推挤、不做危险动作，不伤害自己和别人。
(4) 锻炼前后及进行中，能在教师的提醒下增减衣服。
2. 教师常规工作制度
(1) 注意活动场地和运动器械安全。
(2) 检查幼儿着装是否安全，准备好干毛巾，帮助出汗幼儿擦汗。
(3) 注意幼儿锻炼中的保护，避免事故发生，若发生意外立即报告并妥善处理。
(4) 根据幼儿身体素质、季节特征，掌握幼儿的运动量和运动密度。
(5) 提醒幼儿注意安全，进行自我保护。
(6) 对体弱儿童注意观察护理。

户外活动与体育活动管理

案例分析

晨练时，李老师为孩子们准备了球、轮胎、跳绳、滑板车等器械进行练习，又提供了很多辅助材料，孩子们可以自己搬物过桥(平衡木)回"河"对面"新家"。几分钟后，鹏鹏在平衡木上慢跑，轩轩看到了叫道："看我的！"说完在矮平衡木上做跳跃动作，差点摔下来，引起周围小朋友喝彩。李老师见状说："小心点，快下来。"他只好下来。鹏鹏和轩轩把高平衡木放在矮平衡木上，摇晃来摇晃去，李老师看到后把他们抱下来，并说："这样容易摔跤的。"晶晶在最右边的平衡木上，把小枕头放头顶，小心翼翼走过平衡木，喊着："老师，看我。"老师赶紧过去陪她一起走。操场边有五个孩子不停东张西望，每次轮到时又排到队后面，但老师没发现。

请结合材料，分析李老师的教育行为。

参考回答

技能训练

一、课堂训练

案例 1

小狐狸能和小兔做好朋友吗？

上课的时候，张老师正在讲《小狐狸的变身法》，讲完后问："小朋友们，小狐狸该怎样和小兔做好朋友啊？"林林把小手举得很高，站起来说："老师，你昨天不是说小狐狸很坏，要吃掉小白兔吗？他们怎么能成为好朋友呢？"张老师很尴尬，不知道该怎么回答。

（1）如果你是张老师，你会怎么回答？

（2）幼儿的想法天真率直，这就要求幼儿教师要有很好的应变能力。请搜集一些与上述案例类似的"伤脑筋"的问题，进行课堂集体讨论。

案例 2

老虎也有白色的

扫描二维码，阅读案例"老虎也有白色的"。

思考讨论：如果你是黄老师，你会如何处理？

二、实战演练

良好的形象是教师素质的重要组成部分，所谓言传身教，衣着举止也是一种语言。请根据实际情况，为自己设计一套合宜的服装。

拓展任务

一、阅读材料

材料 1

教师使用语言及行为对儿童的支持和引导

1. 使用肯定的建议和指示要优于否定建议和指示

肯定建议是直接告诉孩子可以做什么来代替不可以做什么。使用正面的建议是发展我们从心里对孩子行为采取更加积极态度的重要步骤。当我们讲述孩子们不应该做什么事情的时候，我们的烦恼也会增加，面部僵硬，语调冰冷。但当我们把注意力转移到孩子应该做什么的时候，我们的感觉就会不同，面部线条柔和，语言轻柔。或许当我们发现孩子在一定环境下能做什么的时候就会对孩子施以更多的同情，以欣赏的眼光来看待孩子，理解孩子在发现更好的解决办法的时候所面对的困难和付出的努力。

无论何时当我们将要做出否定建议的时候，我们都要加以纠正，一切的指示都应该以肯定的形式出现，如用：

"沿着凳子骑三轮车"代替"不要撞到凳子上"；

"把球扔到这里"代替"不要砸窗户"；

"把这块重的积木放到地上"代替"不要把这块重的积木放到上面"；

"当爬滑梯的时候把球给我"代替"不要手里拿着球爬滑梯"；

"轻轻弹琴"代替"不要砸钢琴"。

2. 把声音作为一种教育工具，使用的语言和语气能使孩子感到自信和安心

一个平静的、坚定的声音传递着自信，同时使孩子感到安心。用坚定的声音说话是必要的，但是永远没有必要提高你的声音。最有效果的演讲是简洁的、直接的且缓慢的，降低声音会比提高声音更有效。

无论室内还是室外，永远不要对着游戏区域大声呼叫或喊叫，这是一个很好的规则。走过去直接对着孩子说话，效果会更好。当你对着孩子大声喊叫的时候，孩子会和成人一样被激怒，如果你面对面地、和蔼地对孩子说话，你的话就会更容易被接受。

3. 只有想让孩子做出选择时才给孩子选择机会

要注意避免其实不想让孩子作决定时却给他选择的机会。

有时候我们会听到妈妈这样对孩子说："现在你想回家吗？"当孩子回答"不"的时候，妈妈就会觉得孩子在违背她，没有按照她所期望的意愿来回答。其实她真正的想法是"该回家了"。

很重要的一点就是，在提问之前，头脑里一定要清楚是否真正想给孩子提供选择机会，同时要确定问题是合理的。当给孩子提供选择机会时，必须确定你能接受孩子的决定。

4. 避免用比较和鼓励竞争的方式来激发孩子

用竞争的方式来让孩子快点穿衣服或者多吃东西或许会得到我们所不期望的结果。那些被鼓励竞争的孩子，通常会与别的孩子有更多的争吵。在任何的竞争中，有些人总是失败，这些孩子就会感到受到伤害和愤怒，即使胜利者也担心下次会失败，或者如果竞赛本身不公平的话，他们会认为是管理者的不公正。竞争不能建立友好的社会情感。

孩子不应该感觉他们得到关注的唯一机会依赖于"第一""打败""最好"，他们应该感觉无论是成功还是失败，他们都确定可以被接受。你只需听孩子们在活动场地说的话就会发现高度竞争是怎样干扰了他们，像"你不能打败我""我比你大""我的比你的好"，这些会增加孩子之间的冲突并且阻止孩子之间的友好合作。

5. 在任何的美术创作中避免提供范例让孩子临摹

儿童需要途径来表达自己的想法，他们用黏土、沙子或者泥土，在黑板上或者通过手指画来表达感情，因为他们很少有别的语言形式。如果临摹范例，就会阻隔孩子通过艺术来表达自我的途径，就会减少他们创造的机会并且更多地限制在模仿上。艺术就会变成另一个领域，孩子会努力模仿那些比他们做得好的成人作品。

有经验的教师会避免陷入"提供范式"中。举例来说，她会坐到桌子旁，感受黏土，轻轻拍打，像孩子一样来享用它，但是她不会"做任何东西"。当然，如果可能，可以让孩子来观察成人如何通过艺术来表达情感，这些可能对孩子来说都是有价值的经历，成人通过艺术创作来表达自己的情感对任何孩子来说都是有价值的。但是，当成人为孩子画一个人或者一只小狗来让孩子模仿的话，这种经验就非常不同。要避免"范式"。

6. 给孩子提供最少的帮助，使孩子获得最多发展独立性的机会

给孩子提供最少的帮助意味着当孩子想拿到东西的时候，给孩子看怎样拿到积木或者盒子，然后爬上去拿东西，而不是直接把东西拿给他。这就意味着要给他们提供足够的时间来解决一个问题，这要比干涉和为他解决好得多。

给孩子自由来体验其逐渐增强的独立的冲动，要支持他们这种自信的感觉。他会说"我可以做这一切事情""看，我能做什么"。然而，必须记住，寻找机会让孩子独立做事情，并不意味着拒绝孩子帮助的请求。成人通过愉快地提供帮助，使孩子感到安心。如果成人不能帮助，要这样回答，"我非常想帮助你，但是我现在很忙"，然后给他们一个不能提供帮助的理由。

7. 避免使用一些可能会伤害孩子自尊的方式来改变孩子的行为

学习建设性方法来指导孩子的行为需要一些时间。首先是要减少破坏性的模式，必须要抛弃那些使孩子感到羞耻的手势、表情、语气和语言。在没有被尊重的感觉中，让孩子改变其行为模式是很

困难的。儿童尤其依赖那种被他人尊重的感觉，教师要接受和尊重他。只有当孩子感觉到教师接受原本的他并且试图帮助他尽可能获得成功的时候，才能被帮助。这要比教师只是一味地责备他没有达到教师要求的标准好得多。

8. 尽可能通过给孩子提供一个符合其意图和兴趣的活动来使孩子重新定向

当教师尝试去改变孩子对某一个活动的兴趣时，如果教师建议的活动与他喜欢的活动有相同的价值和途径的话，那么教师更容易成功。举例来说，如果一个女孩在靠近窗户的地方扔球，并且很危险，这时可以建议她到一个安全的地方扔。如果她是因为愤怒扔东西的话，我们可以建议她通过一个可以接受的方式来发泄其愤怒的情感。譬如朝着网球网扔东西，或者打沙袋，也或者在木工桌子上钉东西。在第一个案例中，孩子的兴趣在于扔东西，第二个是通过扔东西发泄自己的情感。应根据孩子行为的不同含义来建议孩子进行不同的活动，尽量满足孩子的需要。

9. 在最恰当的时间，给孩子提出指示和建议

建议提出的时间和建议本身同样重要。给的建议太早，就会剥夺孩子自己想办法解决的机会，降低孩子解决自己的问题的成功感，可能也会令孩子感觉很不愉快。一个建议如果给得太迟，可能会使孩子失去成功的机会，孩子就会因为太失望或者太受刺激而不愿再去克服困难。

在最恰当的时机给孩子以帮助，意味着在孩子失去平衡之前给孩子以援手，意味着在两个孩子去争夺车子之前进行仲裁，或者在孩子感到厌倦和失去控制之前建议一个新的活动。有效的指导依赖于知道如何去预防出现的问题。

10. 必要的时候，通过强调来使教师的建议更有效

有时候，一个教师必须综合使用多种方法来增加建议的有效性。适当时用目光接触，走到孩子跟前，用语言提醒等，都是很有效的方法。

第一个阶段，可以重述指示，并且阐述原因，“午饭已经准备好了，每个人都要放下东西进来”。

第二个阶段，教师要去寻找孩子忽视或拒绝的原因：“有什么事情？为什么？”

最后阶段，教师必须预见并承担所有的责任。教师把孩子领进来，抱着他或者紧紧拉着他的手，至于是否吃饭，他自己决定。这个步骤不要经常使用，如果出现什么危险的情形，教师要尽快地采取行动，并且随后要解释原因。

11. 事前预见和预防要比事后困难地收拾残局好得多

学习去预防问题的发生非常重要，这是因为，在许多案例中，孩子犯错误，但是他们并没有从中受益。举例来说，一个女孩用令人讨厌的方式去接近他人，她从中学到的只是感觉到人们不喜欢她，久而久之，很可能成为现实。如果老师了解她的行为，当她试图去接近他人的时候，建议她使用适当的方法，那么她可以学习到令别人接纳的行为。老师可以说“你想和他们玩的话，你应该首先敲门”，或者说“去问一下明明，看她是否需要别的积木”。

12. 很明确地规定一些限制，并且贯彻始终

有一些事情一定不能做，任何一个孩子都不能例外。这些限制是必须的并且是很明确地规定的，这一点很关键。孩子犯的许多错误大都因为孩子对这些限制感到疑惑。在一个设计得很好的环境中，只有很少的“不”，这些“不”都有很明确的规定。孩子要理解这些规则，成人也要始终贯彻它们。

13. 对整个局势保持警觉，并占据最具有战略意义的位置去监管

一个有经验的教师，甚至当她仅与一个孩子在一起工作的时候，她也会在一个可以看到其他孩子的位置，也就是对整个局势保持警觉。

坐下比站立能更有效地提高管理的效能。当教师与孩子在同一个水平的时候，这个位置可以更好地帮助孩子。当成人坐着的时候，孩子感觉可以更自由地去接近，教师也可以更容易地去观察孩子。站立与坐着的位置对于预防问题的发生非常重要。教师站在做不同活动的两组幼儿的中间，可以确定两组幼儿是否互相干扰，并且可以提前预防问题的发生。

14. 把每一个儿童的健康和安全始终放在基本的、首要的位置去关注

好的教师必须始终如一地对影响孩子健康的东西保持高度警觉。譬如孩子的水杯是否被用过，一次性纸巾是否被用过，可以放在嘴里的玩具是否已经清洗，通风的窗户是否关闭，孩子的毛衣和外套是否根据气候和活动需要随时更换等。

对安全保持警觉意味着注意观察并随时移走不安全的东西，譬如凸出的钉子，不坚固的梯子，没有很好固定的木板；意味着近距离监控那些正在高处一起玩的孩子，那些使用有潜在危险工具的孩子，譬如使用锤子、锯子、铲子的孩子。这个观点告诉我们：有经验的教师是永远不会放松对孩子的观察的。

15. 通过观察和记录提高自己的认识水平

把这些准则记录下来并作重点强调。教育建立在对儿童行为的客观观察和评价基础之上。任何科学，其结论都是建立在精确的观察之上。经常性地记录、陈述发生的事情，孩子使用的准确语言，事件发生的实际结果。尽可能在事件发生时记录，或者过后立即补记，标注出记录时间。事后要仔细阅读记录，并且做出恰当解释。观察和记录的技能对建立理解非常关键，提高你的技能去选择一些精彩的瞬间，并且做出有意义的记录。

请思考：谈谈以上材料对你开展班级常规管理工作的启示。

材料 2

幼儿园一日生活中安全预控工作的价值与策略

扫描二维码，阅读材料“幼儿园一日生活中安全预控工作的价值与策略”。

思考讨论：该材料对你开展幼儿园一日生活中安全预控工作的启示。

二、思政话题

根据教育部印发的《幼儿园督导评估办法》(2023)，幼儿园督导评估一级指标“教育过程”下有 3 个二级指标和 6 个三级指标。其中“活动组织”和“师幼互动”涉及的三级指标包括：①“一日活动安排”。一日活动安排合理，室内外兼顾。活动过渡衔接顺畅，没有频繁转换、幼儿消极等待等现象发生。每天户外活动不低于 2 小时(寄宿制幼儿园不得少于 3 小时)，其中户外体育时间不少于 1 小时。幼儿单次使用电子产品的时间不宜超过 15 分钟，每天累计不超过 1 小时。②“活动内容和形式”。以游戏为基本活动，保证幼儿游戏时间。教师尊重幼儿主体地位，支持幼儿参与一日生活中与自己有关的决策，自主选择游戏材料、玩法和同伴，能抓住幼儿感兴趣或有意义的话题和情境，采用小组或集体形式开展讨论，鼓励幼儿表达观点、提出问题、分析解决问题，拓展提升日常生活和游戏中的经验。活动中幼儿主动探索、合作交流和表达表现的机会较多，注重培养幼儿良好的个性、心理、思维品质。活动内容丰富，注重健康、语言、社会、科学、艺术等领域有机整合，不片面追求某一领域、某一方面的学习和发展。关注幼儿发展的连续性，促进幼小衔接。③“情感氛围”。保教人员保持积极乐观的情绪状态，对待幼儿态度亲切，平等对待每一位幼儿。教师积极营造尊重、接纳和关爱的氛围，引导幼儿形成良好的同伴关系，幼儿自信从容、情绪稳定，班级氛围良好。教师关注幼儿心理健康，注重幼儿的情绪状态和变化，及时安抚并帮助幼儿调节不良情绪。④“关注引导”。教师注重观察和分析幼儿在一日活动中的表现，不急于介入或干扰幼儿的活动。根据一段时间的持续观察，对幼儿的发展情况和需要做出客观全面的分析，提供有针对性的支持。教师注重引导幼儿通过绘画、讲述等多种方式对自己经历过的游戏、阅读过的图画书、观察等活动进行表达表征，通过一对一倾听、开放性提问、推测、讨论等方式，尊重和回应幼儿不同的想法和问题，支持和拓展幼儿的学习。

请浏览《幼儿园督导评估办法》文件，根据幼儿身心发展特点，结合当地幼儿园实际情况，谈谈教育过程中的“活动组织”和“师幼互动”要注意做好哪些方面的工作。

单元小结

幼儿园班级一日常规工作管理是指对幼儿园班级中的一日生活活动常规、日常教育教学活动等方面进行有效的管理和规范化运作的工作。通过对这些方面的管理，可以使幼儿园班级的日常工作有序进行，促进幼儿全面健康的成长。

班级一日常规管理的内容包括来园、盥洗、进餐、午睡、离园等生活活动常规工作和集体教学活动、区域活动及户外活动等教育活动常规工作两个方面。幼儿园教师在进行常规工作管理时要以幼儿为中心，关注幼儿的全面发展和个体差异，通过制订个性化的培养计划、提供安全保障、激发兴趣和发展潜能，建立良好的师生关系，为幼儿的成长奠定坚实的基础。

单元练习

一、填空题

1. ________是幼儿的天性，能够提高幼儿的观察能力、想象能力和创造能力。
2. 一日常规的建立能促进幼儿形成良好的卫生习惯、生活习惯和________。
3. 幼儿园的任务是实行保育和教育相结合的原则，对幼儿实施________发展的教育。
4. 德育方面，幼儿园通过培养团结、友爱、诚实、勇敢、自信等良好的品德行为和习惯，促进幼儿________的发展。
5. 幼儿行为养成中，幼儿应该愿意学本领，按老师要求去做，能保持正确的坐、写、画的姿势，并且愿意协助教师准备学习用具、材料，这有利于培养幼儿的自主性和________。
6. 教师在常规工作制度中，选择适合的教学内容和生动有趣的教学方式，具有创造性，能灵活运用多种教育形式和方法，重点突出，解决难点，具备________。
7. 为了确保幼儿园区域活动的安全，幼儿园应对幼儿在园一日的活动中可能存在的安全隐患做出相应预防措施，包括晨间活动场地安排、座位排列形式选择、室内追打嬉戏管理等方面，以保障幼儿的________。
8. 幼儿园的一日教育要注重学习内容的________、童趣化和游戏化。
9. 上课的时候，幼儿的注意力能稳定集中在________分钟内。
10. 形成良好的________是一日常规的重要组成部分。

二、简答题

1. 简述幼儿园一日生活活动的理念。
2. 概括幼儿园一日教育活动的任务。

三、论述题

试论教师在游戏活动和户外活动中的常规工作制度。

四、案例分析

思嘉是幼儿师范学校毕业的，毕业后，她选择当一名幼儿教师。刚开始一段时间，她是协助其他教师一起工作的，做得很不错。有一天，班主任生病请假了，让思嘉做来园接待，思嘉很有信心地答应了。思嘉起了个大早，等待家长送孩子们来幼儿园。可是这一天对于她来说简直是一团糟。她刚刚把一位小朋友的书包放到储物柜，那边的两个孩子就抢玩具玩，打了起来，刚劝好架，又有小朋友在厕所里跌倒哭个不停……思嘉想不通，为什么看着老师做起来井井有条的，到了自己这里就顾了这头丢了那头，弄得疲惫不堪。

分析：1. 案例中的幼儿教师为什么感到疲惫不堪？
2. 如果是你，你会怎么办？

聚焦考证

材料分析

郭老师为区域活动设立了“美美理发室”。有一天理发师晨晨正在为一位顾客理发，由于只有一个客人，另一位理发师妮妮显得非常无聊，就坐在椅子上发呆，郭老师看了一会儿就走了。突然晨晨跑过来对郭老师说没有电吹风为客人吹头，郭老师回答，没有电吹风你们可以做其他的事情。

一段时间过后，因为理发师只能剪头发和吹头，顾客数量直线下降，最后沦落到没有顾客光顾。郭老师见状将“美美理发室”撤掉。

分析： 1. 请从幼儿区域活动中的支持与指导角度分析该教师的教育行为。

2. 针对该教师的教育行为提出建议。

单元四 班级安全管理

单元导读

安全是幼儿园班级顺利开展各项工作的必要前提和首要条件。没有了安全，幼儿园班级真正的教育和管理也就无从谈起。《纲要》明确指出："幼儿园必须把保护幼儿的生命和促进幼儿的健康放在工作的首位。"由于班级中幼儿年龄小，生活经验有限，缺乏安全防范的意识，因此，尽管规范的幼儿园班级按标准配置有三名教师，但对于要照顾和管理几十个生活自理能力不强、平衡能力和自我安全保护能力不足的幼儿来说，工作稍有不周，各种安全事故就有可能会随时随地发生。为了保护幼儿的安全，尽力防止班级管理中安全事故的发生，必须在工作中始终保持高度的安全意识，严格按照工作安全规范的要求来办事，并且把安全教育和日常的保教工作有机结合起来，把安全教育贯彻于幼儿每天的生活细节之中，提高其自我安全防范的意识和能力，避免和减少安全事故的发生。

本单元主要阐述班级入园离园的安全管理、区域活动的安全管理，以及突发事件的应急处理。通过知识学习、技能训练、拓展任务练习等，学习者应熟悉幼儿入园离园交接时的工作事项，掌握突发事件应急处理的原则和方法，具备班级安全管理的能力，养成认真细致、诚实守信的工作作风。

学习目标

➢ 素质目标

1. 增强安全意识，树立"安全第一"的观念。
2. 具备责任意识和担当意识，养成认真细致、诚实守信的工作作风。

➢ 知识目标

1. 认识到幼儿入园离园安全交接的重要性，熟悉幼儿入园离园交接时的工作事项。
2. 了解班级区域活动安全管理的具体要求，掌握幼儿园突发事件应急处理的原则和方法。

➢ 能力目标

1. 具备入园离园和班级区域活动安全管理的能力，以及对突发事件进行应急处理的方法和能力。
2. 能够制订幼儿园班级突发事件登记表及突发事件应急预案。

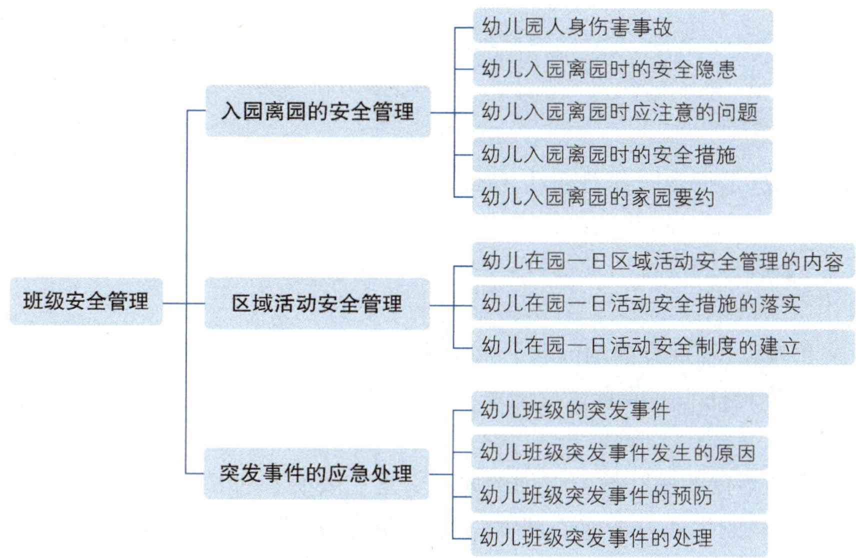

案例 1

幼儿被接走

一天傍晚，一位家长急匆匆来到园长办公室，说她的孩子吴某被陌生人接走，不知去向。我顿时紧张起来，后来经过了解，事情经过原来是这样的：吴某见赵某的爷爷来接赵某，便要求赵某的爷爷带他回去，赵某的爷爷认识吴某的家，便答应了。于是，赵某的爷爷在教室门口对老师说了声“老师，我把吴某接走”，便离开了。因为当时比较晚了，是由值日老师统一照管全园还没有被家长接走的孩子，而值日老师不熟悉别班孩子的家长，只是有印象是个高个子的爷爷把吴某接走了。吴某的妈妈来园未接到孩子，而老师又说不出孩子的去向，因此便气愤地找到园长室……

尽管只是虚惊一场，但我还是严肃批评了值日老师，并让她好好反思一下，可值日老师也很委屈：“园长，天太晚了，我又不认识他们班的家长，孩子说他认识来接他的人，我就同意接走了，再说，我也没多拿一分加班费。”

请分析：这个案例给你什么启示？

案例 2

扫描二维码，阅读案例“怎么就不让接呢？”。

讨论分析：这个案例给你什么启示？

怎么就不让接呢？

知识学习

理论知识

一、幼儿园人身伤害事故

幼儿园人身伤害事故，是指入园儿童在幼儿园期间和幼儿离园集体活动而处于幼儿园管理范围内，所发生的人身伤害事故。它主要是幼儿在幼儿园中发生的人身伤害，也包括虽不在园内，但属于幼儿园组织的活动（如春游、秋游、节假日的庆祝活动等）中发生的人身伤害。

幼儿发生人身伤害事故的原因多种多样，概括起来主要有三大类：

(1) 幼儿园设施和教育、管理方面的问题。这主要表现在：幼儿园的设备陈旧、老化，安全防护措施不到位；教师玩忽职守，工作责任心差或者违反国家有关管理法规，体罚或变相体罚幼儿；幼儿园的规章制度不健全、管理不完善等。

(2) 幼儿自身体质和不良的家庭教育方面的原因。这主要有三种情况：幼儿自身的身体体质特殊；家庭教育不当，幼儿具有不良的生活习惯或心理承受能力极差；家庭与幼儿园缺乏足够的沟通，导致家庭教育与幼儿园教育严重脱节，有些幼儿在家庭教育中形成的某些心理特点、生活习惯，由于家园缺乏联系，幼儿教师没有进行特殊防范和相应教育而导致幼儿人身伤害事故的发生。

(3) 外来原因以及意外事件。如地震、台风等；也有因家长原因而导致外来人员到幼儿园寻仇报复等。

二、幼儿入园离园时的安全隐患

入园是幼儿在园一日生活的开始，也是家长与幼儿园对来园幼儿进行交接的关键环节。由于幼儿年龄尚小，他们的自控能力和自理能力都还处在较为薄弱的阶段。有的幼儿平时习惯于家庭自由随意的生活，对去幼儿园不是很情愿，交接时不舍得离开自己的亲人，若此时不与家长完成认真的交接，幼儿就会有偷偷溜回或园外走失的可能。有的幼儿喜欢幼儿园的生活及一切，每天对入园都非常兴奋，除了能见到自己喜欢的老师、自己熟悉的同伴外，还有园内新鲜、适宜、美丽的环境和生活空间。此时进行幼儿交接，稍不留意，幼儿就会自由走动，或者玩耍，幼儿因失去有效的监控，从而可能导致相关安全事故或问题的发生。

幼儿离园，是幼儿园与家长对离园幼儿进行交接的关键环节。由于这是幼儿在园一日生活的最后环节，孩子们都急切地盼望见到接自己的家人，而家人也都急切地想见到和接回自己的孩子，所以下午放学时间一到，数十名家长就涌向自己孩子的班级，几十名孩子也都急切寻找来接自己的家人，教室门口立刻成了一番人来人往的热闹景象。而教师这时既要接待家长，向一些家长反映孩子的情况，又要兼顾班内未被接走的孩子，此时稍不留神，危险就会发生。如有的孩子由于家长还没有来接，想家心切而产生“妈妈是不是不来了”的不安全感，于是就趁人不注意自己离开幼儿园；有的孩子趁老师不注意，在室内追逐打闹等。

每天傍晚，各班总会有少数未被及时接走的幼儿。正常情况下，带班教师离园前，这些幼儿都会交由值班教师负责。为了明确工作职责，也为了确保幼儿的安全，带班教师必须与值班教师对这部分幼儿进行当面交接，并在“未及时接走幼儿交接记录册”上填写这些幼儿的名字，以及可以接幼儿的人员名单、联系电话等。此后，当孩子家长来接幼儿时，除了认真核对来接者的身份，做到准确无误外，家长接走一个幼儿，值班教师就要在该幼儿的名字后面作一记号。对于特殊孩子的交接，如生病的孩子、当天表现异样的孩子，还须向家长详述孩子的情况，并提出希望配合的要求和具体方法。

显然，幼儿的入园和离园，成为幼儿园与幼儿家长监护和管理幼儿责任完成转移的关键节点。只有双方实现认真而准确的交接，才能确保幼儿交接过程中不至于出现疏漏或差错，从而避免可能危及幼儿安全的各种各样问题的出现。

三、幼儿入园离园时应注意的问题

为了实现幼儿入园离园安全准确的交接，避免造成家园双方不必要的责任纠纷，家园之间，尤其是班级和幼儿家长之间，应当建立严格的幼儿入园离园交接制度，并且双方都要认真遵守。这一方面要求班级和家长充分认识幼儿交接的重要意义，提高保护幼儿的安全意识；另一方面，双方要在协商的基础上签订安全接送协议书，在制度上明确双方责任和确保各自的权益。

幼儿入园时，为了防止忽略晨间检查，应避免家长让孩子单独入园，或者把孩子领到班上不向老师打招呼就离开，班级教师就要坚持"一看二问三摸四检查"的晨检制度。要求家长送孩子入园时，要主动让孩子接受保健人员的晨间检查，尤其要主动报告身体已经存在的不适情况。同时，家长还要坚持送孩子进活动室，并和老师打招呼，直到得到确认后方可离园。家长有急事需中途接走幼儿，或委托他人来接自己的孩子，必须事先说明情况和出示接送卡，没有接送卡不能以其他理由接走孩子。

四、幼儿入园离园时的安全措施

幼儿入园离园时，应当针对不同情况，采取相应的安全措施。尤其是孩子离园时，孩子和家长都显得较为心急和迫切，此时若不特别注意做好防范工作，更容易出现各种安全上的问题。此时，最好由两位老师分工合作，一位负责组织好幼儿，另一位负责接待家长。但不管是哪一位老师，都要时刻留意每一个孩子的动态，预估其可能将要产生的危险性行为，及时对其加以正确的引导，从而将危险源彻底切断。即使无法做到两位老师同时在班，当班的这位老师也要在放学之前将幼儿组织好，安排孩子进行建构、绘画、泥工、看书等活动，把他们吸引到这些相对安稳的活动中，以便腾出自己在门口逐一接待家长，并且做到对每个幼儿的情况都心中有数。

当幼儿急切等待家长来接时，教师要注意观察孩子的情绪，如发现有幼儿情绪低落、反常乃至焦虑，就应及时地问明原因，给孩子以安慰和鼓励，帮助孩子消除不稳定的情绪。有时接待家长时，无法顾及每一个孩子，这时就可以将其牵在手里，边接待家长，边给他(她)以安慰。或者帮其找一个能力较强的好朋友，让他们一起玩游戏，借此排除其不良情绪。

当有其他人代为接回幼儿时，教师要主动向代接的人说明情况，除了请其出示必要的幼儿接送证之外，还要提供代接幼儿的有效证据(家长签写的字条等)。如果没有有效的证明，就应及时给家长打电话进行询问和确认，同时也要告知该家长，如果下次再有相同的情况，就应提前进行电话告知和请代接者转交有自己签名同意的纸条。如果是未成年人来接孩子，教师应当拒绝和不让其代接，而是让其找家长来接。

当有的孩子坐等家长来接时间过久时，情绪不稳，就会显得不耐烦，继而会趁老师不注意时，在室内追逐、打闹、嬉戏。教师发现时应当及时制止，并给他们安排玩一些安静的桌面游戏。

除了幼儿的入园离园工作需要进行严格的交接外，班级换班时也要进行严格的安全交接。比如交接时要口头向接班的教师认真交代本班幼儿的情况；认真填写交接班记录，记录幼儿出勤人数、健康状况、情绪状况、带药名称及服用方法等；交接前与后都要对幼儿进行检查，教师交接清点人数及有关注意事项后方可离园；对因传染性的疾病缺勤，或是幼儿在园意外误伤等不严重的轻微事故，也要认真进行交接。一来明确责任，二来提醒接班人注意照顾，三来也便于把事情经过及时向家长解释和交代清楚，消除家长误会。

知识链接

幼儿入园离园安全小常识

实务知识

幼儿入园离园的家园要约

为了使幼儿入园离园交接工作得到严格规范的执行，切实明确家园双方的责任和使双方权益都得到有效的保护，幼儿园和班级应当与家长签订清晰明确的幼儿入园离园交接协议。协议格式及内容示例如下：

(1) 请家长于每天早上7:00～8:30期间，把孩子及时送到幼儿园，并且将孩子送到本班或值班老师手中，当面交接。家长不得随意让孩子自行入园，自己回到班级，或者交接前让孩子在园内玩耍，以防止各种意外发生。孩子在交给老师接管之前，一切安全问题由家长负责。

(2) 为安全起见，家长不能让孩子携带贵重物品，更不能携带如小刀、药片、铁钉、小粒物、钉锥、弹子、碎玻璃等危险物品入园，也不能携带果冻、棒棒糖等易对幼儿造成危险的食品入园。

(3) 早晨入园先把幼儿送到保健老师处晨检，以便及时察觉和发现幼儿身上可能存在的隐患。幼儿如有生病需要喂药者，请将药品交与保健老师或班级老师处，在上面注明幼儿姓名、班级及药物的名称、用法、用量，包括服用时间和次数，并签上家长姓名。

(4) 孩子原则上由父母接送，或由比较固定的家人接送。如有困难委托他人接送时，则被委托人应具备完全行为能力（年满十八岁的正常人），并且家长要提前将被委托人的姓名、性别、年龄、特征及与孩子之间的关系告诉老师，最好让被委托人带上由家长签字确认的证明。

(5) 幼儿由其家人送来幼儿园与老师完成入园交接后，幼儿在园期间的安全由老师和幼儿园方面负责，家长如无特殊情况不要擅自进入教室探视幼儿。幼儿离园，接送人从老师手中接过幼儿后，一切安全问题由接送人负责。

(6) 因离园时接幼儿家长过于集中，为保证孩子离园时的安全，防止误接幼儿，家长最好有序地排队与老师做好交接登记手续。家长接到孩子后，提醒幼儿穿行楼道时逐级行走，不跑不跳，不从楼梯扶手上往下滑，最好能尽快离园。

(7) 接完孩子后如需带孩子在户外场地玩耍，请做好安全防护工作。如若在此期间发生意外，一切责任自负。幼儿园不承担这期间幼儿安全上的责任。

(8) 除幼儿园有校车接送幼儿入园、离园外，幼儿入园、离园路上及在园外的一切安全问题全部由家长负责。

幼儿园和家长双方在对协议内容没有任何异议的情况下，可以进行签名确认。协议自签订日期始生效。

从以上情况看，可以说幼儿的入园离园是班级安全管理工作很关键的环节，需要认真严肃地对待。特别是情境导入中提及的两个案例，说明一些幼儿园在管理工作中还存在安全上的漏洞，依然存在职责不清和把关不严的严重安全问题，需要进一步加强教育，提高认识，广为宣传，认真严格执行“幼儿入园离园交接制度”，确保交接工作井然有序，坚决杜绝安全问题发生。

案例分析

陌生人员需警惕

某日，一陌生女子找到幼儿园，自称是朵朵的小婶，说孩子母亲没空，要把孩子接走，她还能准确说出孩子的姓名、年龄、班级、座位号、书包等信息。幸好当时孩子已经被接送至家，不然后果不堪设想。曾经有新闻报道：一名4岁女孩在幼儿园放学期间被陌生人冒领，遭到猥亵后被抛弃在马路边，身心受到严重创伤；弟弟放学后被还是小学生的哥哥从幼儿园接走，结果两人在附近的池塘边玩耍时，不幸双双溺水身亡。

请思考：案例中的幼儿受到危害的原因有哪些？

参考回答

技能训练

一、课堂训练

案例 1

情景模拟:孩子的交接

一幼儿的父母有急事一起回到老家办事,因老家在外地,路途较远,不能及时赶回,更无法接送自己读幼儿园的孩子,于是他们便委托自己的邻居帮忙代为照顾和接送几天。当天下午还未到接回孩子的时间,邻居便早早地等在幼儿园门口这里。接孩子的时间一到,邻居便马上第一个冲到孩子所在的班级,激动地嚷着叫孩子的名字,要老师把孩子交给自己带走。

训练要求:把教室的桌椅摆开,模拟孩子入园离园时交接的场景,由学生分组分别扮演不同的角色,包括邻居、老师和幼儿,进行具体的对话和交接幼儿行为模拟。通过模拟训练,使大家学会正确处理幼儿交接时相关的安全性问题,提高安全意识,加强对安全问题的重视,提升预防安全问题发生的能力。

案例 2

校车事故

扫描二维码,阅读案例“校车事故”。根据上述校车接送孩子时发生安全事故的报道,以小组为单位进行深入的学习和讨论,认真分析事故发生的原因,找出存在的问题,提出整改和彻底杜绝类似问题再度发生具体有效的措施。

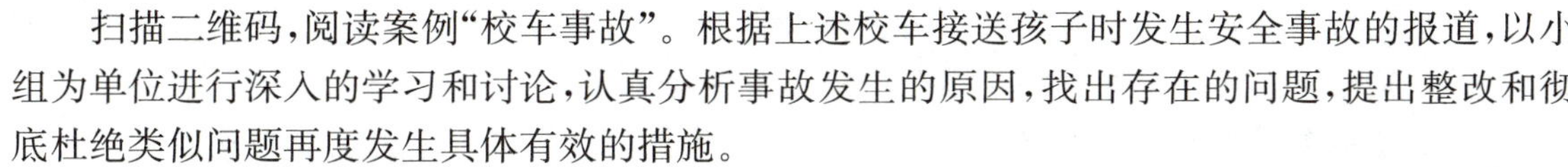

二、实战演练

借助学期教学计划中幼儿园见习或实习的机会,组织学生到就近的幼儿园或实习基地,亲自观察和协助幼儿班级做好幼儿入园离园时的安全管理工作。也可以让学生分组开展活动,由学生小组或个人利用业余时间具体联系进行,专业教师负责对学生进行指导和考核。

拓展任务

一、阅读材料

材料 1

学前教育安全管理策略探索

学前教育安全管理是一项系统且复杂的工作,涉及幼儿学习与生活中的诸多安全管理工作内容,每一项安全管理制度与安全管理工作都应落实到位,因此,既要求幼儿园教师与安全工作人员具备较强的安全意识,也要求他们具有较为专业的安全工作管理能力,且能够处理好幼儿园突发安全事故。学前教育安全管理工作开展过程中要尽量渗透安全教育,让园所的幼儿逐渐学会保护自己,并主动配合做好安全管理工作。

要达到理想的学前教育安全管理效果,应推动幼儿园、家庭和社会的综合互动安全管理体系建立,引导多方面力量推进幼儿园安全管理工作的有效开展。幼儿园作为幼儿教学与生活活动的组织者与服务者,自然要承担最基础的安全管理工作,幼儿教师要教给幼儿学习生活中的安全常识,具体可以编写一些安全常识童谣并教孩子学唱,讲述一些安全知识相关的小故事。如为保持个人卫生,要求孩子们学着每天坚持刷牙洗脸、在饭前便后要洗手、不吃不干净的食物等;在路上遇到陌生人搭讪不要理会，更不要吃陌生人给的糖果等东西，遇到困难可以找警察叔叔帮忙等。幼儿在幼儿园里面学习了安全常识，回到家庭环境中，家长需要有意识地进一步强化。家长带着孩子在社会环境中体验玩耍的过程中，要将幼儿园学到的安全常识应用到现实情况中，为孩子构建丰富的安全常识应用场景。幼儿是祖国的未来，社会也应为幼儿的安全提供保护，当幼儿在社会中遇到各种风险问题时，社会应对他们保持善意，提醒他们注意这些风险，并主动教给他们一些社会安全常识。当幼儿园、家庭和社会形成安全教育合力时，幼儿的安全意识就会变得更强，有利于幼儿园安全管理工作的开展。①

请谈谈以上材料给你开展幼儿安全教育的启示。

材料 2

扫描二维码，阅读材料"《广东省学校安全条例》节选"。

思考讨论： 材料对你开展幼儿园安全管理工作的启示。

《广东省学校安全条例》节选

二、思政话题

为切实加强中小学幼儿园安全管理工作，进一步提高工作的针对性、实效性，近日，江苏省教育厅印发《关于有针对性地加强中小学幼儿园安全管理工作若干事项的通知》（以下简称《通知》），就江苏省中小学幼儿园防范易发问题、消除薄弱环节需要进一步强化的若干事项提出要求。

《通知》强调，江苏各地要强化安全制度建设，依照有关法律法规，指导、监督学校认真梳理涉及安全的各项管理制度。制度缺失的，要迅速制定；制度不健全的，要补充完善；制度执行不到位的，要督促整改，保障学校安全工作规范、有序进行。严格落实校园安全校长（园长）负责制，明确各岗位安全工作职责和任务，切实做到安全工作与教育教学同安排、同部署、同检查、同考核，确保各项工作全面落实到位。

《通知》要求，要强化师生安全教育。推动学校安全教育课时、教材、师资三落实，切实加强中小学生交通安全、消防安全、食品安全、防范欺凌和暴力、心理健康、防范溺水、预防网络沉迷等方面教育，提高安全教育的针对性；围绕国家安全教育日、防灾减灾日、"11·9"消防日、交通安全日等开展丰富多彩的主题教育活动，增强活动吸引力。按照《中小学幼儿园应急疏散演练指南》和操作规程有关要求，开展经常性各类应急演练活动。江苏各设区市要建设至少1个综合性安全教育实践基地或体验场馆，各县（市、区）也要结合实际建设综合性安全教育实践基地或体验场馆，鼓励有条件的学校建设消防、交通、防灾等各类有特色的校内体验场所，面向师生经常性开展安全演练和技能训练，不断提高师生安全防范意识和自救自护能力。要把安全知识纳入校长、教师培训和继续教育内容，并组织实施必要的考核。

《通知》对强化学校门口管理专门提出要求，要求江苏各地教育部门会同公安机关强化上下学时段校园周边"高峰勤务"机制、完善"护学岗"制度，确保重点时段学校门口"见警察、见警车、见警灯"。配合公安机关深入开展学校门口交通秩序专项治理，并根据周边交通情况，实施错峰上下学，合理设置家长接送区域，避免人员、车辆长时间在学校门口聚集停留。强化学校门卫值守和内部巡查制度，加大重点时段和关键部位监管力度，严防无关人员和非教学用易燃易爆物品、有毒物品、动物、管制器具等危险物品进入校园。

《通知》还指出，要强化风险预警防范。结合本地安全形势，参照《学校安全风险预警防控工作指引》，深入分析历年校园安全事件发生特点和规律，建立动态监测和数据搜集、分析机制，健全完善区域性学校安全风险清单，及时为学校提供安全风险提示。关注教职员工、学生的心理状况、思想情绪及日常行为；与公安机关加强沟通，了解掌握校园周边各类重点人员信息、动向，协助做好涉校涉生矛盾纠纷化解工作，严防其在校园及周边实施极端暴力犯罪或肇事肇祸。

请根据《关于有针对性地加强中小学幼儿园安全管理工作若干事项的通知》文件，结合幼儿身心发展特点，思考与分析幼儿园可能存在的安全隐患及其防范措施。

---

① 张苗，刘满荣. 学前教育安全管理策略探索——评《幼儿园安全管理策略》[J]. 中国安全科学学报，2022，32(10)：222.

任务 2 区域活动安全管理

情境导入

案例 1

害怕老师

小明不喜欢幼儿园的黄老师，他说："有一天中午睡觉时我哭着要妈妈，黄老师就打我了，我一直哭，她就一直打我。"家长就这件事问班主任，班主任说：有一天中午睡觉时小明哭得很厉害，我们怎么说怎么哄都没用，黄老师就把他带到了卫生间，过了一会出来就不哭了，在里面是怎么做的我也不清楚。现在小明只要一见到黄老师就怕。有一天早晨，家长带小明坐公交车上幼儿园，在半路上他看到了另一所幼儿园。他说："我要上这所幼儿园。""为什么？""因为这个幼儿园没有黄老师。"家长听了后，感觉这件事对孩子的影响太大了。

讨论分析：请问该如何消除孩子心里的阴影？这件事家长和黄老师之间该如何沟通？

案例 2

扫描二维码，阅读案例"'打仗'游戏"。

讨论分析：(1)老师的阻止行为是否合适？请说明理由。(2)如果你是该老师，你会怎么做？

"打仗"游戏

知识学习

理论知识

幼儿在园一日区域活动安全管理的内容

一般情况下，幼儿自早上入园开始，一日之内都要生活在幼儿园之中。其一日的生活和活动，包括很多方面的内容，大致而言，主要涉及的有晨间活动，早餐及盥洗活动，餐后游戏活动，教育活动，户外游戏与室内自选游戏活动，如厕喝水活动，休息睡眠等。从安全管理的角度而言，我们可以将幼儿在园一日的活动，按区域概括划分为五个不同的方面：饮食与卫生安全，教育活动安全，游戏活动安全，睡眠安全，心理安全。

1. 饮食和卫生安全

由于幼儿年龄比较小，其生活自理能力、自我控制能力、安全意识和自我保护能力都还比较薄弱，抗病能力也不强，因此，幼儿饮食一定要把卫生安全放在第一位。除了与幼儿饮食有关的卫生安全外，比如饭前便后要洗手，不乱用别人的水杯和洗脸毛巾，定期清洗自己的用具和毛巾，不吃腐烂和不干净的食物等，还要注意个人卫生，经常换洗衣物，勤修剪指甲，不用手指挖自己的鼻孔等。除了卫生安全外，孩子用餐必然会涉及比较滚烫的食物和饮水，为防止孩子被烫伤等事故的发生，还必须加强孩子用餐饮水时的安全管理。

2. 教育活动安全

儿童在园教育活动的内容是多样的，孩子在学习的过程中必然涉及材料、用具的分配和使用问题，幼儿的参与和合作问题等。老师如不加强对活动的认真组织和管理，忽视安全，放松麻痹，就有可能导致幼儿学校活动安全事故的发生。比如幼儿为了争抢活动材料而发生争执冲突，幼儿不按规定要求乱用刀剪用具而危及其他幼儿安全，幼儿活动受其他幼儿的干扰影响引发冲突等，或者出现偶发的安全事故。因此，必须保持足够的安全意识和相关的教育，加强对教育活动安全的管理。

3. 游戏活动安全

游戏是幼儿最主要的学习活动方式。就游戏教育的作用而言，游戏可以分为角色游戏、结构游戏、表演游戏、体育游戏、智力游戏、音乐游戏等。不管哪种游戏，无论是室内的还是室外的，都要涉及幼儿身体运动的问题，有时甚至运动的幅度还比较大。如果老师安全意识不强，组织不严，监管不周，随时都有可能发生严重事故。比如孩子因拥挤造成摔倒和踩踏，身体受伤等。

4. 睡眠安全

孩子在园一个很重要的任务，就是养成良好的生活习惯。其中按时睡眠和确保睡眠秩序就是其中的一个重要方面。由于幼儿相互间有所不同，每个幼儿以往在家养成的固有习惯不同，睡眠过程可能会出现不符合要求的方面。比如有的幼儿不习惯睡午觉，一到午睡时，就与别的幼儿一起嘻嘻哈哈，打打闹闹，说说笑笑。或者告状声此起彼伏，甚至磨磨蹭蹭的幼儿还会挤眉弄眼。这些既影响其他幼儿正常的睡眠，同时幼儿此时的活动还会带来极大的不安全。

5. 心理安全

生活环境不良和受到成人不恰当的对待，都会给幼儿心理的健康发展带来危害。比如现在独生子女较多，父母和长辈疼爱有加，无形之中会对孩子溺爱和娇惯，这让孩子容易形成唯我独尊、自我中心、要什么有什么的不良个性心理。父母过分包办代替，从不让孩子做力所能及的事情，久而久之也会使孩子养成懒惰的心理，抗挫折能力不强，生活适应能力不高。也有的幼儿家庭父母关系不和，有的父母离异成为单亲家庭，有的体罚、变相体罚或心罚幼儿等，这些都会给孩子留下心理阴影，影响孩子的心理健康。

近年出台的部分学前教育法律法规

在幼儿园，老师不公平地对待孩子，严厉地体罚或惩罚孩子，不让其他小朋友与其一起玩，甚至进行语言上的威胁等，也会让幼小的孩子产生极度的恐惧心理，害怕或者不敢再去幼儿园。尤其孩子年龄还很小，害怕黑暗，害怕鬼，害怕打针吃药，害怕被别人丢弃或抱走，害怕见不到自己的爸爸妈妈。因此，孩子面临着很大的心理安全问题。老师要学会关心，正确引导，让幼儿始终有一种被接纳、关怀和尊重的感觉，教给幼儿粗浅的自我保护意识，及时化解孩子心理危机，争取使孩子有一个健康的心理。

实务知识

一、幼儿在园一日活动安全措施的落实

做好幼儿区域活动的安全管理工作，确保幼儿生活、游戏、睡眠等各项活动的安全，需要幼儿园做好扎实认真的准备工作。

1. 了解幼儿一日活动中的安全隐患和采取相应预防措施

从幼儿在园一日的活动看，涉及的安全隐患主要有以下几个方面：晨间活动人均面积太小，活动器械的选择或各年龄段的场地安排不当；活动时座位排列不合理；课间孩子在室内追打嬉戏；如厕、洗手时管理松懈；吃点心、进餐组织不当；餐后管理交接不当；药品管理不严密；午睡时监管不当；起床时情况混乱；户外游戏时组织不当；园外集体活动时组织工作不细致。

针对幼儿在园一日活动可能存在的安全隐患，应当采取的主要安全措施如下：

(1) 晨间活动的场地安排要尽量协调好，做到小、中、大班的孩子既能按年龄特征分场地进行活动，也能分时间段进行活动。活动器械也要科学地配发，避免器械造成的不安全。

(2) 室内活动时，应根据活动的内容，选择座位的排列形式。如动态的活动尽量采用圆形，讲述活动尽量采用半圆形，操作活动桌子则采用 U 字形排列较好……

(3) 课间总有一些孩子会忘记喝水、解小便，在室内追打嬉戏，桌角、门缝、玩具柜、饮水机等都会成为

发生事故的隐患。为此，教师应和孩子一起制定班级常规，张贴标志性的图案，使孩子了解规则并努力去维护自己制定的规则。

(4) 上厕所、洗手时弄湿衣服，掉落便池，滑倒在地，磕破头皮都是易发之事。和孩子一起制定规则、张贴标志图案，加强对卫生间的巡视并及时帮助与提醒孩子，都是切实可行的好办法。

(5) 吃点心或进餐时，首先要避免因食物烫、有刺、不卫生造成的危险，其次是避免餐具造成的划、戳伤害，再次是避免要求不合理造成的伤害(如催促孩子进餐，一律不准剩饭等)。

(6) 上、下午班教师的交接工作应该制度化。幼儿园可以根据实际情况制定表格进行交接，表格中可以包括人数、服药情况、特殊说明等。

(7) 加强药品的管理。每班都应该有一张幼儿服药登记表，每天早晨由需服药的家长亲自填写并签名，然后再把药袋放在规定的、幼儿碰不到的地方。

(8) 午睡时，首先要排除环境中存在的危险。如蚊香不能点在易燃、孩子易接触到的地方。其次，要排除孩子携带异物上床。再次，要加强午睡过程中的巡视，避免孩子突发疾病抢救不及时而造成的伤害。

(9) 起床时教师和幼儿都较忙，应加强起床之后的整理活动。有序、分步骤是保证幼儿安全的重要措施，如可以指导幼儿先穿衣服，再穿裤子，最后穿袜子和鞋子，然后再解小便、喝水。

(10) 户外活动时，首先要排除活动场地的安全隐患，以防场地造成的意外伤害。其次，要做好活动前的准备运动，以防突然剧烈运动造成的拉伤、扭伤。再次，要控制好活动中的动静交替，以防活动过量。

(11) 在组织园外集体散步、参观、郊游等活动时，必须要做到了解沿途路线，事先请幼儿做好外出时的一切准备工作，并提出安全方面的说明，行进过程中要保证前、中、后的幼儿都在教师的视线范围内。

案例分析

消毒用品要妥善保管

保育员马老师做好消毒工作之后，因为临时有急事，未将消毒用品妥善保管便离开了教室。午睡过后，果果和琦琦在盥洗室因为一些事情起了争执，当时带班教师正在帮助其他幼儿穿衣服，没能及时发现这一情况。果果无意中拿到一瓶过氧乙酸原液，并且将它泼上了琦琦的脸部，致使琦琦右眼失明、面部受损。

提问：这个案例给你什么启示？

参考回答

2. 做好幼儿安全意识的教育

安全工作是一切工作的重中之重，所有教育教学工作的完成必须以幼儿的安全为前提。老师要让幼儿在幼儿园愉快平安地度过每一天，就要把培养幼儿良好行为习惯作为日常工作的中心，随时强调提醒幼儿，从点滴做起，认真培养好幼儿的安全意识和自我保护能力。

要选择贴近生活、丰富多样的安全教育内容，寓教于乐。根据幼儿思维具体形象的特点，把规则绘制成一幅幅生动有趣、色彩鲜艳的标记图，以经常提示幼儿。开展的游戏、训练、实践活动要有特色，如交通规则教育，请交警叔叔入园给小朋友介绍交通规则，教小朋友认识交通标志，跟小朋友一起编交通安全儿歌；组织大班幼儿参观消防队、消防车，观看消防叔叔实地演习；每学期组织全园进行防火灾、防地震、防洪水、防台风等不同内容的安全演练；在幼儿园内不适合幼儿活动的地方要挂警示牌；组织幼儿观看安全教育的电视或录像，让幼儿目睹如不注意安全将产生的危险后果，让幼儿真实感受安全的重要，从而强化安全意识，养成守纪律、守规则的良好习惯。这样的安全教育体现了从认知到行为、从外部到内化、从感性到理性的过程。

安全教育在每个时间段里都要进行，在教学中渗透安全教育会达到更明显的效果。我们每天说“注意安全”，所以在日常的活动中，教师每做一件事情都要与幼儿讲怎么做安全，怎么做不安全，以提醒幼儿来管理好自己的行为，让幼儿知道什么是错，什么是对，并鼓励孩子正确安全的行为。比如户外活动时教育幼儿不要倒滑滑梯；上下车时教育幼儿不拥挤，不把头、手伸出窗外等常识，让他们了解交通规则，避免交通事故。通过家园园地、家教小报向家长宣传安全教育的重要性，针对幼儿出现的不安全行为，加强与其家长的交流配合，共同培养幼儿良好的行为习惯。

对幼儿进行安全意识教育，关键要从生活的点滴做起，同时也要适当培养幼儿的自我保护能力。比如教育孩子认识正确有序地穿衣服能保护身体，把鞋带系好可以避免跌倒摔伤，热汤热水吹一吹再喝能避免烫伤，吃饭不说话可以避免食物进入气管。告诉幼儿不要把不安全物品带到幼儿园，指甲长了就及时修剪，上床睡觉不带物品玩；懂得谦让，知道排队，不推不挤；记住家里及父母的电话号码，不跟陌生人走，不跟家庭以外的成员走，知道怎样正确使用救急电话等。

3. 提升教师自身的安全管理意识和能力

幼儿园安全制度应该规范齐全，涵盖幼儿园生活学习的全部安全内容，并且条文具体、明确。为了实现这一目标，就要对老师进行严格认真的安全教育和必要的安全技能培训，包括教师一日工作常规、幼儿安全事故应急处理方法、消防知识等。要学习《规程》《幼儿园管理条例》等法律法规，要在案例分析中帮助教师学习，从中培养教师的反思能力，提高教师对安全事故的预见性，设法避免事故的发生。

这方面具体知识学习和能力提升的要求是：

(1) 幼儿园工作人员应经常学习法律知识、卫生常识，提高认识，加强责任心，杜绝安全事故。

(2) 幼儿园所有的设备、组织儿童进行一切活动都要从保护儿童的身心健康和生命安全出发，对全园环境、设备、场地、大型玩具、房舍以及水电暖设备要及时检查维修，发现不安全因素，及早采取预防措施。

(3) 防止摔伤事故。组织集体活动要有领导、有计划，尤其户外活动，要保证全体儿童不离开自己的视线。不让个别儿童离开集体，替大人做事，不把个别儿童单独留在室内，以防意外。组织活动前要进行安全检查，如体育活动前要检查场地，外出散步、参观要观察周围环境，组织室内活动要注意家具的放置等。禁止在室内组织跑、跳等较为剧烈的体育活动，教育儿童不在活动室内乱跑和大声喧哗。

(4) 防止异物入口。在儿童入园或日常活动中，午睡前要检查身上有无危险品，如火柴、小刀、别针、扣子、小珠和玻璃片等。儿童药物要按时服用。服药前要仔细查对姓名、剂量、用法，并亲自督促服下。服药情况要有记录，内服药与外用药严格分放。有毒药品要指定专人发放、使用。

(5) 防止烫伤。严禁让幼儿去不安全的地方，并严禁儿童拿开水壶、烫饭等，热水瓶要放在适当位置。夏天，厨房要提前把饭菜做好，儿童不吃烫饭。有组织地给儿童喝温度适宜的开水。

(6) 防止儿童丢失。交接班组织儿童活动，均要随时清点人数，儿童入园、离园时，要与家长交代情况。

(7) 防止食物中毒。严格遵守采买、验收制度，不吃不洁和腐烂的食品。外出时，严禁儿童摘吃野果。

(8) 防止触电。室内外电源开关要安装在幼儿接触不到的地方，禁止儿童自行开关电灯、电视机、消毒柜等电器。

(9) 晚班人员在下班前须仔细检查门、窗、水、电是否关好，以防意外。

二、幼儿在园一日活动安全制度的建立

1. 一日活动安全制度的建立

严格的管理制度是确保幼儿园各项活动正常顺利开展的重要保证。对于每一个活动环节，要建立操作规程性强、责任明确的规章制度，保证幼儿在每一处、每一时间、每一环节都受到无微不至的关心与照顾，保证幼儿在安全环境中健康成长。

2. 确保安全管理制度的落实

幼儿园班级管理的安全能否求得真正的保障，除了安全管理制度的本身是否完善外，关键还要看制度在管理过程中是否真正得到认真的贯彻和执行。只有真正把制度落到实处，才有可能最大限度地避免安全事故的发生。为此，幼儿园要从教育和管理上认真履行好安全的各种工作职责。

首先，帮助幼儿树立安全意识。最好是让幼儿从别人的经历中获得间接经验。如：某个小朋友玩滑梯

时摔倒了，老师可以利用这个事例，引导小朋友讨论为什么这个小朋友会受伤，应该怎么做才可以使自己安全。还可将有关安全事故的图片贴于班上，引导幼儿讨论图上会出现什么不安全的后果，怎么避免危险，这种图片形式的安全教育比简单说教留给幼儿的印象更深。

其次，教会幼儿一些安全常识，教幼儿学会正确的走、跑、跳等基本动作，活动时学会躲闪，学会简单的自救方法，具有一定自我保护的能力。比如教育幼儿不到有危险的地方去玩，不随便离开班集体；对幼儿进行防火、安全用电、玩水等的安全教育；教育幼儿不挖鼻孔，不掏耳朵，不用手揉眼睛，不吃脏东西，养成良好的卫生习惯；教育幼儿不玩危险物品，并且保教人员随时检查等。

再次，加强体育锻炼。幼儿平衡能力差，动作反应不灵敏是他们常摔跤的主要原因之一。加强平衡能力的练习及其他基本动作如走、跑、跳、攀、爬的练习，发展幼儿动作的协调性，是减少幼儿摔伤的有效措施。这些基本动作的练习应根据幼儿年龄不同有重点、有针对性地进行。幼儿园应经常组织他们参加一些像跑步、拍球、郊游之类的户外活动及需要开动脑筋的游戏，以活动促发展，幼儿运动能力增强了，动作协调了，自然就会不出或少出事故。

幼儿园区域活动安全管理

技能训练

一、课堂训练

案例 1

户外活动前要说说安全

模拟情景：一个阳光明媚的上午，孩子在一堂室内活动课之后，就要到室外进行游戏活动，老师刚把这个消息告诉给孩子们，孩子们就一下子兴奋和热闹起来。他们哗啦啦地很快站起，离开自己的座位，并争先恐后地脱去自己的外套，有的甚至来不及折叠和放好自己的衣服，就干脆往桌子上一扔，立刻朝门口拥去……

训练要求：此情此景，幼儿安全问题随时都有可能发生，以角色扮演的方式，组织学生学习做好此时对幼儿的安全教育和管理工作。

案例 2

扫描二维码，阅读案例“豆豆成功了”。

思考与讨论：豆豆为什么成功了？

豆豆成功了

二、实战演练

利用学期教学计划中被安排到幼儿园见习或实习的时机，组织学生协助幼儿园老师做好班级区域活动的安全管理工作。学生可以利用业余时间进行联系和分组开展活动，由专业教师跟进指导和负责考核。

拓展任务

一、阅读材料

材料 1

《中小学幼儿园安全管理办法》节选

第二十八条　学校在日常的教育教学活动中应当遵循教学规范，落实安全管理要求，合理预见、积极防范可能发生的风险。学校组织学生参加的集体劳动、教学实习或者社会实践活动，应当符合学生的心理、生理特点和身体健康状况。学校以及接受学生参加教育教学活动的单位必须采取有效措施，为学生活动提供安全保障。

第三十条　学校应当按照《学校体育工作条例》和教学计划组织体育教学和体育活动，并根据教学要求采取必要的保护和帮助措施。学校组织学生开展体育活动，应当避开主要街道和交通要道；开展大型体育活动以及其他大型学生活动，必须经过主要街道和交通要道的，应当事先与公安机关交通管理部门共同研究并落实安全措施。

第三十一条　小学、幼儿园应当建立低年级学生、幼儿上下学时接送的交接制度，不得将晚离学校的低年级学生、幼儿交与无关人员。

第三十四条　学校不得将场地出租给他人从事易燃、易爆、有毒、有害等危险品的生产、经营活动。学校不得出租校园内场地停放校外机动车辆；不得利用学校用地建设对社会开放的停车场。

第三十五条　学校教职工应当符合相应任职资格和条件要求。学校不得聘用因故意犯罪而受到刑事处罚的人，或者有精神病史的人担任教职工。学校教师应当遵守职业道德规范和工作纪律，不得侮辱、殴打、体罚或者变相体罚学生；发现学生行为具有危险性的，应当及时告诫、制止，并与学生监护人沟通。

第三十七条　监护人发现被监护人有特异体质、特定疾病或者异常心理状况的，应当及时告知学校。学校对已知的有特异体质、特定疾病或者异常心理状况的学生，应当给予适当关注和照顾。生理、心理状况异常不宜在校学习的学生，应当休学，由监护人安排治疗、休养。

第三十八条　学校应当按照国家课程标准和地方课程设置要求，将安全教育纳入教学内容，对学生开展安全教育，培养学生的安全意识，提高学生的自我防护能力。

第三十九条　学校应当在开学初、放假前，有针对性地对学生集中开展安全教育。新生入校后，学校应当帮助学生及时了解相关的学校安全制度和安全规定。

第四十条　学校应当针对不同课程实验课的特点与要求，对学生进行实验用品的防毒、防爆、防辐射、防污染等的安全防护教育。学校应当对学生进行用水、用电的安全教育，对寄宿学生进行防火、防盗和人身防护等方面的安全教育。

第四十一条　学校应当对学生开展安全防范教育，使学生掌握基本的自我保护技能，应对不法侵害。学校应当对学生开展交通安全教育，使学生掌握基本的交通规则和行为规范。学校应当对学生开展消防安全教育，有条件的可以组织学生到当地消防站参观和体验，使学生掌握基本的消防安全知识，提高防火意识和逃生自救的能力。学校应当根据当地实际情况，有针对性地对学生开展到江河湖海、水库等地方戏水、游泳的安全卫生教育。

第四十二条　学校可根据当地实际情况，组织师生开展多种形式的事故预防演练。

学校应当每学期至少开展一次针对洪水、地震、火灾等灾害事故的紧急疏散演练，使师生掌握避险、逃生、自救的方法。

第四十五条　学校应当制订教职工安全教育培训计划，通过多种途径和方法，使教职工熟悉安全规章制度、掌握安全救护常识，学会指导学生预防事故、自救、逃生、紧急避险的方法和手段。

第四十六条　学生监护人应当与学校互相配合，在日常生活中加强对被监护人的各项安全教育。学校鼓励和提倡监护人自愿为学生购买意外伤害保险。

请谈谈以上材料对你开展日常安全管理与教育的启示。

材料 2

扫描二维码，阅读材料“幼儿园食品安全管理研究”。

谈谈上述材料对你开展幼儿园食品安全管理的启示。

幼儿园食品
安全管理研究

二、思政话题

《中小学、幼儿园安全防范要求》(GB/T 29315—2022)(以下简称《要求》)近日经市场监管总局(标准委)批准发布，将于 2022 年 6 月 1 日起正式实施。这是 2012 年原《中小学、幼儿园安全技术防范系统要求》(GB/T 29315—2012)发布后首次修订。

《要求》是认真贯彻落实习近平总书记关于进一步加强校园、社会少年儿童安全防护工作重要指示精神的具体实践，是贯彻落实党中央关于未成年人保护方面决策部署的重要举措。新《要求》的发布与实施，弥补了 2012 版《中小学、幼儿园安全技术防范系统要求》人力防范和实体防范方面要求偏低、系统技术指标与新技术应用不匹配、不协调等问题。对于进一步完善校园安全防范工作规范体系具有重要意义。

《要求》修订遵循"实用可行、科学先进、适度超前"的指导原则，以体现校园安全"人防、物防、技防相结合"为重点，保障学生和教职员工的人身安全为主要目标，从实际出发，强化问题导向，着力在重点部位、重要措施、应急处置、技术支撑等方面完善相关内容与技术规范，提升学校安全防范水平。

《要求》的核心内容包括"重点部位和区域""总体防范要求""人力防范要求""实体防范要求""电子防范要求"和"安全防范系统技术要求"等，适用于中小学和幼儿园安全防范系统的建设和管理，其他未成年人集中教育培训、救助保护等机构或场所安全防范系统的建设与管理可参照执行。

《要求》的突出亮点是，明确安全防范的重点部位和区域。坚持以"生命至上、安全第一"为中心理念，结合近年来国家和相关部门对中小学、幼儿园安全防护工作的系列部署以及校园的不同类型、规模，明确了安全防范的 16 个重点部位和区域，把校园安全防护区域从内部延伸到了门口、周边地区。

《要求》的鲜明特征是，体现校园安全"人防、物防、技防相结合"，融入安全防范新技术、新理念，提升标准可操作性。对重点部位和区域的防范措施、系统技术要求作出了详细的规定，推动校园安全防范工作更扎实、更有效，保障系统技术指标与新技术应用相匹配、相协调。

下一步，市场监管总局(标准委)将采取多项措施，积极开展《要求》的宣传贯彻活动，组织编制宣贯培训教材，录制宣贯培训视频，供有关管理部门、中小学、幼儿园相关人员学习理解。公安部和教育部也将结合《要求》的发布实施印发通知，推动中小学、幼儿园贯彻落实。

请结合《中小学、幼儿园安全防范要求》(GB/T 29315—2022))》文件，结合幼儿身心发展特点和本地幼儿园特点，思考与分析如何在本地具体落实《要求》。

任务 3 突发事件的应急处理

情境导入

案例 1

幼儿园纵火案

省高级人民法院近日对一宗幼儿园纵火案进行审理，同意初审判决，以纵火罪判处被告人白某死刑，剥夺政治权利终身，依法报请最高人民法院核准。经复核查明：被告人白某因琐事与本村村民发生矛盾，受到家人及村民的指责，认为别人觉得其好欺负，心生怨气，遂决定用汽油焚烧本村幼儿园，制造大案。白某携带事先准备好的两把菜刀、三壶汽油和打火机等工具，骑自行车到村幼儿园，进入二楼一教室内，持菜刀将教师李某和幼儿白某、刘某等 20 余人威逼至教室后侧，将汽油泼洒到教室地面、课桌及教师和幼儿身上，用打火机点燃后逃离现场，造成 12 名幼儿被烧死，教师李某和 4 名幼儿被烧成重伤。

讨论分析：谈谈这个案例给你的启示。请问如何才能避免同类事件的发生?

案例 2

误服药事件

扫描二维码，阅读案例“误服药事件”。

谈谈这个案例给你的启示，并讨论如何才能避免同类事件的发生。

知识学习

理论知识

一、幼儿班级的突发事件

突发事件，这里是指在幼儿园班级管理中，在没有预知情况下，由于各种因素所导致的幼儿人身伤害等的安全事件。其典型特征是事件发生带有很大的不可预知性、突发性、偶发性和随时性，若事件发生后不能及时进行应急处理，或处理不力，还会导致更严重后果，如摔伤、碰伤、挤伤、烫伤、走失、被拐骗等。

幼儿普遍好奇好动，喜欢参与同伴间活动，喜欢探索周围新奇的事物，但他们年龄尚小，自我保护能力不高，缺乏自我安全防护的知识经验，不能正确预见不当行为可能带来的危险性后果，更不会正确及时地应对各种突发事件，因而他们在园期间，尤其是班级管理过程中，由于各种因素的影响，很容易发生突发事件。幼儿期是突发事件发生较频繁的时期，可以说幼儿在园期间的各个学习和活动环节中，稍不留意，随时都有可能发生，所以《幼儿教育指导纲要（试行）》指出：“幼儿园必须把保护幼儿的生命和促进幼儿的健康放在工作的首位。”

二、幼儿班级突发事件发生的原因

一般而言，幼儿园出于办园安全上的考虑，都会制定自己相应的安全管理措施，并通过各种方式进行宣传，运用多种手段督促落实，毕竟幼儿园和家长，包括整个社会都不希望这方面安全问题的发生。但在媒体过往报道的幼儿园安全事故中，突发性事件占有相当高的比例。突发事件产生的原因很多，有幼儿园自身管理制度存在漏洞的原因，有教师或工作人员没有尽职尽责的原因，有园方管理不力或工作不到位的原因，有幼儿自身的原因，有外来突发因素的原因，也有一些是人力不可抗拒的自然性原因。

从幼儿园班级各种突发事件总的情况看，引起幼儿班级突发事件的原因也是很多的。有外在方面的原因，比如精神病人入园伤害幼儿事件，以及社会上一些不法分子对幼儿造成人身伤害案件等，它们都带有较大主观上的人为性。但也有一些非主观人为性的东西，如机动车突然失控冲撞到幼儿园造成的安全事故，肇事者本人虽不存在主观上的故意，但在客观上也对幼儿园造成了安全危害。

幼儿园突发事件也有很多是幼儿园自身的原因，比如制度方面的、设备方面的、管理方面的、幼儿方面的等。特别是教师和管理者主观方面的原因，比如没有严格按照安全规范的要求开展工作，麻痹大意，或对幼儿和活动监管组织不力，由此导致的班级幼儿安全突发事件，在整个突发事件中占据较大的比例。例如幼儿游戏时受伤，因滑梯、攀登架、小城堡、海洋球、蹦蹦床、秋千等大型玩具的教学设施年久失修引起，因幼儿园的教室、楼道、走廊、上下楼梯管理不善导致，或儿童走失，幼儿被他人接走，以及教师体罚或变相体罚幼儿所致，幼儿园组织园外活动引起等。

国家儿童医学中心儿童意外伤害中心成立

此外，幼儿缺乏安全意识，好动，动作随意性强，不会预见潜在的危险和危害，身体平衡能力还比较差，缺乏自我保护能力，幼儿本身存在的这些不足，决定了幼儿园及班级管理中也最容易出现突发性安全问题。

实务知识

一、幼儿班级突发事件的预防

应对幼儿班级突发事件的发生，重在做好两方面的工作。一个是事前的预防，一个是事后的应急处理。但首要的还是要尽全力做好前期的预防工作，以达到防患于未然的目的。实践也表明，只要前期预防工作做得好，做得扎实，就可以有效避免和减少不必要问题的发生。

(1) 做好预防工作，首先是做好宣传，教育大家认清安全的重要性，引起人们思想上高度的重视，确保时刻警钟长鸣。既要对自己进行认真的教育，也要对孩子和家长进行教育，最终实现整体提高各个方面的安全意识。有了良好的安全意识和严格完善的安全管理制度，最关键的还是要在实际工作中认真落实。尤其是教师和管理者，要始终把安全意识真正贯彻落实到班级实际的管理工作中去，在此基础上，幼儿园可以定期组织教师和幼儿开展必要的安全防范演练，切实提高教师保护幼儿安全和幼儿自我安全保护的能力。

(2) 做好突发事件的预防工作，还必须事先制定事件发生后应急处理的预案。根据幼儿园突发事件的共性特点，可以制定多种应急预案，如防火预案、防毒预案、突发事件应急预案等。

应急预案具有一些共同特点：一是必须全面考虑和尽可能地预测有可能发生的突发事件及情况；二是必须有清晰明确的应急处理的领导和组织机制，组织机构完善，人员分工及责任明确；三是救护车辆和通信保障要确保及时到位和畅通；四是平时必须对应急预案进行必要的实战演练，熟悉预案并根据情况不断进行完善。

即便幼儿园有着很好的安全防范意识，并确保安全管理制度落实，也并不意味着突发性安全事件就会彻底绝迹，而突发事件一旦发生，如果应急处理不当或处理不够及时，就会导致更严重的后果和引出新的问题。因此，针对幼儿园及班级的安全管理，还必须未雨绸缪，提早建立起突发事件的应急处理机制。如果事前根本无法预见突发性事件发生，那么通过发挥应急预案的作用，就可以最大限度减少危害带来的损失。

案例分析

火灾事故应急方案

1. 发生火灾时，由现场教师向园长或副园长或管理人员进行报告，幼儿园领导立即通知相关人员行动，到达预定地点。预案总指挥或副总指挥迅速到现场和主控室进行指挥。

(1) 沉着冷静，切断电源。同时，通过广播告知，稳定大家情绪，防止引起全园恐慌。

(2) 紧急呼叫 119、110，并根据实际情况呼叫 120。呼叫时报告清楚火灾发生的具体地址，包括单位名称、街道名称和具体方位等。

(3) 由当班门卫及时打开校门，疏通道路，迎接消防车辆和救援人员入园。

(4) 园内灭火行动组到位，扑灭初起火源，关闭门窗，控制火势，为疏散争取更多时间。

(5) 疏散引导组到位，疏散线路原则上按预案安排进行，特殊情况疏散组可临时根据火灾发生的地点，做出果断的疏散线路决定，并加以引导。

2. 撤离顺序。如火灾发生在课间，由班主任迅速到班级现场指挥撤离，其他教师按要求到楼道指挥。如火灾发生在集体活动时，由任课教师现场指挥撤离，其余教师按要求到楼道指挥。撤离应遵循紧张而有序的原则，既要最大限度减少和避免危害，又不至于因慌乱或组织混乱而引发新的危害。按发生火灾地点，先撤离所在班级幼儿，再撤离距离火源近的班级，撤离完同楼层幼儿再撤离其他楼层幼儿。

提问：请分析以上方案是否合理？并说明理由。

参考回答

二、幼儿班级突发事件的处理

幼儿园急救知识培训

做好突发事件的处理工作非常重要。不同事件的处理方法不同，但有一点基本要求，就是遇到这种突发事件处理都需要准确、及时、果断。一旦有危及班级幼儿安全事件发生，就要按照预案要求和根据当时的情况与条件，抓住重点，救人第一，进行紧急有序的处理，确保安全和效率，争取把损失降至最低。

处理班级突发事件时：第一，保持冷静；第二，及时救助；第三，科学施救；第四，面对无理取闹的家长要依法、有理进行处理。此外，还要做好事件后的安抚工作，配合有关部门和上级做好事故调查以及事故责任认定，做好善后赔偿相关的工作，要恰如其分地追究事故责任。

技能训练

一、课堂训练

案例 1

鼻腔异物突发事件的应急处理

甜甜穿了一条粉红的外套，上面有很多小的珠珠和亮片组成的图案，她没事做的时候就用手剥，老师发现后阻止了好几次，就怕有意外发生，所以特别关注她。可是意想不到的事情还是发生了，吃过午饭后，先吃完的孩子们开始了自由活动，当老师正忙于帮助几个吃饭慢的孩子时，突然有个小朋友说："老师，甜甜把一个珠珠塞到鼻子里了。"老师赶忙让保育老师照顾几个没吃完饭的孩子，马上跑过去。这时的甜甜神情有些紧张，嘴巴张开在呼吸，从她的眼神里看出孩子很害怕，急于求助。

训练要求：小组讨论，提出处理方案，并谈谈老师在突发事件处理过程中应如何安抚孩子的紧张情绪。

案例 2

跌进汤桶

扫描二维码，阅读案例"跌进汤桶"。

思考分析：案例给你什么启发？如何避免这一情况的发生？

二、实战演练

利用到幼儿园见习或实习的机会，在协助幼儿园老师做好班级管理工作中，针对幼儿在园一日生活和活动中易出现安全事故的地方，特别留意和注意观察，学会预防和及时制止可能出现的危险性情况。一旦有安全事故等危害事情发生，要及时沉着冷静地应对处理。

同时，走访一位幼儿园班级的老师，就其平时工作过程中遇到的幼儿突发事件的过程及处置情况，进行座谈和调研，写出自己的调研情况报告。

拓展任务

一、阅读材料

材料 1

幼儿园事故重在预防

（1）增强安全意识。幼儿园的主办者、园长乃至每个教职工都必须树立"安全第一"的意识，把安全工作作为首要的、重中之重的工作来抓。

(2) 建立健全各项规章制度。如门卫制度、食宿卫生制度、教师值勤制度、安全防护制度等。

(3) 加强安全教育。对教职工进行安全教育，定期的、经常性的、有针对性的安全教育，让教师掌握基本的救护知识、技能和预见危险的能力，对幼儿进行安全教育，通过多种形式开展安全教育，培养幼儿的自我防范能力与自救能力。

(4) 落实安全措施。严格遵守各项规章制度，严把大门关，对幼儿园房舍、场地和玩具中存在的事故隐患要及时发现，及时处理。定期对幼儿检查身体，做好晨检和日常观察工作。禁止幼儿在室内楼道楼梯处做奔跑、打斗、攀爬、跳跃等危险行为。加强对幼儿园水、电、火、热源等的管理。组织幼儿滑滑梯、攀岩、荡秋千等活动，必须做好安全保护工作。组织分散活动，教师应将每位幼儿都置于自己的视野之内。管理好幼儿的就餐、洗浴、睡觉，防止重大恶性事故发生。加强接送车的安全管理。管理好药品、闲杂物品及地下室、杂物室。

(5) 建议家长为孩子购买人身保险。

请思考：谈谈应如何预防班级突发事件的发生。

材料 2

幼儿园应对突发事件的有效举措

扫描二维码，阅读材料“幼儿园应对突发事件的有效举措”。

思考讨论：根据以上材料谈谈你对幼儿园应急响应计划的理解。

二、思政话题

深圳市深入推进校园安全防控体系建设

深圳市深入落实习近平总书记关于安全生产和平安中国建设的重要指示精神，以提升应对新形势下新风险新挑战的能力为目标，始终将校园安全摆在教育工作的突出位置，着力构建起了更高水平、更高质量的校园安全防控体系，营造和谐平安有序的校园环境。

深化安全防控体系，全面推进制度建设。市委、市政府高度重视，强化落实“一岗双责”，实施校园安全工作“一把手”工程，层层签订责任书，构建权责明确、高效联动的校园安全工作体系。出台并推进《深圳市加强中小学幼儿园安全风险防控体系建设的实施意见》的组织实施，促进各项措施落地生效。市教育部门会同公安部门，专题研究部署校园安全相关措施，制定 4 份专门文件。制定并落实中小学幼儿园突发事件“1 分钟自救 3 分钟互救”应急处置工作指引，不定期进行拉动测试，提升学校安全防范及应急处理水平。

优化联防联控机制，推动形成工作合力。按照“属地主责、条块结合、协调联动、高效处置”的原则，明确并落实党委政府属地责任、教育部门的主管责任、公安机关的监管责任、学校的主体责任。教育部门会同交通运输、公安交警等部门深入推进校园周边拥堵治理工作，实行“一校一策”不断完善校园周边交通安全设施设备。协调推动街道、综治、社区等部门切实加强对涉稳、扬暴、涉毒、重性精神病人等重点人员跟管服工作。继续推动“家校警”交通安全护航队工作，目前已有 818 所学校组建护航队，试行推广、大力推进“少年交警队”组建和培训，形成强大工作合力，夯实平安校园建设。结合“雪亮工程”建设任务，优先在辖区校园大门口及周边安装设施，提升对校园周边重要人员的精准预警和突发事件的快速处置水平。

净化校园安全环境，消除校园安全隐患。深入开展中小学幼儿园安全隐患排查整治专项行动，共排查 12 761 项校园安全隐患，目前已整改 12 386 项，整改率为 97%。对于一时无法整改的，落实责任专干，列明整改时限，并采取有效防范措施，确保学校师生安全。加强校园安保力量建设，在足额配置各校保安人员的基础上，着重考察在岗保安人员的身体素质、性格嗜好、道德品质，各学校(园)保安人员做到“四个百分百”，即 100%持证上岗、100%参加培训、100%足额配备、100%信息录入“平安深圳”系统。积极防控校车运行风险，通过部门协同全面排查清理了全市校车驾驶员、随车照管员中有违法犯罪前科及涉毒、精神障碍等人员，保障校车安全运行。

强化安全宣传力度，筑牢安全意识防线。集中开展安全宣传教育，暑假前对全体学生集中开展以防溺水、防地质灾害、防交通事故、防不法分子伤害、远离毒品、文明上网等为主要内容的安全宣传教育，提高学生的安全意识和自护自救能力。创新学生安全教育形式，利用“深圳市学校安全教育平台”，举办全国中小学生安全教育日主题活动，通过防范校园欺凌知识讲座、交通安全情景剧、食品安全体验式教育和应急救护能力提升培训等，增强学生安全防范知识和意识，提升应急救护能力。

请根据“深圳市深入推进校园安全防控体系建设”新闻报道，结合幼儿身心发展特点和本地幼儿园特点，思考与分析如何建设幼儿园各个班级的安全防控体系。

单元小结

幼儿园班级安全管理是保障幼儿在学习和活动过程中身心安全的重要工作。可以保障幼儿的生命安全和身体健康；培养良好的安全意识和行为习惯；为幼儿提供和谐稳定的学习环境；保护幼儿权益，减少意外伤害，这样能够更好地促进幼儿的健康成长和全面发展。

班级安全管理的内容包括入园离园的安全管理、区域活动的安全管理及突发事件的应急处理等。幼儿园教师在进行安全管理时要以幼儿为中心，树立“生命至上，幼儿优先”的理念，关注幼儿入园离园时存在的安全隐患并及时处理，积极建立幼儿园活动安全制度，尽早预防突发事件并进行及时有效的处理。

单元练习

在线练习

一、填空题

1. 突发事件在幼儿园班级管理中是指在没有预知情况下，由于各种因素所导致的幼儿人身伤害等的________。
2. 突发事件具有突发性、不可预知性和随时性，若处理不当可能导致更严重的后果，如摔伤、碰伤、挤伤、烫伤、走失、被拐骗等。这些突发事件的特征使得幼儿园必须将保护幼儿的生命和促进幼儿的健康放在工作的________。
3. 幼儿园班级突发事件发生的原因可以分为外部原因和幼儿园自身原因。幼儿园自身原因包括制度方面的缺陷、设备方面的问题、管理方面的不到位以及教师和管理者主观上的________。
4. 由于幼儿年龄较小，自我保护能力不高，缺乏安全意识和自我防护知识经验，容易因为好动、不会预见潜在的危险和危害而在班级活动中发生突发事件。这些原因使得幼儿园及班级管理中较容易出现________。
5. 幼儿园应采取相应的安全管理措施，预防和减少突发事件的发生。这包括________、________、________等方面的措施，以保障幼儿的安全。

二、简答题

1. 为了有效防范和减少幼儿班级突发事件的发生，幼儿园应该重点做好哪两方面的工作？请简要说明。
2. 请描述处理幼儿班级突发事件时的基本要求和应该采取的具体措施。

三、论述题

论述幼儿园事故预防的重要性，并结合具体措施进行讨论。

四、案例分析

某幼儿园近期发生了一起突发事件，幼儿果果从楼梯上滑倒受伤。经初步调查发现，幼儿园在安全管理方面存在一些问题。

请分析该案例，并提出改进措施。

聚焦考证

不定项选择题

1. 异物呛入气管的处理方法有(　　)。
   A. 手指扣除法　　B. 倒提拍背法
   C. 腹部冲击法　　D. 人工呼吸
   E. 胸外按压
2. 外耳道异物的处理方法有(　　)。
   A. 单脚跳跃让异物弹出　　B. 用镊子夹出来
   C. 吹入烟雾将虫子引出来　　D. 电筒照射引出来
   E. 用蚊香引出来
3. 托幼机构发现传染病聚集性疫情后该怎么做?(　　)
   A. 完善因病缺勤和晨午检资料　　B. 上报县、市疾控中心
   C. 隔离病人　　D. 健康宣教
   E. 隐瞒事实
4. 小儿缺乏生活经验,易受到怎样的意外伤害?(　　)
   A. 溺水　　B. 烫伤
   C. 坠床　　D. 错服药物以致中毒
   E. 触电
5. 当鼻子出血时,让婴幼儿抬头止血使血液流入消化道易导致(　　)。
   A. 胃部不适　　B. 胃部疼痛
   C. 胃炎　　D. 无法估计出血量
   E. 不利于治疗

单元五
班级主题活动的设计与实施

单元导读

《纲要》倡导幼儿园教育活动内容既要适合幼儿的现有水平，又要有一定的挑战性；既符合幼儿的现实需要，又有利于其长远的发展；既贴近幼儿感兴趣的事物和问题，又有助于拓展幼儿的经验和视野。《纲要》指出，幼儿园应根据孩子的需要，因地制宜，科学设计和安排幼儿园的课程。因此，幼儿园教师应该有先进的、现代的教育理念，在活动设计中充分尊重幼儿自己选择活动内容和活动方式的权利，尊重他们游戏和玩的权利，尊重他们的兴趣爱好，同时，还要掌握与主题活动相关的知识，了解主题活动中主题选择、目标确定的理论依据和基本要求，学会设计主题活动的内容和形式，掌握撰写主题活动方案和评价主题活动的方法，并能设计一个完整的幼儿班级主题活动方案和组织一次班级主题活动，在主题活动中促进幼儿全面的、富有个性的发展。

本单元主要阐述班级活动主题的选择、主题活动目标的确定、主题活动内容和形式的选择以及主题活动设计的方案与实施。通过知识学习、技能训练、拓展任务练习等，帮助学习者意识到班级主题活动设计与实施的重要性，掌握方案设计与组织实施的方法。

学习目标

➢ 素质目标

1. 树立以人为本的观念，养成爱生敬业的职业素养。
2. 形成统筹规划、活动育人的观念，养成细心、耐心的心理品质。

➢ 知识目标

1. 了解主题活动选择主题、确定目标的理论依据和基本要求，学会选择主题活动的基本内容和基本形式。
2. 熟悉主题活动方案的基本结构，掌握主题活动的评价方法。

➢ 能力目标

1. 具备班级主题活动选题、目标设计、内容选择和方案评价的能力。
2. 能够根据主题活动选题的基本要求选择开发活动主题，设计一个完整的班级主题活动方案。

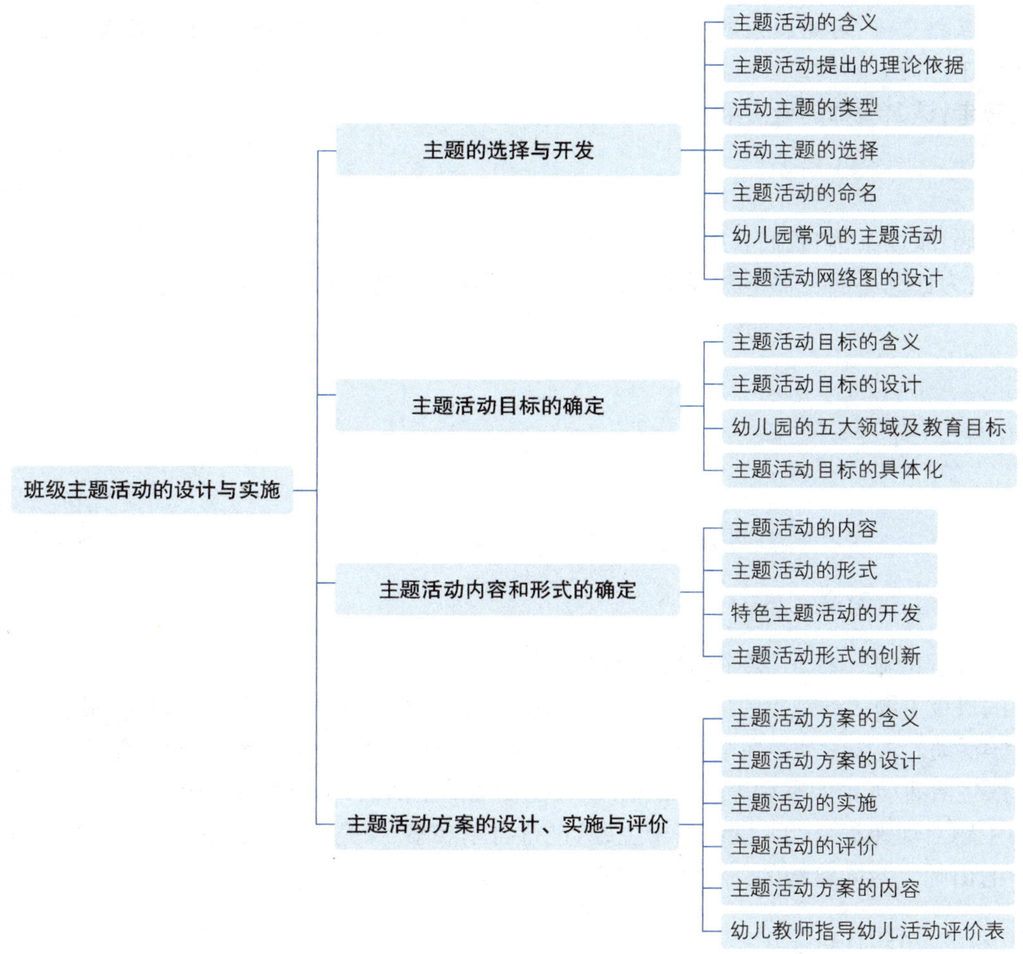

任务 1　主题的选择与开发

案例 1

我的家乡

一位大班老师见班上大部分幼儿是外来打工者的子女，来自祖国的四面八方，有着不同的口音和生活习惯。于是将活动主题确定为“我的家乡在哪里”，并制作了一张大地图，让幼儿在地图上找找自己的家乡在哪里，然后将自己的照片贴在家乡的位置，在小组活动中，幼儿根据地域特点用铅笔设计出不同的符号，如来自湖南省的幼儿就用红辣椒来表示家乡，来自海南的幼儿用椰子来代表自己的家乡，幼儿非常乐意了解自己家乡的名胜古迹和特产。这时，老师对幼儿说：“我们都有自己的家乡，老师先来介绍一下自己的家乡吧！”接着老师把自己家乡的名称，有些什么好吃的一一介绍给幼儿。幼儿兴奋起来：“我们也去问问爸爸妈妈我们的家乡有什么好吃的东西。”看着幼儿激动的样子，老师又提议：“那我们来开一个家乡菜的展览吧！”这一提议立刻得到了幼儿的响应，主题活动伴随着幼儿浓厚的兴趣从“我的家乡在哪里”转入到“好吃的家乡菜”的活动中去。

全班大多数幼儿都带来了一道自己的家乡菜，还特地叫家长写上名称和介绍。如“天津狗不理包子”“宁波汤圆”等，这些家乡菜引发了幼儿的极大兴趣。在随后的区角活动中，幼儿还尝试着用橡皮泥制作家乡菜。幼儿在互相交流、讨论和分享中胆子变大了，语言表达的积极性增强了，语言的表达能力提高了，思维也渐渐开阔了。

讨论与思考：该名教师的做法给了你什么启示？

案例 2

我们去旅行

扫描二维码，阅读案例“我们去旅行”。

讨论分析：为什么小朋友都不太喜欢“我们去旅行”这个主题活动？这名教师的做法问题在哪？

知识学习

理论知识

一、主题活动的含义

“主题”指课程的某一单元、某个时段所要讨论的中心话题。

幼儿园的班级主题活动是指围绕某个中心（如话题、问题、事物、事件或现象等）开展的跨领域、多学科系列的教育教学活动。主题活动是在丰富的、温馨的教育环境中，围绕一个主题，通过教学活动、区域活动、游戏、环境设计、生活活动、家园联系等展开的活动，突出活动的生活性、整合性、开放性和幼儿的主体性。

幼儿园主题活动课程是幼儿围绕一个主题，进行自主观察、探究周围现象和事物，教师适时、适度予以支持和引导的由师生共同建构的一种活动课程。

二、主题活动提出的理论依据

1. 陈鹤琴的单元教学理论

陈鹤琴主张的单元教学强调围绕某一教材，选择同一题材的儿歌、故事、绘画、手工制作、音乐舞蹈等活动。他批判幼儿园的分科教学“是模仿大学的，大学生的程度高、知识深，非分科教学不可的，但……幼稚教育则不然，教师尽管可以用整个教材去教他，不必分科的。”“整个教学法就是把儿童应该学的东西整个地、有系统地去教儿童，这种教学法是把各科功课打成一片，所学的功课是无规定时间的，所用的教材是以故事或自然为中心的，或是做出发点。”陈鹤琴的单元教学思想影响了人们的教学思路，给幼儿园教师设计组织主题活动指出了方向。幼儿园的主题活动，实际上是陈鹤琴单元教学思想的发展。

2. 新皮亚杰理论

新皮亚杰理论是将主题活动和数学活动、体育活动分离的依据，也是主题活动设计、组织的重要理论源泉。新皮亚杰理论认为，儿童许多知识概念，不必进行有组织的教学，因为它们在儿童成长过程中会自发建构起来，这主要是指一些社会生活常识及某些自然常识；但有些概念，如果不教学就不能得到保证，如数的概念。

三、活动主题的类型

1. 根据主题活动的性质来分

（1）日常生活主题。这是最常见的主题，日常生活的很多主题都可以作为幼儿班级活动的主题来使用。

（2）学习指导主题。注重用幼儿感兴趣的方式，促进幼儿各方面能力的发展和经验的积累，强调培养幼儿对学习领域活动的兴趣，让幼儿体验到学习的乐趣。

（3）品德行为主题。主要是提高幼儿辨别是非的能力，形成良好的行为习惯。

（4）阶段性主题。阶段性主题在各个年龄段都会使用到。比如在小班阶段，老师组织的“新环境适应”主题活动，就属于一个比较典型的阶段性班级主题活动。

（5）节日性主题。在幼儿的生活中很多节日适合作为班级活动的主题，像“六一”儿童节、植树节等。

（6）偶发性主题。这种主题不常见，但能引起很大震动。如预防甲流等班级主题活动。

2. 根据主题活动的内容归属领域来分

什么是“微型主题”活动？

（1）健康领域：主要是保证幼儿身体健康，在集体生活中情绪安定、愉快；养成良好的生活、卫生习惯，有基本的生活自理能力；知道必要的安全保健常识，学习保护自己；喜欢参加体育活动，动作协调、灵活。

（2）语言领域：主要是教育幼儿乐意与人交谈，讲话有礼貌；注意倾听对方讲话，能理解日常用语；能清楚地说出自己想说的事；喜欢听故事、看图书，阅读有关的汉字；能听懂和会讲普通话。

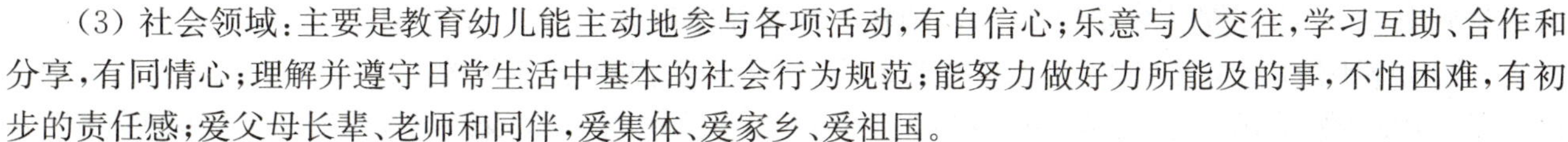

（3）社会领域：主要是教育幼儿能主动地参与各项活动，有自信心；乐意与人交往，学习互助、合作和分享，有同情心；理解并遵守日常生活中基本的社会行为规范；能努力做好力所能及的事，不怕困难，有初步的责任感；爱父母长辈、老师和同伴，爱集体、爱家乡、爱祖国。

（4）科学领域：主要是教育幼儿对周围的事物和现象感兴趣，有好奇心和求知欲；能运用各种感官，动手动脑，探究问题；能用适当的方式表达、交流探索的过程和结果；能从生活和游戏中感受事物的数量关系并体验到数学的重要和有趣；爱护动植物，关心周围环境，亲近大自然，珍惜自然资源，有初步的环保意识。

（5）艺术领域：主要是教育幼儿能初步感受并喜欢环境、生活和艺术中的美；喜欢参加艺术活动并能大胆地表现自己的情感和体验；能用自己喜欢的方式进行艺术表现活动。

四、活动主题的选择

1. 选题的理论依据

（1）人本主义学习理论。它强调人的自主性、整体性和独特性，认为学习是个人自主发起的、使个人整体投入其中并产生全面变化的活动，幼儿内在的思维和情感活动极为重要；个人对学习的投入不仅涉及认知方面，还涉及情感、行为和个性等方面；学习不单对认知领域产生影响，而且对行为、态度和情感等多方面发生作用。人本主义学习理论强调人的潜能、个性与创造性的发展，强调自我实现、自我选择和健康人格作为追求的目标。

（2）建构主义学习理论。建构主义认为，知识不是通过教师传授得到，而是学习者在一定的情境即社会文化背景下，利用必要的学习资料，通过意义建构的方式而获得的。学习是在一定的情境即环境背景下，借助其他人的帮助即通过人际协作活动而实现的意义建构过程。

2. 选题的基本原则

（1）本土化原则。要充分重视当地的特点，充分挖掘可利用的本土资源，丰富主题活动的内容。关注四季变化与资源的时节性，做到主题活动的安排与当地的季节相吻合，并把当地的自然资源作为活动的教材，使主题活动符合当地的幼儿生活实际，注重本土资源的充分挖掘和运用。

（2）生活性原则。幼儿一日生活中蕴藏着许多教育因素，可以由此生成许多教育活动主题。因此教师要善于从幼儿生活的常见事物中，挖掘幼儿教育的素材，捕捉教育契机，积极引导，使活动内容渗透于一日生活各环节，潜移默化地促进幼儿发展。

（3）探索性原则。幼儿是主动的学习者，因而要重视教育幼儿探索的过程，而不是单纯追求探索的结果。在开展幼儿的主题活动中，教师要重视激发并呵护幼儿探索的欲望，要成为幼儿探索活动的支持者、合作者、引导者，创造条件让幼儿运用多种感官，通过自身的探索实践去发现、感知、体验，从中获得有益经验，在实践—论证—再实践的过程中体验探索的乐趣和成功的快乐。

（4）主体性原则。主体性原则是把人作为主体，在与客体相互作用的活动中表现出来和发展起来的功能特性，是人的发展的实质和基本要求。在人的发展这一有结构的整体系统中，主体性处于核心地位，它直观地表现为人的主动性、独立性和创造性。因此，我们强调注重发展幼儿的主动性、独立性和创造性，把探索型主题活动作为一种学习方法，引导幼儿主动积极参与他们的研究，要尊重幼儿、了解幼儿，把幼儿看作真正的主体，让幼儿有时间、有空间进行自主学习、自主探索。

（5）整合性原则。开展的主题活动应与《纲要》、新课程、五大领域活动课程、一日活动的教育资源等有机整合，并充分考虑本土的教育资源。幼儿园教育应是一个整体，应充分利用、协调拓展教育手段与教育资源等多种因素，发挥教育的整合作用，有效地促进幼儿自主学习、自主探索能力的提高与幼儿个性的发展。因此，在主题活动开展时，应注重教育目标、教育手段、教育形式的整合，使主题活动的开展符合幼儿的认知特点，促进幼儿综合能力的提高。

3. 活动主题的选题方法

（1）选择一定学科或领域的主题：主题是以一定的学科或领域为基础来设计的，主题名称往往是该学科或领域中幼儿关注的话题。如“落叶飘飘”“冬天的动物”“夏天的水果”“我们做朋友”“新年到”“六一”儿童节等。这些主题明显地与特定的学科或领域有关，以某一个领域的内容为主，围绕一个核心，把这个学科或领域中与核心相关的内容组织在一起，但在主题的设计和实施过程中，又不仅限于该学科或领域。

（2）选择社会生活事件和幼儿自身的生活事件为主题：只有与幼儿相关的主题，才能真正引发幼儿学习的兴趣。无法引发幼儿兴趣的主题不能成为幼儿园主题活动的内容。如“交通事故发生了”“大桥通车了”“台风来了”等便是比较适合的主题，它们既是生活中的重大事件，又是与幼儿相关、幼儿可能会关注的，还涉及幼儿学习的多个领域的知识，也可培养幼儿多种能力，激发幼儿多种情感。幼儿自身的生活事件往往发生在幼儿直接生活于其中的微观环境之中，这些事件是感性的，近距离的，也是最能吸引幼儿学习兴趣的。如“出血了”“我们的新朋友”“小兔子病了”“燕子来做客”等，这些主题均是发生在幼儿自身生活中的真实事件。围绕这些主题设计和组织的活动可能覆盖多个领域的内容，这类主题往往有很大的活动生成的空间。

（3）选择专门提炼和概括的过程、原理或变化规律为主题：日常生活里，大千世界中，有很多普遍的规律和原理，有很多类似的进程，我们可以从理性上讨论它，也可以从感性上把握它。幼儿园主题活动主要是从感性上去发现不同事物发展的共同的过程、规律。如主题“变”，没有说明实质的内容是什么，但又把一切包含变化的内容都包含其间，这个主题内容的变化有很大的空间，如天气在变、植物在变、动物在变、颜色在变、影子在变、形状在变……有些变化是自动的，有些变化是我们使之发生的。不同的设计者在设计这个主题时，会关注不同的变化内容和形式。此类主题还有“熟了”“原因”“最……”“破壳的……”等。这些主题是开放的，本身并不包含确切的内容，但却可以容纳很多相关的内容，这些内容是综合的，来自不同的知识领域。

（4）选择文学作品为主题：文学作品作为主题的来源不同于领域作为主题的来源。语言或艺术中的文学作品主要是让幼儿欣赏的或让幼儿了解作品中的词句。文学作品具有课程整合的功能。因为文学作品本身就涉及艺术和语言两个领域，文学作品尤其是故事、寓言等，其具体的内容往往是与科学、社会等领域紧密相关的。如果将文学作品作为主题的来源，则可以进一步扩大文学作品的整合功能。将某一个文学作品作为主题的来源，除了对作品进行欣赏外，还要利用作品中的某些有价值的话题借题发挥，容纳更多相关的内容。文学作品中的人物、事件、物品、道理、场景等都是主题内容生成的线索。如在“卖火柴的小女孩”中，“贫穷”“买卖”“取暖”等都是有开发价值的话题。

实务知识

一、主题活动的命名

幼儿园主题活动的命名最好是要新颖、响亮、动听、儿童化，活动名称既能反映活动的主要内容，又能体现教师的活动理念，还能符合活动命名的规范。最简单的写法就是直接点出主题及活动内容，如主题活动：“娃娃家”“春天来了”等，其二级具体活动可以用“活动一：……，活动二：……”等。如“主题活动：我的家真幸福”，其二级具体活动可以写为“活动一：美丽的家”“活动二：送给爸爸妈妈的礼物”“活动三：我也很能干”“活动四：遇到危险怎么办？”等。

二、幼儿园常见的主题活动

在幼儿园主题活动中，主题应该不拘一格，主题的选择方式也是多样化的，不同来源主题的比重应该从幼儿园自身的状况出发加以确定。主题的设计过程中，教师应始终遵循的是以幼儿的兴趣、发展为本，从幼儿

的生活入手，根据幼儿的生活经验，从幼儿生活中挖掘艺术教育资源，设计一系列丰富多彩的主题活动。

案例分析

表5-1是某幼儿园大、中、小班幼儿主题活动。

表5-1　大、中、小班幼儿主题活动

月份	大班主题活动	中班主题活动	小班主题活动
9月	大班的我	我升班了	我爱我的幼儿园
10月	小脚丫走天下	丰收乐园	我们的蔬菜朋友
11月	地球小卫士	动物世界	打针我不怕
12月	小鬼学当家	冰天雪地	马路上的车
1月	新年快乐	欢迎新春	过年了
3月	神奇的工具	安全标志	桃花姐姐，你好啊！
4月	我们一起来植树		
5月	海洋世界	我的身体	有趣的小蚂蚁
6月	我们爱阅读	有趣的图标	自己的事情自己做
7月	我们毕业啦	我长大了	温馨的家

请分析与思考该表的可取之处，想一想是否还有其他可以替代的主题。

参考回答

三、主题活动网络图的设计

主题活动网络图就是把某一项学习或者活动的项目、内容等按照时间、空间或者内在关系用网络形式表现出来，它是主题活动中必不可少的构成要素。幼儿教师在设定好教学主题后，将主题目标进行剖析和分解，找到次一级目标，根据目标寻找合适的教育内容，通过内容的展开构成一个有机联系的主题网络并用流程图的方式展现出来。

主题活动网络图设计

设计主题网络图时，将教材内容按照时间的顺序、相关联的内容、共性的目标等因素分成几大块，也就是几大主题，综合每个主题的所有内容给这个主题起个名称，也就是一级主题。一级主题下面再设立几个二级主题，这几个二级主题基本上就是一周一个，一个月基本上是四周。如果有的月份可能有五周，内容不够时，可以增加、生成适合的主题内容；二级主题下面又有若干个子主题，这些大大小小的主题都是围绕一级主题开展的。按内容划分主题后，将主题内容展示出来，也就是我们所说的主题活动网络图。

教师要考虑幼儿的发展特点、兴趣，帮助幼儿确立主题活动网络图。只要是幼儿感兴趣的，并有发展价值和操作可能的，都可以作为幼儿探索的主题内容。教师在设计时应重视幼儿主动建构的过程，在主题活动网络图中可以留一些空的子主题，为主题留有生成的空间。而且，主题活动网络图并不是一成不变的，教师要不断捕捉幼儿关注的问题，对照原来的主题活动网络图，不断筛选和完善主题活动网络图的结构，充分发挥每个活动的教育价值，达到最优化。

技能训练

一、课堂训练

案例1

阅读主题活动“我和空气做游戏”后开展小组讨论和交流，谈谈你对活动的名称以及二级活动的主题选择的看法（表5-2）。

表 5-2 “我和空气做游戏”主题活动表

主题目标	活动内容	环境创设	家园配合	日常活动要求	安全工作
1. 通过诗歌、故事等的形象描述，具体而准确地认识空气的特点 2. 通过各种游戏活动和实验，使看不见的、摸不着的空气变得具体、有趣，让幼儿在与空气的亲密接触中感受快乐与神奇 3. 鼓励幼儿探索充气的多种方法，感知空气从气球中突然冲出的有趣现象，引导幼儿萌生好奇心和探究热情	第一周： 1. 气球逃走了（语言） 2. 长翅膀的气球（健康） 3. 气球吃什么（科学） 4. 气球跳舞（律动） 5. 气球伙伴（数学） 6. 快快鼓起来（手工） 7. 亲亲小脸蛋（社会） 8. 冰激凌（绘画） 9. 小熊冒泡泡（语言） 10. 制泡高手（科学） 第二周： 1. 了不起的0（数学） 2. 流星球（健康） 3. 谁在皮球里（语言） 4. 有力量的空气（科学） 5. 它是谁（诗歌） 6. 一串串的祝福（手工） 7. 幸福拍手歌（音乐） 8. 风车（手工） 9. 空气在这里（科学） 10. 贴着报纸走一（健康）	区域提示： 实验区： 1. 不会湿的手帕：把餐巾纸叠好，塞入杯子底部，把杯口朝下，笔直地浸到水里。几秒钟后再把杯子提起来，餐巾纸还是干的 2. 魔法蜡烛：点燃蜡烛，把空啤酒瓶放在蜡烛和自己之间，朝瓶子吹气，空气流过瓶子两侧在瓶子后面汇合，从而把蜡烛吹灭 美工区： 1. 在纸上滴颜料少许，用麦管对着颜料吹气，并进行贴画 2. 空气袋。往袋子里吹气，然后捏住袋口，摸摸鼓鼓的口袋，感觉空气的存在 3. 将保鲜袋吹足气后扎紧，当作小动物的头，再提供彩色纸、树叶等材料进行装饰 探索区： 1. 将乒乓球压一个凹痕，把它放到满满的一杯热水中，观察乒乓球的变化 2. 提供幼儿活动材料，判断哪些物体需要空气 主题墙布置： 1. 将幼儿制作的“一串串的祝福”卡片悬挂在走道上或教室里，引导幼儿与同伴或教师交流自己对空气的感激之情和祝福之意 2. 幼儿做实验时的照片或吹画的照片可展示在主题墙上，引起幼儿的兴趣 3. 在主题墙上展示画着五官的气球，可以让孩子观察到气球的变化，感受空气的神奇	1. 家长和孩子共同装饰两个气球，使孩子每天观察气球的变化，如气球变瘦了吗？为什么？ 2. 与孩子一起给气球充气，直接了解充气的步骤、方法、注意要点，并在幼儿园开展有关活动时带上气球 3. 家长与孩子在家中共同准备有关“空气”的一个小实验	入园： 1. 礼貌地与教师、同学打招呼 2. 配合晨检各项检查 3. 有序地放书包、进教室 自由交往： 1. 友好地与同伴进行交流和谈话，不与同伴发生冲突 2. 学会与好朋友一起合作搭建积木，不在教室里追逐打闹 盥洗： 1. 有秩序地排队进行盥洗，不推不挤，避免发生危险 2. 盥洗后关紧水龙头，同伴间相互提醒，避免浪费用水 课间操： 1. 排队迅速，能听要求做动作，排队时保持安静 2. 做操动作合拍、有力，和老师积极互动 午餐： 1. 能安静地用餐，不随意走动 2. 继续学习自主独立用餐 3. 不挑食，保持桌面和地面的干净 午睡： 1. 睡前要上厕所，衣物叠放整齐，能在最短的时间内躺进被窝并盖好被子 2. 睡觉不影响他人，安静入睡 3. 起床迅速，在老师帮助下以最快速度穿好衣物，以防感冒 离园： 1. 家长来接时以最快的速度离开教室，不随意逗留，让家长久等 2. 离开前整理好自己的东西，不乱丢，养成好习惯	1. 儿童在户外活动时，不拿过硬或易碎的玩具，以免跌倒时擦伤身体 2. 玩大型玩具时注意幼儿安全，避免器械有松动、开裂等现象 3. 活动前做安全检查，进行安全教育 4. 进餐环境安静、整洁、有秩序，培养幼儿正确使用餐具和良好饮食习惯 5. 睡前提醒幼儿如厕，不做剧烈运动，睡眠环境保持安静、温度适宜、光线不强

案例 2

主题活动中地方文化的融入

扫描二维码，阅读案例“主题活动中地方文化的融入”。

思考分析：如何在幼儿园主题活动中融入地方文化？

二、实战演练

选取见习幼儿园各领域（健康、语言、社会、科学、艺术）主题活动各 1 个，分析其选题的优劣，并列出改进建议。

拓展任务

一、阅读材料

材料 1

主题活动计划的制订

主题活动计划应该在充分了解和分析幼儿的基础上确立目标，并在主题内容的选择上进一步丰富、拓展幼儿的知识经验。

主题活动的目标、内容在某一具体的活动中，在认知、情感、能力等不同的角度可有所侧重。

制订主题计划应该把握以下四点：

① 了解幼儿当前已有的生活经验。

② 从主题出发确定主线（可从认知、能力、情感等方面多角度思考）。

③ 围绕主线选择适宜幼儿学习的内容（应该在内容上考虑幼儿各年龄段的年龄特点和不同领域特点）。

④ 对所选择的内容进行归类，并配之相适宜的教育形式、途径（包括生活、学习、运动、游戏活动、环境创设、家园互动等），形成主题网络图。

根据以上要素制订的计划既有可检性，更有可操作性，使计划为课程服务，使计划不脱离实际，体现计划的适宜性和实用性。表 5-3、表 5-4、表 5-5 可作参考，在制订主题活动计划时使用。

表 5-3 幼儿园主题活动计划

主题名称					
主题活动 背景					
主题目标					
活动内容	活动安排	补充要求	环境创设	活动要点	活动情况与反思

表 5-4 主题活动案例与分析

案例一：	案例二：

表 5-5　主题活动反馈表

主题活动线索	主题活动反馈

思考与分析：请以“妈妈和宝宝”为主题，写一份小班主题活动计划。

材料 2

以儿童发展为本的幼儿园主题课程理念

扫描二维码，阅读材料“以儿童发展为本的幼儿园主题课程理念”。
思考讨论：如何将“以儿童为本”的教育理念融入到班级主题活动的主题选择？

二、思政话题

幼儿园教师在开展德育工作时，一定要将其与实际生活有效联系起来，根据实际情况开展集体活动，让幼儿在具体的活动中获得发展和成长。譬如，教师可结合教室的环境主题墙面布置“妈妈，您辛苦了”“我是环保小卫士”等一些主题墙饰，通过这种方式对幼儿进行德育教育。例如，在“我是环保小卫士”主题墙饰创设活动中，教师组织幼儿一起去校园里捡垃圾，在孩子们捡垃圾的过程中，了解了垃圾给人们生活带来的影响，知道保护环境的重要意义，明白了不能乱扔垃圾，通过这种亲身体验的方式培养了孩子们的环保意识。又如，在区域活动中，教师让幼儿将自己家中的娃娃、图书或者一些玩具带到学校来和同伴一起玩耍、分享，在这个过程中培养幼儿良好的合作意识和分享精神，让幼儿感受到合作分享的喜悦，培养了幼儿良好的思想品德。

结合上述的幼儿园教师德育工作案例，根据幼儿身心发展特点，谈谈如何选取有利于培养幼儿良好的思想品德的活动主题。

任务 2　主题活动目标的确定

情境导入

案例 1

表 5-6　小班科学主题活动目标比较

活动主题	活动目标 A	活动目标 B
水果照相馆	认识几种比较特别的水果，感知水果的多样性	喜欢吃水果，能正确说出几种常见水果并能认识其典型特征
不用手也行	引导幼儿有策略、有规划地探索不直接用手运乒乓球的多种方法	鼓励幼儿充分利用材料探索不直接用手运乒乓球的方法，尝试合作统计乒乓球的数量

讨论与思考：请比较表 5-6 中活动目标 A 与活动目标 B 的区别。

案例 2

扫描二维码，阅读案例“小猪的野餐”。

案例

小猪的野餐

讨论分析：“小猪的野餐”教育活动目标是“能体验与好朋友一起分享的快乐”，但有不少幼儿听完故事后却觉得“小猪分享后并不开心，因为小猪的东西越来越少了”，针对这个教学案例，你获得了怎样的启示？

知识学习

理论知识

一、主题活动目标的含义

主题活动目标是指学生参加某一阶段活动的方向和应达到的要求。目标设计在很大程度上反映出教师的教学水平，可以看出教师的教学理念、分析能力、逻辑思维。教师设计活动目标是为了把活动目标转化为可操作的、具体化的行为目标，目标是整个主题活动方案的核心部分。活动目标的设计过程就是教师对材料的再理解、再创造的过程。为此，每个教师在思想上要充分认识活动目标设计在主题活动中的重要意义。

二、主题活动目标的设计

知识链接

目标与目标设定理论

1. 设计理念

主题活动目标设计指的是按主题活动目标所涉及的幼儿发展的知识、能力、情感态度三个维度来设计目标。

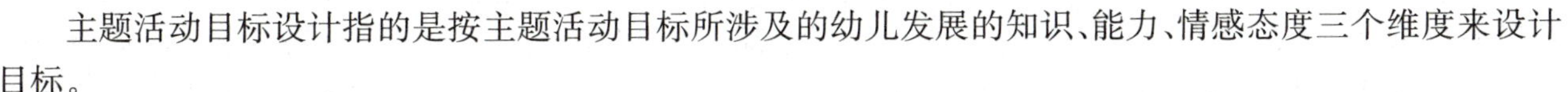

一是知识维度的目标。这主要是指幼儿通过主题活动对自然、社会、文化及自我等认识方面应达到的要求，主题活动不能没有知识这个维度的目标，它注重于知识的创新性、综合性和广博性，以任务为中心，将知识学习融于任务完成的过程中，尽可能地综合运用知识，并在活动中具有自主获取新知识的欲望。

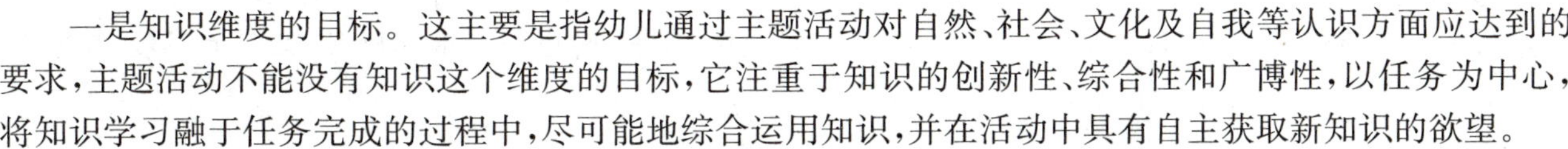

二是能力维度的目标。这主要是指幼儿亲身经历与体验整个过程，在过程中解决问题等能力发展方面应达到的要求。这个目标的达成强调在活动中，并以直接经验的获得为主要目的。

三是情感、态度维度的目标。这主要是指幼儿通过主题活动在情感、态度、个性品质等方面应达到的要求。

目标要求对幼儿形成适度的挑战，才是有意义的。把握活动目标挑战性的“度”的关键在于找到衡量“度”的依据，而这一依据来源于教师对目标若干维度（知识、能力与情感）的理解与把握。具体来说，教师要把握几个方面：根据幼儿的经验有效地融入知识点，以各年龄段总目标作为设置挑战点的依据；根据幼儿的年龄特点参阅《纲要》中幼儿发展的目标形成适合的活动目标；情感和能力的培养也是有层次的，教师要善于分解这两个维度的目标，根据活动载体（内容）的特质有效地融入相关的情感与能力发展的目标；根据本班幼儿的需求、兴趣与发展水平，确定适合本班幼儿特点的目标，关键在于每个活动价值的定位及关键经验的挖掘。

2. 存在问题

（1）主题活动目标设计没有体现“以人为本”的教育理念。有的教师在设计主题活动时，没有以幼儿的生活经验和兴趣为出发点，没有将活动内容与实际生活联系起来，没有调动幼儿融合到活动中去，内容和方式也不是很真实，因而没办法调动幼儿参与活动的积极性，大大降低了目标的有效性。

（2）主题目标设计没有面向全体。没有让所有幼儿参与，体验成功。教学目标的设计除了考虑幼儿的兴趣和情景的真实性以外，还要考虑目标的难度，要让大部分幼儿都能完成目标。

（3）主题活动的目标没有阶梯呈现。目标设计应由浅入深，自小而大，阶梯式渐进。设计不但要符合幼儿的生理和心理特点，还要考虑不同幼儿的不同情况。只有尊重幼儿的差异并满足不同幼儿的不同学习需求，才能真正面向全体幼儿。如果营造一个阶梯式的目标，使问题更加贴近幼儿的认知规律，效果就会好一些。

（4）主题活动目标重点不突出、没有落实、表述不够严密。有的教师设计的主题活动目标空泛、含糊、缺乏可操作性，或是长篇大论，没有重点，不够精练。在目标的表述中有时会以教师来定位，而不是描述幼儿通过活动所应达到的程度。

3. 设计方法

从主题活动目标出发，特别是从分解好的主题目标出发，结合所选择的活动内容进行具体主题活动的目标制定。这样能使活动很好地围绕主题活动的大框架。但制定某一具体的主题活动目标时要注意以下四点：

（1）设计核心目标，合理控制拓展目标。基于主题目标的解读和分解，在制定主题下的具体活动的目标时要注意抓住核心目标，拓展目标不宜过多，否则，容易偏离主题目标的大方向。

（2）设计具体明确的可操作性目标。主题下的教育活动目标有助于教师把握幼儿发展和教育活动的方向，明确幼儿经验的提升点；还可帮助教师有目的、有计划地观察幼儿，了解目标对幼儿是否合适。因此，教师制定的目标应具有一定的可操作性，是具体明确的。如果目标表述得连自己都不知道要做什么，就意味着过于笼统了。

（3）注意符合幼儿需要和兴趣的目标。教育活动的目标还应从本班幼儿的实际出发，符合幼儿的年龄特点，考虑幼儿接受的可能性，过高、过低于幼儿的年龄特点，或不符合幼儿的兴趣与需要，都将影响活动的效果。

（4）设计具有挑战性的目标。主题活动下的具体教育活动的目标应考虑幼儿的“最近发展区”，保证课程目标对幼儿的挑战性。判断目标是否具有挑战性，最关键的一点就是应在了解本班幼儿发展特点的前提下，对幼儿已有经验和可能产生的新经验的把握，那就需要教师充分了解幼儿对所要进行的活动的已有经验。而目标的挑战性就在于适度超越原有经验，适度超越就是不简单重复原有经验，产生一定的新经验。目标的挑战有两个方向：一是向深度挑战，从纵向上对原有经验进行概括和提升；二是向广度挑战，从横向上对幼儿原有经验进行拓展。

实务知识

一、幼儿园的五大领域及教育目标

幼儿园的教育内容是全面的、启蒙性的，可以相对划分为健康、语言、社会、科学、艺术五个领域，也可作其他不同的划分。各领域的内容相互渗透，从不同的角度促进幼儿情感、态度、能力、知识、技能等方面的发展。

健康：①身体健康，在集体生活中情绪安定、愉快；②生活、卫生习惯良好，有基本的生活自理能力；③知道必要的安全保健常识，学习保护自己；④喜欢参加体育活动，动作协调、灵活。

语言：①乐意与人交谈，讲话礼貌；②注意倾听对方讲话，能理解日常用语；③能清楚地说出自己想说的事；④喜欢听故事、看图书；⑤能听懂和会说普通话。

社会：①能主动地参与各项活动，有自信心；②乐意与人交往，学习互助、合作和分享，有同情心；③理解并遵守日常生活中基本的社会行为规则；④能努力做好力所能及的事，不怕困难，有初步的责任感；⑤爱父母长辈、老师和同伴，爱集体、爱家乡、爱祖国。

科学：①对周围的事物、现象感兴趣，有好奇心和求知欲；②能运用各种感官，动手动脑，探究问题；③能用适当的方式表达、交流探索的过程和结果；④能从生活和游戏中感受事物的数量关系并体验到数学的重要和有趣；⑤爱护动植物，关心周围环境，亲近大自然，珍惜自然资源，有初步的环保意识。

艺术：①能初步感受并喜爱环境、生活和艺术中的美；②喜欢参加艺术活动，并能大胆地表现自己的情感和体验；③能用自己喜欢的方式进行艺术表现活动。

二、主题活动目标的具体化

主题活动目标要细化到某一个具体的教学行为中，有赖于教师对课程总目标及分年龄段目标的把握，有赖于对具体教学情境的分析和对幼儿能力水平的了解。首先，要根据不同资源状况制定不同的目标。不同的幼儿园资源状况不仅决定了活动主题的选择，而且同一活动主题也会因为学校资源状况的不同，在目标设计上有所区别。其次，要根据学生学习能力状况制定不同的目标。每个班级的学生都不一样，如果目标宽泛，缺少对孩子能力的分析，教学设计与孩子能力的脱离，必然会导致教学的低效。因此，在设计教学时，目标一定要明确，要考虑孩子的能力水平，这样的教学设计才会真正被实施。再次，要根据具体的活动内容及情境制定不同的目标。在主题活动中，诸如"学会合作，培养孩子的创造、探究能力"等"放之四海而皆准"的目标设计，由于离开了具体的教学情境和主题背景，在实施时很难起到为具体的教学活动导航的作用。因此，目标的表述还需要情境化，与主题的活动情境一致。在目标表述时，尽可能贴近主题活动的具体内容和情境。

案例分析

小班早期阅读活动"小海龟"

活动目标：

1. 通过讲述故事、阅读大书、做游戏等多种形式，加深幼儿对故事的理解，体验小海龟的情感世界。
2. 学习运用简单句式"××看见了××"进行完整表述。
3. 激发幼儿的想象力和大胆表达的愿望。

请根据所学知识，分析与思考该活动目标的撰写是否合理？存在哪些问题？

参考回答

一、课堂训练

案例 1 **比较"磁铁"主题活动目标**

目标一：

1. 通过活动，发展幼儿的观察能力、创新能力和制作能力。
2. 让幼儿在玩磁铁中，发现磁铁有正负两极，有吸引力、排斥力。利用磁铁特性制作玩具。

目标二：

1. 在初步了解磁铁的性能基础上，明确磁铁两极，异极相吸，同极相斥。
2. 用吸与折的现象玩游戏，发展幼儿的实践运用能力。

比较大班科学主题活动"磁铁"中"目标一"和"目标二"两个主题活动目标并作分析。

案例 2

扫描二维码，阅读案例"春游活动"。

思考讨论：如何根据案例中的情境，生成一个教育活动，带着小朋友一起研究解决这些问题呢？

春游活动

二、实战演练

任意选取1个见习幼儿园拟开展的主题活动，尝试根据要求写出活动目标，然后在教师指导下修改完善。

拓展任务

一、阅读材料

材料1

教学活动的目标设置

幼儿园教学活动目标存在不同的价值取向，较为常见的目标取向有行为目标、生成性目标和表现性目标等。不同的目标取向，对活动目标有不同的设置方式。活动目标设定的准确性，即活动目标的设置方式与目标取向的一致性，才是考察和评定幼儿园教学活动有效性的一个重要方面。

行为目标是指以幼儿具体的、可被观察的行为表述的幼儿园教学活动目标，它指向的是教学活动实施以后在幼儿身上所发生的行为变化。行为目标具有客观性和可操作性等特点。

在陈述幼儿园教学活动的行为目标时，对行为主体表述可有两种方式，其一着眼于教师，其二着眼于幼儿。着眼于教师的行为目标的陈述，会使教学活动直接导向对教师行为的关注，这种活动目标的陈述方式常常是“教师要……”“教给幼儿……”等；着眼于幼儿的行为目标的陈述，则会使教学活动直接导向对幼儿行为的关注，这种活动目标的陈述方式常常是“让幼儿……”“幼儿应该……”等。

在陈述幼儿园教学活动的行为目标时，行为动词应是能清晰地描述幼儿行为的动词，而该行为应该是预期幼儿通过活动能形成的、可观察的、可测量的具体行为，例如“复述”“讲出”“列出”“指出”“数出”“画出”等。

行为条件又称行为情境。在陈述幼儿园教学活动的行为目标时，行为条件阐述的是幼儿预期行为是在怎样的条件、时间、背景等特定情况下产生的，例如“给幼儿一个直径30厘米的皮球，幼儿能……”“在教师的提示下，幼儿能……”“在《小鸭嘎嘎》的乐曲声中，幼儿能……”等。

行为达成程度表明的是教学活动的基本要求，这样的要求常被用作对教学活动成效进行评价的依据。在陈述幼儿园教学活动的行为目标时，可用“超过半数的幼儿会爬过活动设置的路障”“80%左右的幼儿能讲述故事《小马过河》”等类似的方式进行。

生成性目标是在教学过程中生成的活动目标。如果说，行为目标关注的是结果，那么生成性目标关注的则是过程。以生成性目标为取向的人认为，教育是一个演进过程，教学活动目标反映的应是此过程的方向的性质，而不是此过程的某些阶段的或外部东西的性质。生成性目标反映的是儿童经验生长的内在要求，反映的是问题解决的过程和结果，其本质是对“实践理性”的追求，把教育活动的过程看作是一种动态生成的师生互动的过程。持生成性目标取向的人坚持“过程”这一类有些模糊的术语，而不采用可操作性较强的方式界定目标，因为他们认为，如若他们这样做，就会破坏生成性目标取向的原本意图。

以生成性目标为取向的幼儿园教学活动在低结构的幼儿园课程中可以看到。这类幼儿园课程强调儿童，强调儿童发起的活动，强调活动的过程，强调儿童、教师和教学环境的交互作用等，在设置组成这类课程的教学活动的目标时，自然会采用生成性目标取向。

生成性活动目标瞄准的主要不是教学活动设计者施加于幼儿的东西，活动设计者认为，幼儿有权利通过自己的自主活动，去学习他们认为值得学习的东西，在幼儿自己已有的水平上去生成活动，去

主动建构知识。因此，生成性活动目标是较为宽泛的，是动态的和可以变化的，并非指向即时发生的行为变化。对有些低结构的教学活动，可以是"先内容，后目标"，活动目标可以由设计者预设，也可以由幼儿或教师生成。

表现性目标是艾斯纳提出的一种目标取向，这与艾斯纳受其所从事的艺术教学的启发有关。艾斯纳在他的研究中发现，在艺术领域里，预定的行为目标不尽适用，因此提出了表现性目标作为补充。

艾斯纳认为，在课程中存在两种不同的活动目标，它们是教学性目标和表现性目标。表现性目标强调的是个性化，目标指向的是培养儿童的创造性。表现性目标不规定儿童在完成学习活动后应该获得的行为，而是指向每一个儿童在教学情境的种种"际遇"中所产生的个性化表现，它适合于表述复杂的智力活动，已有的技能和理解是这种活动得以进行的条件。艾斯纳认为，只要儿童的创造性得到充分发挥，那么他在教学情境中的具体行为表现和所学的东西是无法准确预知的，因此，表现性目标追求的不是儿童反应的同质性，而是反应的多元性。在本质上，表现性目标是对"解放理性"的追求，把教学活动看成儿童个性发展和创造性表现的过程。

例如，"参观动物园并讨论那里有趣的事情"这样一个艾斯纳所列出的表现性目标，它强调的并不是儿童在参加这些教学活动后能做些什么，而是识别儿童际遇的形式。因此，以表现性目标为取向的评价就不是学习结果与预期目标的一一对应，而是一种美学评论式的评价，即对儿童活动及其结果作鉴赏式的批评，依据儿童的创造性和个性评价教学活动的质量。表现性目标鼓励儿童运用已有的技能，拓展并探索自己的观点、意象和情感。

各种教学活动目标取向都有其长处，也都有其短处。对教学活动有效性的考察和评定，不是去夸大某种目标取向的长处和另一种目标取向的短处，而是考察和评定是否能准确地设置某种目标取向的活动目标。

思考与分析：行为目标、生成性目标和表现性目标三类目标各自的特点与优势是什么？

材料 2

扫描二维码，阅读材料"《3-6 岁儿童学习与发展指南》"。

思考：如何将《指南》中的 3～6 岁儿童学习与发展目标和具体的班级主题活动目标进行对接？

《3-6 岁儿童学习与发展指南》

二、思政话题

教育部印发的《幼儿园保育教育质量评估指南》(2022)在"总体要求"的"指导思想"和"基本原则"中强调："以习近平新时代中国特色社会主义思想为指导，全面贯彻党的教育方针，落实立德树人根本任务，遵循幼儿发展规律和教育规律，完善以促进幼儿身心健康发展为导向的学前教育质量评估体系，切实扭转不科学的评估导向，强化评估结果运用，推动树立科学保育教育理念，全面提高幼儿园保育教育水平，为培养德智体美劳全面发展的社会主义建设者和接班人奠定坚实基础""坚持正确方向。坚持社会主义办园方向，践行为党育人、为国育才使命，树立科学评价导向，推动构建科学保育教育体系，整体提升幼儿园办园水平和保育教育质量"。

浏览文件，请选择一个主题活动，思考与分析：如何在活动目标中体现立德树人的思政元素？

任务3 主题活动内容和形式的确定

情境导入

案例1

小班主题活动“甜甜蜜蜜”

小班活动“甜甜蜜蜜”这一主题的选题是可行的，因为对甜甜蜜蜜的糖果、饼干及各类食物，小班幼儿已具有相当丰富的经验。但综观教材中本主题的各类活动内容，我们不难发现，原教材内容整合不当，有些教材在领域或内容上比较牵强，如“妈妈爱我，我爱妈妈”；某些活动的操作层面太多，不利于掌握和检测，如“长满牙的大嘴巴”；有些则对刚入学的小班幼儿来说难度太大，如“云朵棉花糖”等。于是，经过仔细分析与整合，我们对原有主题内容进行了删选：保留了“开心跳跳糖”“甜蜜蜜的聚会”“糖果一家”“咕噜噜”“棒棒糖一家”“吃饼干”“甜嘴巴”；删除了“棒棒糖集合”“妈妈爱我，我爱妈妈”“云朵棉花糖”“漱口歌”“多和少”“给妈妈的妈妈送甜蜜”；增加了“五彩糖果”“棒棒糖饮料”“小熊糖罐”“咚咚的牙齿”“牙蛀虫”；改编了“超级糖果屋”“糖果爸爸”“我是棉花糖”“长满牙的大嘴巴”等，以求达到我们预期的主题教育活动效果。

讨论与思考：分析该班级教师的做法，谈谈对你有什么启示。

案例2

扫描二维码，阅读案例“绿绿的蚕豆”。

讨论分析：运用什么活动形式可以取得较好的活动效果？

绿绿的蚕豆

知识学习

理论知识

一、主题活动的内容

1. 主题活动的内容

《纲要》将幼儿园的教育内容相对划分为健康、语言、社会、科学、艺术五个领域，同时也指出：“各领域的内容相互渗透，从不同的角度促进幼儿情感、态度、能力、知识、技能等方面的发展。”由此可见，幼儿园班级主题活动主要包括以下五大类：

(1) 健康活动类。包括身体健康、生活卫生习惯、自我保护、体育锻炼等。

(2) 语言活动类。包括听说、讲述、谈话、文学作品学习、早期阅读等。

(3) 社会活动类。包括社会认知、自我意识和社会情感、社会行为等。

(4) 科学活动类。包括人体与健康、动植物、生态环境、自然科学现象和科学技术五个方面。

(5) 艺术活动类。包括画画、唱歌、跳舞、乐器、欣赏等。

2. 主题活动内容的选择

(1) 根据幼儿需求选择内容。《纲要》中指出：“儿童是活动的主人，儿童只有在自主活动的过程中，才能学得积极主动，才能体验自身的存在与价值。”可见，从幼儿兴趣出发选择主题，就可以较好地满足幼儿的发展需求和探究兴趣，体现儿童的主体性。

① 根据幼儿的兴趣选择。兴趣是激发幼儿参与活动、主动探索的原动力。教师只有关注幼儿，了解幼儿的兴趣所在，把握幼儿活动过程中有价值的兴趣点，才能在最恰当的时机选择最适合的教材内容，并通过活动有效地推动幼儿的发展。如“恐龙世界”“奇妙的种子”等内容。

② 根据幼儿的生活经验选择。来自生活的内容是比较丰富，幼儿熟悉的、容易接触的，贴近幼儿“最近发展区”的。从自然界如风、雨、冰、雪、雷到生活中的飞机、轮船、汽车、楼房、电灯、煤气、自来水等，都可以发掘对幼儿发展有价值的内容，教师很容易利用这种资源组织丰富多彩的教育活动，引导幼儿学习运用感官感知日常生活中的事物和现象。如“绿色家园”“漫话塑料袋”等环保内容。

③ 根据幼儿的发展需求选择。主题活动要以幼儿发展为本，在尊重幼儿的生活经验、兴趣和文化背景的同时，也应该为幼儿提供更多发展空间。教师尽可能提供条件，放手让幼儿自主探索，自由发展，通过幼儿可以理解、可以感受、可以操作的环境内容与材料，在活动中激发幼儿的探究兴趣，为发展孩子的创新潜能服务。如“人与自然”“奇妙的世界”等内容。

(2) 根据社会需求选择内容。

① 根据幼儿关注的社会热点选择。幼儿作为社会的一分子，是祖国的未来和希望，非常有必要从小就让他们养成良好的行为习惯，懂得遵守社会生活中基本的行为规范的重要性。我们要为孩子多提供获取外界知识的机会，同时还要为孩子创设宽松并留有一定探索空间的环境，让孩子在探索的过程中获得新知识、新信息。如“整治交通陋习”“奥运”等内容。

② 根据节日和季节的变换选择。季节性班级主题活动有一定的时间规律，可以年年重复。它可以按每年的民俗节日或其他节日、纪念日或季节特点开展活动。节日、纪念日本身就为教育提供了极为丰富、有益的资源，是我们对幼儿进行各种教育的有利素材，教师应充分挖掘节日和季节里所隐含的教育价值，开展丰富多彩的主题活动。如“秋游”“欢度教师节”等内容。

当然，教师开展主题活动时要考虑自身情况，通过提升自身的能力使主题活动达到预期的目标。

二、主题活动的形式

1. 基本形式

幼儿园主题活动的基本形式一般有 4 种：集体活动、小组活动、个别活动和区角活动，每种活动形式各有其特点。

(1) 集体活动。集体活动一般是由教师按照一定的教学目标，依据一定的原则选择教学内容，设计教学过程，面对全班幼儿实施的活动。其优点是有利于教师在短时间内向幼儿提供共同经验，省时，效率高，易得到反馈，及时调整内容和方法，确保教育的条理性和连贯性，且有利于幼儿自律、合作意识的培养。集体活动还发挥着帮助幼儿组织、提升简单知识的独特功能。它能将幼儿自发获取的简单知识，转化为能够引起幼儿智力发展重大飞跃的知识体系。

(2) 小组活动。小组活动是指根据幼儿发展水平、教育内容、教材的不同，将幼儿分成若干小组进行活动。其优点是为幼儿充分参与活动、教师充分了解幼儿提供了便利条件，有利于教师对个别幼儿的教育。在小组活动时幼儿可以主动积极地操作材料，教师和幼儿、幼儿和幼儿在小组里一起活动，讨论、发问、合作、钻研问题及总结。

(3) 个别活动。个别活动即自由活动。此活动是根据每个幼儿的实际水平、兴趣、需要，提供多层次的、能满足各种不同水平幼儿的材料和活动内容，并结合以个别指导的活动。其优点是有利于幼儿独立思考、解决问题和个性的充分发展，为教师有针对性地观察和个别辅导提供了便利条件。

(4) 区角活动。区角活动是指教育者以幼儿感兴趣的活动材料和活动类型为依据，将活动室的空间相对划分为不同区域，让幼儿自主选择活动区域，在其中通过与同伴的充分互动而获得学习与发展的活动。区域活动主要是幼儿自己的活动，自己的游戏，它并非全部由教师精心设计和组织，也并非教师完全不加影响、不加控制的“绝对”自由天地，只不过，这种影响和控制比较间接、隐蔽，是通过对环境的创设，尤其是活动材料的投放而实现的。

2. 主题活动形式的选择

(1) 四种基本活动形式运用要准确、灵活。四种活动形式的运用要看是否适合所定的教育目标和内容，能否调动幼儿参与活动的主动性。

集体活动在帮助幼儿掌握知识的准确性、概括性等方面具有明显的优势，适时使用是很有必要的。一般来讲，当选择的教育内容是幼儿必须具备的基本经验和基本能力时，可采用集体活动形式。如：人类优秀文化传统、行为规范，与健康生活有关的安全、卫生等常识，还有游戏、听故事、学唱歌曲等。

小组活动形式可以提供较多的人际互动机会，给幼儿较多的表现和直接参与的机会，方便教师观察、了解幼儿之间的个别差异，并进行指导。如：集体参观蔬菜大棚后，教师同时组织说话、绘画、学种菜三个小组活动，幼儿轮流在三个组内尽情交谈自己的所见所闻，甚至张开想象的翅膀去美化现实。这样的小组活动不仅适合教学目标和内容，也充分体现了以小组形式进行活动的优势，如：感知游戏、语言游戏、数字游戏等常采用小组活动形式。

教育活动可以采取一种教育形式，也可以选用多种形式，哪种形式易于调动幼儿积极参与，就采用哪种形式。如：组织幼儿进行走迷宫、爬假山活动时，开始采用集体活动形式，向幼儿介绍活动内容，活动时应注意的事项，并布置任务：在玩的过程中你发现什么问题，一定要记下来。然后幼儿会很自然地分成若干小组进行活动，教师加入他们的行列，细心观察每个幼儿的活动，倾听他们的交谈，引导幼儿发现并用录音机录下来，为下次活动的开展做好准备。

(2) 集体活动、小组活动、个别活动和区角活动结合运用。集体活动、小组活动、个别活动等教学形式有机地结合起来，灵活运用，能充分满足幼儿的需求，促进幼儿的发展。比如在“海、陆、空交通工具”主题探究活动刚开始时，小朋友开始搜集有关这方面的资料。在爸爸、妈妈的帮助下，他们陆续带来许多有关的图片、文字资料，还有一些图书，小朋友在小组活动时就互相交流起来。在这个过程中，他们碰到了不认识的工具，就向老师求助。慢慢地，看资料的小朋友逐渐多了起来，有时还会为了答案争论起来。看到小朋友对这些活动兴趣这么高，可适时组织一次集体活动“交通工具分类”。活动中，小朋友了解到海、陆、空的交通工具多种多样，但它们又有许多共同的特点。可将许多海、陆、空交通工具的卡片放到区角中，让小朋友随时可以进行再探索，与环境产生互动。这样将集体、小组、个别活动有机结合，使小朋友的兴趣得到充分的满足。

知识链接

儿童教育思想

实务知识

一、特色主题活动的开发

1. 基于浓郁地域特色的主题活动

这一类型的班级主题活动更多地关注幼儿园外部的可用资源，利用地域特色来进行班级主题活动的开发。例如，幼儿园可以利用当地地方文化特色开发主题活动，如御窑特色文化，教师让幼儿欣赏、了解御窑地方文化的影像资料，让孩子走进社会，参观御窑砖瓦厂，通过亲身体验和接受园外辅导员的指导，帮助幼儿利用澄泥等材料进行创作，幼儿可以自由选择进行相关活动，通过制作、展示、交流给了孩子成功的体验与快乐，同时也提高了动手操作能力与社会交往能力。

2. 基于幼儿园目标取向的班级主题活动

这是以幼儿园发展特色为导向的综合性班级主题活动，主要是根据幼儿园的办学理念和孩子多样化的需求提出的一类整合型的主题活动。例如，艺术特色幼儿园的“音乐律动”主题活动，教师运用适合孩子年龄、孩子爱玩和会玩的游戏，结合不同节奏的音乐律动和不同难度的动作等多种多样的活动形式，让孩子们在愉快自然的状态下，借助主题活动，培养孩子的艺术兴趣。

3. 基于班级优势项目的特色主题活动

基于班级优势项目的班级主题活动开发，突出的是班级特色与优势项目，它的特点是班级在某一方面有较深的积淀与优势，并以此作为特色活动开发的基础。例如，班级两位教师都比较擅长舞蹈，可以将班级定为舞蹈特色班。选择适合小班幼儿的音乐，如：《小鸡出壳》《丑小鸭》《找朋友》等，让幼儿听音乐，熟悉音

乐，采用拍手、叉腰、跺脚的形式学习此类节奏，模仿歌中的人物或小动物，并让幼儿初步尝试创编简单的舞蹈动作，不要求幼儿表演得多么出色，也不过多强调舞蹈技能，而是让孩子意识到舞蹈活动带给他们的快乐。

4. 基于师生互动的特色主题活动

这是一种自下而上的开发思路，幼儿园给教师、幼儿提供一个平台，让他们根据自己的意愿与能力，师幼合作，共同开发班级主题活动，在实践中生成、发展。例如，幼儿园大班开展的“我是好男孩好女孩”特色主题活动，分几个阶段进行，有“成长小档案”“自我介绍”“我的才艺秀”“同伴眼中的我”“父母都夸我”等项目，这些活动可以吸引孩子，也能得到家长们的关心与积极支持。

二、主题活动形式的创新

1. 探究性主题活动

探索性主题活动教育是一种“研究型”活动，是指幼儿在教师指导下对他们所关心的某一主题进行深入研究和探讨的进程，其目的是引导幼儿通过积极主动的实际操作研究，各种能力不断得到提高。与平时的主题活动不同的是，它更为关注幼儿在活动中的主体性，以及活动的可操作性，使幼儿真正成为活动的主人。它鼓励幼儿用不同的方式方法，借助于不同的材料进行自由表现与表达，使每一个幼儿都有成功的体验，增强了幼儿的自信心，满足了幼儿的自我实现的需要，从而使每一个幼儿的个性得到充分和谐的发展。探索性主题活动的过程是由教师策划、参与的，但其根本上是以儿童为出发点而展开的，教师是活动的参与者、协助者、记录者、引导者，儿童的兴趣、需要、能力是活动进展的立足点，允许幼儿以民主的方式参与活动，通过相互合作、解决争议、共同讨论等方式进行学习，让幼儿在认知情感上获得接受挑战的机会，因此，幼儿的自主性、主动性和创造性等在最大限度上充分发展。如：在主题活动“我要冬眠”中，预设的目标是了解冬眠的小动物，有初步的保护动物及环境意识等，可在后来的探索进程中，有的小朋友就问“不冬眠的小动物怎么过冬啊？”“植物有哪些过冬方式呢？”，由此探索活动进一步加深，又增加了“了解动物为什么冬眠，植物是怎样过冬的”这一目标，让这一主题更加完善，丰富了幼儿的生活经验。

2. 生成性主题活动

生成性主题活动是教改倡导的一种新理念、新策略。主题活动应是向未知方向挺进的旅程，随时都有可能发现意外的通道和美丽的图景，而不是一切都必须遵循固定线路而没有激情的行程。教师要尊重学生的独立人格，顺应学生的思路，因势利导地进行适合学生参与的、自主创新的活动，让学生在活动过程中有自己的经历过程，蕴藏着自己亲身体验的快乐，并且获得自己的感悟。如：幼儿来到马路上，话匣子便一下子打开了，你一言，我一句，忙着要教师拍摄他自己发现的东西，不一会儿几十张照片被拍摄下来，幼儿的问题也不断提出：（幼儿指着标记）“这是什么？ 它有什么意思？”（这是问得最多的问题）“马路上为什么有的地方有这个东西（黄颜色）？”“马路上的黄线有的地方连着有的地方断开，这是为什么？”对幼儿生成的话题，教师可以进行价值判断，认为班中幼儿对此感兴趣，于是教师萌发了预设活动“马路上各种标志”。通过展示拍摄的标志引发幼儿回忆，让幼儿介绍标志的意义，通过师生互动丰富幼儿的经验，并让幼儿回家继续收集生活中的各种标志，培养幼儿观察、发现周围生活中的东西。

3. 生态式主题活动

生态式主题教育活动是在生态式教育的理念下，以人文素养为线索构建的单元或主题来开展教学活动，它在目标的确立中不仅关注幼儿知识的获得、技能的形成，还关注其身体、情感、社会性、艺术审美等全面素质的发展。在内容的选择上以幼儿感兴趣的主题的形式来开展，在各种有意义、有意思的活动中，将各科内容有机地融合在其中，各种活动形式有机结合，让幼儿在平等和谐的师幼关系中主动积极地进行学习。生态式主题活动以能力及人文素养的整合发展为总目标，以人文素养为明线索，以知识和技能为暗线索，结合幼儿年龄特点设立主题。在确立主题的过程中，按照幼儿道德发展以及幼儿在人际关系、社会环境、社会行为规范、社会文化中的目标进行主题的选择。如在爱祖国的教育中，小班：爱幼儿园，中班：爱家乡，大班：爱祖国。又如同一主题在同一年龄、同一学期或一个相对时段内的渐进式生态主题探究活动。以“我爱解放军”生态链主题探究活动为例：“学做解放军”—“威武的军装”—“奇妙的军衔”—“学打仗”—“神奇的武器”等。

案例分析

在大班幼儿参加年度体检的过程中，教师发现他们对如何测量自己的身高、体重产生了浓厚的兴趣：有的用手画着高矮，反复上称来回测量，有的爬到椅子上试图将同伴比下去……于是，教师针对这一情况，生成了“测一测、量一量”的主题活动。后来在幼儿一步一步的兴趣扩展下，内容涉及多个领域，比如科学活动“小小天平”、美术活动“多功能的测量工具”、数学活动“测量”、音乐活动“小裁缝”、故事活动“曹冲称象”等

参考回答

根据所学知识，分析与思考：该名教师所组织的主题活动属于哪种类型？它的优点是什么？

技能训练

一、课堂训练

案例 1

生成性主题活动内容与形式的设计

超市是幼儿经常接触到的公共场所之一。随着超市的日益增多，超市所售的货物日益完善，货物的式样、品种越来越多，对孩子们的吸引力也越来越大，尤其是那么多好吃的好看的牢牢吸引了幼儿的眼球。春游的那天，全班的孩子坐在草地上都拿出自己书包里的食品准备吃，幼儿 A 对幼儿 B 说：“我妈妈昨天在超市给我买了‘上好佳’。”幼儿 C 说：“我也去超市了，买了牛肉干。”幼儿 A 说：“超市里有许多东西。”幼儿 C 抢着说：“多，什么都有，我还坐过超市的车子呢！”幼儿 B 小声说：“这么多东西从哪儿运来的呢？”幼儿 C 说：“买来的呗！”孩子们七嘴八舌地针对超市的话题谈了很长时间，有的孩子一边吃面包，一边津津有味地说着。吃过午饭后，幼儿 A 说：“老师，我们把这些瓶子带到幼儿园玩超市的游戏好不好？”

请以小组为单位进行讨论，并从健康、语言、社会、科学、艺术领域，设计一个系列主题活动“有趣的超市”，每一个小组选择其中一个主题设计内容和形式，组长发言时着重谈内容和形式的设计。

案例 2

扫描二维码，阅读案例“主题活动内容资源的开发”。

思考分析：主题活动内容资源该如何开发？

主题活动内容资源的开发

二、实战演练

请观察后详细记录见习幼儿园的一个生成性主题活动的全过程，结合所学理论谈谈你对活动内容和形式的见解。

拓展任务

一、阅读材料

材料 1

形式多样的互动探索活动

要保证师生的探索活动呈现良好的状态，关键在于探索形式和师幼互动的多样化。教师结合自

己探索性主题活动的开展情况，建立一种自然、和谐的师生互动关系，采取多种形式激发幼儿的探索欲望。

(1) 资源共享式的“今天我知道”活动，让幼儿把自己向爸爸妈妈及其他人了解到的知识告诉大家，进行交流。

(2) 借助实物、教玩具的探索性观察活动，让幼儿通过看、闻、摸、想、问、说、记录等得到感性认识。在“交通工具”主题活动中，老师让孩子们操作各种车、船、飞机玩具，在游戏中，孩子们了解到不同交通工具的不同功能、造型、用途、结构等，同时，也发现了许多问题：轮胎上为什么会有花纹？船为什么会浮在水面上而潜水艇却可以在水下？飞机在天空中怎么认路？……

(3) 通过手、脑协调动作进行创造性制作的美术活动。例如：在“花”的主题中孩子们自己制作花的标本、粘贴“美丽的花”；在“有趣的海洋生物”主题中，孩子们用贝壳粘贴制作手工作品，还有绘画“世界各国国旗”、“漂亮的花”、“我喜欢的交通工具”、“变化的情绪”、手工制作泥塑“大象”等。

(4) 注重知识与实际相结合的实践活动。例如：种花活动、自己动手煮海鲜、当个环保小卫士、保护牙齿、正确刷牙等。

(5) 借助材料进行的实际操作活动。例如：用手电筒和地球仪的操作感知白天黑夜的形成；运用水的浮力原理操作感知船的浮和潜水艇的沉；品尝各种花茶，了解花的功能；创设多种操作活动让幼儿感知手的作用等。

(6) 丰富知识面，加深感性认识的参观活动。例如：参观动物园、参观花圃、参观大街上的交通工具。

(7) 借助专业人士讲解专业知识的助教活动。例如：请中学的生物老师讲解花的结构、种类、味道；请医院的儿科医生讲解“食物到哪儿去了”；请环保局的同志为小朋友讲解有关环保的知识；请消防队的消防员为小朋友讲解消防车的结构及功能。

(8) 感性认识与动手、想象为一体的建构活动。例如：花园、我们的家、热闹的大街、动物园、原始森林。

(9) 运用现代化教学手段的电教活动。例如：观看相关的视频如《蓝猫淘气三千问》之地球篇、人体篇、动物篇等；观看三态(液态、气态和固态)变化的纪录片。

(10) 巩固知识、发展语言能力、拓展主题的讨论活动。例如：花的话、我知道的地球、我最喜欢的动物、恐龙为什么会灭绝……在探索性主题活动开展的过程中，教师注意创设满足孩子需要的环境，从以往关注知识点传授，转变到关注幼儿主动探索与创造的过程，创设一个心理自由和心理安全的宽松环境，着力于创设问题情境，并提供数量充足、种类齐全、可操作性强、具有探索价值、难易适度的活动材料让幼儿动手操作，反复尝试，从多角度感知、观察、思考，让幼儿在游戏中探索、在摆弄中发现、在操作中表达、在玩耍中想象，培养幼儿主动探索精神和创造性能力，使幼儿在开放的活动中拓宽自己的空间，发挥自己的潜能，形成自己的个性。同时，注重个体差异，进行灵活的、适合幼儿发展水平和发展需要的指导。①

请说一说还有哪些探索形式和师幼互动方式？

材料 2

扫描二维码，阅读材料“自然教育主题活动的内容选择”。

思考讨论：自然教育主题活动较传统主题活动的优势在哪？在内容的选择上，我们应注意哪些问题？

自然教育主题活动的内容选择

① 戴美芳，幼儿园主题活动中的主动性与互动性，《中国教师报》第二届全国教师论文大赛获奖论文。

二、思政话题

不同节日对幼儿而言其意义是不同的，因此不同节日的教育目的也应有所区别，教师要根据节日的特定意义来确定教育目的。如“五一”节突出劳动教育，“国庆”节突出爱祖国教育等。

每个节日的教育内容，有“理性”和“感性”两个方面。“理性”指的是让幼儿知道每个节日的名称及节日的意义。“感性”是指幼儿在节日活动中获得的情感体验，如欢乐感，对祖国、对人民、对朋友的爱的情感和幸福感等。根据内容的不同其活动形式的安排也应有所不同，通常“理性”认识应放在操作中进行为好，而“感性”体验主要应体现在节日庆祝活动中，因为幼儿情感易受外界环境影响而产生情感共鸣，节日庆贺活动的欢乐场面会对幼儿产生强烈的冲击。每个节日安排的教育活动应做到形式丰富多彩，让幼儿的“理性”认识与“感性”体验紧密衔接，认识与情感不断深化。

结合上述案例，请选择一个中国传统节日，思考与分析：在节日庆祝活动中如何选择对幼儿有教育意义的内容和形式？

任务 4 主题活动方案的设计、实施与评价

情境导入

案例 1 观察小草

教师带着幼儿到草地上，请幼儿观察小草。

师：“这是什么？”

幼：（异口同声地）“小草。”

师：“小草是什么颜色的？”

……

几分钟后，老师发现几个男孩子不知什么时候跑到了大型玩具旁，并蹲在那儿嘀咕着什么。老师马上走过去问道：“你们在干什么？”

几个孩子都默不作声，在老师的再三追问下，其中的一个孩子从背后拿出了一只青蛙，老师便责令其将青蛙放了，然后拉着他们回来继续观察小草。

讨论与思考：你对该教师的做法有什么看法？给你什么启示？

案例 2

扫描二维码，阅读案例“中班社会活动‘过新年’”。

讨论分析“过新年”教育活动设计的优点与缺点。

中班社会活动“过新年”

知识学习

理论知识

一、主题活动方案的含义

主题活动方案是针对一个具体的主题进行的开发工作，它对整个主题活动进行了分阶段的预设，明确了一个主题活动目标及各阶段学生活动的主要内容、活动过程、活动方式与方法、各个阶段指导和实施的要点以及活动评价等方面。设计与制订主题活动设计方案可以增强教师指导的计划性。主题活动方案一般由教师在主题活动实施前开发完成，并提供给其他参与的教师参考，它对主题活动的开展有指导意义。

二、主题活动方案的设计

1. 主题活动方案的设计理念

微课
主题活动方案的设计与实施

(1) 综合性。包括活动目标的综合性、活动内容的综合性、活动形式的综合性。任何一个真实的活动，其内容必然地会涉及健康、语言、社会、科学、艺术这五个领域，在设计一个主题的各个活动时，应该让不同的活动以某一两个领域的活动为主线，“轮流主导”，幼儿在五个领域就都能进行良好的学习。

(2) 探究性。要让幼儿在活动过程中尽可能自主地、积极地、动手动脑地探索和研究，并鼓励他们大胆创新，让孩子们通过亲历的、体验性的探究过程感受、领悟直至理解探究的方法，并通过这种有效的过程激发对探究活动本身的喜爱。

(3) 个性化。允许和鼓励不同的孩子在获得必备的各方面基础知识的同时发展不同的知识结构，允许和鼓励不同的孩子熟悉和喜爱不同的学习方法。

2. 主题活动方案设计的流程

知识链接
多元智能理论

(1) 列出主题名称、选择这一主题的理由和大体需要的时间(有助于帮助我们思考这一主题的选择是否非常必要、非常适合)。

(2) 确定主题活动总目标(将教育价值转写成活动目标，特别注意目标的全面性)。

(3) 拟定主题活动纲要(考虑组成主题活动的系列活动具体有哪些，内容是什么，设计哪些活动领域，每个活动可能有助于达到哪些单元总目标。如果总目标中的某些条目没有对应的活动，就必须考虑增加相应的内容)。

(4) 逐一设计每个活动(活动的名称、目标、准备、内容、方法、过程等)。

(5) 检查或评价方案。

三、主题活动的实施

1. 主题活动的实施手段

幼儿园主题活动的实施手段主要包括上课(阅读、讲述、谈话、讨论、体验、操作等)、生活(参观)、游戏、娱乐(表演)等。各种活动手段的交替使用，有益于幼儿对活动保持持久的兴趣，乐于参加活动，促进其身心全面发展。

在主题活动的分享与展示活动中，资料展示、调查记录、区角活动、作品展示、表演游戏、家长参与是常用的方式，这些方式可以激发幼儿的活动兴趣，同时为主题活动拓宽生成空间，使活动内容更丰富、更充实。

(1) 资料展示。作为主题活动的前奏，收集资料是个至关重要的步骤。幼儿在收集图片、实物等活动中，对主题活动产生极大的兴趣，积极自主地投入到探索活动中，从而获得大量的先期感性经验。

当孩子们将自己收集来的物品汇聚一堂进行展示时，他们有着说不完的话题，每个人的经验在这里得到充分交流和分享。

（2）调查记录。调查的目标是围绕需要进一步认识的问题，搜索和理清有关信息，教师引导幼儿采用口头调查、表格调查和图画调查等形式，鼓励幼儿创造性地运用自己的记录方式，以整合获得的新经验，并使之与已有经验融为一体。

在调查记录的过程中，幼儿萌生了探究的兴趣和热情，学习大胆与别人交流，表达自己的观点，增强了解决问题的能力。

（3）区角活动。在主题活动进行过程中，幼儿常常会对主题中的某一个话题（或问题）产生深入、持续探究的愿望，这时一部分幼儿会因为共同的兴趣而进入同一个项目小组，某个区域就成为幼儿的"实习场"。

（4）作品展示。在主题活动中，孩子们用各自喜欢和熟悉的技能表现自己的感受，虽然作品比较幼稚和粗糙，但是他们表现出来的热情让人非常感动，教师将孩子们创作的作品艺术化地陈列展示，使幼儿体验到了成功的快乐，这也是一个成功的主题活动带给所有人的快乐。

（5）表演游戏、竞赛。在主题活动中，幼儿可以分组进行表演。不管表演质量如何，只要每个幼儿积极地参与，就能过一把表演瘾。另外，可以在主题活动中采用竞赛的方式，由幼儿自报项目参赛，本着人人参与的原则，使每个幼儿都体验到了运动竞赛的紧张与快乐。

幼儿园优质活动课展示（大班美术活动"小鸟天堂"）

（6）家长助教。在开展主题活动的过程中，家长毋庸置疑已成为教师的合作者，大量信息资料、图片的收集提供，孩子先期经验的获得，这些都是家长在做工作。一些家长个人才能的展现也与主题活动有机结合了起来。

（7）亲子活动。在亲子活动中，大手拉小手，在暖融融的亲情氛围中，幼儿和家长一起回顾主题活动的学习经历，一起分享成长的快乐，让这份快乐和感动在每一位家长和幼儿的心中荡漾。

2. 主题活动的实施要求

幼儿园优质活动课展示（中班语言活动"熊叔叔的生日派对"）

（1）加强教师的有效指导。主题活动的实施要在坚持满足幼儿自我发展的前提下，强调教师对幼儿的指导。教师以协助者与参与者的身份进行指导，指导时注意尊重幼儿的自主意识，侧重于活动方法上的引领。通过指导，发展幼儿自主活动的能力。在指导过程中，教师要努力成为一个倾听者和交往者，给予相应的认可和鼓励，并帮助幼儿在活动中产生新的、更精彩的观念。在指导时，不迁就或放任孩子的兴趣，在尊重他们兴趣的基础上，引领他们将体验与探究引向深入，并鼓励幼儿在活动中表达自己的见解。在实践过程中，注意指导幼儿进行实践反思，完善今后的行动。

（2）加强幼儿的组织工作。主题活动以全班为主要单位，鼓励以小组为单位进行活动，各小组可以从不同的方面同时进行同一活动，基于幼儿的成长需求，在允许个人活动的同时，鼓励幼儿进行以小组为单位的活动，旨在培养幼儿的合作精神。在小组的组织上应尊重幼儿的选择，教师指导也可以小组指导为主。

主题活动实施分享"种子的故事"

（3）建立基于主题活动的跨学科教师指导团队。有的主题活动课程的实施，不是某个单一学科的教师所能胜任的，它需要有一个跨学科的教师小队来共同完成，在设计时，可以考虑与各种学科活动进行整合，在实施中，实现从不同的学科角度对幼儿活动的指导，这一类活动将成为教师协作精神的培养基础。

幼儿园优质活动课展示（大班体育活动"小足球大梦想——海底历险记"）

（4）寻求家长对活动的支持与认同。家长对活动的支持与认同，是主题活动落实的关键。一些活动内容不仅需要家长的支持，还需要家长的参与。可以用家长会、家长联系卡等方式，向家长通报学生活动状况及活动需要的支持。学校可以在学期初，将详细的综合实践活动计划通报给家长，方便家长参与到活动中来。

（5）及时与活动所涉及的社会单位进行沟通。班级的许多活动在社会中进行，需要建立相应的社会支持体系。教师将引导幼儿了解社区的机构，与社区共同进行一些社区服务活动，这类活动的开展，必须取得相应的社区机构的支持，教师应在幼儿园的支持下，寻求与活动所涉及的单位进行沟通的途径，以一定的方式确立与社区长期合作的关系，并在每学期开学初，向社区通报幼儿园的工作计划。

四、主题活动的评价

1. 幼儿园主题活动评价的类型

根据评价的功能和运行时间分类，评价的类型有以下三种。

(1) 诊断性评价。诊断性评价是在教育活动之前进行的预测性评价或"事实评价"，目的在于了解幼儿的基础情况，包括对幼儿的智力、技能、行为、能力、个性、情感、态度等进行诊断，作出判断，为有效制订教育活动计划或解决某些实际问题提供依据。一般在教育活动开展前或在学期初进行这类评价。

(2) 形成性评价。形成性评价是在教育过程中持续进行的评价，目的在于及时地作出反馈性调节，从而调整、修改、补充活动的计划、内容和方法，使教育活动更合理、更完善地开展，促进幼儿的发展。这类评价在教育过程中进行。

(3) 终结性评价。终结性评价是在完成某个阶段教育活动之后进行的评价，目的在于全面了解该阶段教育的结果，对达成目标的程度作出终结性评价，为以后制定教育活动的计划、设计方案提供客观依据。如在进行一学期的教育活动后，就可通过终结性评价来判断教育活动是否达到预期目标，是否促进了幼儿的发展等。然后分析原因，制订以后的活动计划。终结性评价注重教育活动的结果，基本不涉及过程，是事后的评估。

2. 幼儿园主题活动评价的内容

(1) 目标评价。目标评价包括对终极目标、阶段目标和具体活动目标的评价。这里主要指具体活动目标的评价。一般从幼儿的身体、认知、社会性三个方面的发展情况搜集资料，作出个别的和整体的判断。

(2) 内容评价。包括对语言主题活动、健康主题活动、科学主题活动、社会主题活动、艺术主题活动的评价。这里是指对上述五个领域中的某一个领域或某一个具体主题活动内容的评价，分析它(它们)是否适合该年龄段幼儿的学习。

(3) 过程和方法的评价。一般从对幼儿、教师等方面因素是否积极调动及达到的实际效果等方面进行评价。

(4) 环境和材料设备的评价。包括评价心理环境、物质环境、材料设备等方面的创设和选择。如是否和活动目标一致，是否适合活动内容及符合幼儿的实际特点，是否能激发幼儿积极参与活动的愿望，活动区的规划是否适宜，活动区内的各种材料是否可供幼儿自由选用，材料的摆放是否有利于幼儿拿取，材料的布置与收拾整理是否容易进行，是否让幼儿参与布置与收拾整理等。

上述四大方面的评价，都必须以活动的目标为核心，通过收集量化的和非量化的评价资料来进行量和质的价值判断，以调整活动目标、活动计划(教案)、活动内容、活动方法和活动过程等，为更有效地促进幼儿的身心发展服务。

3. 四个评价项目的评价表

目标、内容、教师、幼儿四个评价项目的评价要点说明如表 5-7。

表 5-7 四个评价项目的评价

	评价要点	评价等级		
		A	B	C
目标	目标的年龄适宜性			
	目标的可落实性			
	目标的和谐性			
	目标实际的达成度			
内容	内容的年龄适宜性			
	内容与目标的一致性			
	内容的科学性			

（续表）

	评价要点	评价等级		
		A	B	C
内容	内容的生活性			
	相关环境材料的适宜性			
	内容实际的完成情况			
教师	教师讲解的适宜性			
	教师教学策略的适宜性			
	教师对幼儿的关注			
	教师评价的适宜性			
幼儿	幼儿的投入程度			
	幼儿的互动机会			
	幼儿面临的挑战			
	幼儿的学习习惯			

说明：A 表示“较好”，B 表示“一般”，C 表示“较差”。

（1）目标。

① 目标的年龄适宜性是指活动所确定的目标与特定年龄班的幼儿发展的特点和规律是否一致。过易和过难的目标都是不适宜的目标。

② 目标的可落实性是指活动的目标是否具体、明确，是否易于衡量。

③ 目标的和谐性是指重点或核心目标是否突出，认识的目标与相关的学习策略、相应的情感的目标是否有机地得到反映。目标罗列过多是目标缺乏有机联系和核心目标不突出的表现。

④ 目标实际的达成度是指在实际的活动过程中，计划的目标实现的程度，以及非计划的对幼儿有重要意义且与活动有机联系的目标实现的情况。达成的目标与原定的目标是否存在不一致，这种不一致是否合理。

（2）内容。

① 内容的年龄适宜性是指所选的内容与特定年龄段幼儿的发展特点是否一致，是否最有利于幼儿的接受和发展。

② 内容与目标的一致性包含质与量两个方面。一方面是指所选的内容是否最大限度地包含了活动的目标，内容和目标间的不一致将直接影响目标的实现；另一方面是指内容容量的适宜性，即活动的内容的多少是否最有利于目标的实现。内容过多和过少都是不合适的。

③ 内容的科学性是指所呈现和解释的活动内容是否科学、准确，给幼儿的知识和概念是否会影响幼儿进一步的学习。

④ 内容的生活性是指所选择的内容是否适合特定的地域和文化，即活动的内容是否能反映适合幼儿的现实生活，是否能引发幼儿的有效学习。

⑤ 环境、材料的适宜性是指与特定活动相对应的环境、材料是否能在质和量两个方面最大限度地支持幼儿的学习，能否满足幼儿探索、操作和交往等活动的需要。

⑥ 内容实际的完成情况是指在活动过程中，预定的内容是否全面完成，有没有完成一些计划外的活动内容，它是在什么特定的情境下发生的，这样合理与否。

（3）教师。

① 教师讲解的适宜性是指教师对特定活动内容的讲述、解释是否适宜，讲解的适宜性不是用所占时间来衡量的，而是讲解是否到位，即是否有利于幼儿进一步的学习和促进幼儿思考。讲解不清晰和低层次的或重复的讲解都是不合适的。幼儿的学习主要不是通过教师的讲解实现的，而是通过幼儿自己的交往

及其他实践性活动实现的。

② 教师教学策略的适宜性是指教师面对特定的教学问题情境，尤其是面对幼儿的学习状况所采用的旨在激励、指导、传授、帮助、启发的具体策略是否合适。这是针对特定的幼儿和特定的问题情境而言的。

③ 教师对幼儿的关注主要是指对幼儿在活动中的状况的关注。具体地说，包括对幼儿的现实需要、兴趣、活动投入度、遇到的具体问题等方面的关注。衡量教师对幼儿关注程度的主要内容是对活动过程中幼儿出现的一些重要事项是否注意，并采取包括忽略在内的有效策略。

④ 教师总结和评价的适宜性是指教师在活动过程中及活动结束后，是否根据需要，开展适当的评价。教师的评价可以针对个别幼儿，也可以针对小组或全班幼儿。可专门评价，也可以在情境中评价。但评价一定要从需要出发，不能流于形式，或为评价而评价。活动评价应注重过程中的、情境中的评价。

（4）幼儿。

① 幼儿的投入程度是指幼儿在活动中注意力是否集中，是否有活动的积极性和主动性，思维是否活跃，是否表现出创造性。

② 幼儿的互动机会是指活动中是否有适宜的幼儿与同伴、与成人互动的机会。幼儿的互动也是一种重要的学习途径和方式。但互动也要从需要出发，无实际问题的所谓讨论、没有合作必要的所谓合作都不是适宜的互动。

③ 幼儿面临的挑战是指活动过程中幼儿是否获得新的经验，是否面临问题并努力去解决问题，幼儿是否有效地运用了已有的经验。换言之，就是活动有没有将幼儿带到最近发展区。

④ 幼儿的学习习惯是指幼儿活动的坚持性，轮流、合作及分享等基本行为技能的掌握情况等。

实务知识

一、主题活动方案的内容

一个完整的主题设计方案应包含以下几个基本要素：活动主题（项目/课题名称）、活动对象（年级/具体对象）、活动背景分析（学情和资源分析）、活动时长（总时长和每段时长等）、活动总目标与子活动目标（主要包括情感/能力/认知三维目标）、活动准备（教师和学生准备）、活动过程（活动阶段学生的主要活动/教师指导重点/实施建议）、活动成果的总结与交流、预期的成果形式、活动评价（反思）。案例可参考表 5-8。

表 5-8　“春之歌”主题活动方案[①]

活动主题	春之歌
活动生成	语言是沟通的工具，生活在实际的语言环境中，幼儿时时刻刻在进行听、说、读、写的欣赏、练习及游戏，正是在这一过程中，幼儿获得了语言学习的基本能力。但如何将生活环境中的文字与幼儿的经验结合起来，变成有意义的语言刺激，使幼儿有兴趣，能主动地学习，将是一个很重要的课题。 幼儿园对于幼儿来说，是一个重要的学习环境。如何使幼儿爱上这个环境，主动在这个环境里参与活动，和同伴建立良好的人际关系，进而获得对自我的认识与肯定，是非常重要的。本活动在于帮助幼儿在寒假过后的新学期中，能更快地适应学习的环境，建立良好的人际关系。同时，让他们感受到春天所带来的欣欣向荣、焕然一新的气象。 本主题下，“和你在一起”这个活动通过轻松的儿歌，描述和朋友在一起的快乐，让幼儿体会在团体中的乐趣，比一个人更要丰富，使幼儿敞开心胸，走出家庭生活，进入快乐的学校生活。“妮妮的小手帕”则是通过幼儿成长过程的变化所发展出的一段温馨的故事，让幼儿通过故事欣赏，与自己的成长经验相结合，学会珍惜和关爱自己与身边的所有人。“春天在我这”和“花开的声音”则是趁着春天大地苏醒的机会，带领大家体会大自然的气息，培养幼儿对周围环境的敏锐观察能力，从而增进学习的能力

① 欧用生，许卓娅. 幼儿多元能力探索课程 2（语言）. 南京：江苏教育出版社，2018.

（续表）

活动对象	中班幼儿
活动背景分析	假期结束了，幼儿又该重新回到幼儿园了。幼儿在适应了假期中的家庭生活后，要再进入幼儿园的团体生活，心理上难免有些不适应。如：不想去上课或是因为会有新的幼儿而害怕交朋友等。家长可以通过书中的单元，让幼儿了解集体生活也充满了趣味，鼓励幼儿大方地交新朋友，慢慢地让幼儿再度适应幼儿园的生活。同时，如果幼儿园举行户外观察活动，也请家长尽量抽空去参加，陪幼儿一起亲近大自然，这样除了能让幼儿放松心情外，还能让幼儿在新奇与欢乐中尽快地进入学习。
活动总目标	1. 有感情地念诵儿歌、分享自己的故事、说说春天的美。 2. 在自身及同伴合作游戏中发展动作协调性，体验合作游戏的快乐。 3. 观察大自然，发现春天的秘密。 4. 学会关爱自己和身边的人。
子活动 1	**和你在一起**

【活动目标】

1. 学习有感情地念诵儿歌。
2. 尝试按儿歌结构仿编儿歌。
3. 感受和好朋友在一起生活、学习的美好。

【活动准备】

幼儿用书、学习单、音频。

【活动过程】

1. 谈话引出主题。

教师：

（1）你喜欢交朋友吗？你的好朋友是谁？

（2）你喜欢和朋友在一起吗？为什么？

2. 幼儿学习儿歌《和你在一起》。

（1）完整地欣赏儿歌。

（2）幼儿学习表现儿歌内容。

3. 讨论。

教师：

（1）你和好朋友在一起，有什么有趣的事呢？

（2）你能用儿歌中的格式来描述你和朋友在一起的事吗？

4. 幼儿仿编儿歌。

引导幼儿用“我喜欢和你在一起……”的句式进行儿歌的仿编。

5. 引导幼儿完成学习单，尝试将创编的句子记录下来。

【活动建议】

有些幼儿性格比较内向，会比较害怕接触新伙伴，教师需在这方面注意引导。

【活动评价】

1. 能正确地念唱儿歌、做动作。
2. 能按结构仿编儿歌。
3. 能感受和好朋友在一起生活、学习的美好。

子活动 2	**包剪锤**

【活动目标】

1. 迁移已有经验，积极探索双脚和手脚共同玩包剪锤游戏的方法。
2. 在自身及同伴合作游戏中发展动作协调性，体验合作游戏的快乐。
3. 正确面对包剪锤游戏的输赢结果，知道玩游戏是让大家都快乐。

【活动准备】

幼儿已会用手玩包剪锤游戏。

【活动过程】

1. 教师引导幼儿两两结伴用手玩包剪锤游戏。（手部玩法：五指分开为包；握拳为锤；食指中指伸出成“V”状、其他三指向手心处并拢则为剪）

2. 教师引导幼儿迁移已有经验，探索用双脚玩包剪锤游戏的方法。

（1）幼儿自由尝试用双脚玩包剪锤游戏。

（续表）

教师：用脚也可以玩包剪锤的游戏，可以怎么玩呢？请你们找空地方试一试。（教师在讨论中帮助幼儿掌握双脚玩包剪锤游戏的方法） （2）幼儿示范用双脚玩包剪锤游戏。 教师：谁愿意做一做，你用脚是怎么玩包剪锤的？包剪锤的动作分别是什么？（脚部玩法：两脚并拢为锤，两脚分开为包，一脚前一脚后为剪）幼儿两两结伴用脚玩包剪锤游戏。 3. 教师引导幼儿探索手脚共同玩包剪锤游戏。 （1）幼儿尝试手脚共同玩包剪锤游戏。 教师：手脚一起怎么玩包剪锤呢？ （2）幼儿自由练习手脚共同玩包剪锤游戏。 （3）幼儿两两结伴用手脚共同玩包剪锤游戏。 （4）教师引导幼儿讨论游戏中的困难，寻求解决方法。 教师：在手脚共同玩游戏时，有什么好方法能做得一致，速度又快？ 4. 教师组织幼儿讨论游戏中输赢的心理感受及对待输赢的正确心态，体验合作的快乐情感。 （1）幼儿再次游戏。 （2）教师引导讨论游戏感受。 教师：①在和同伴游戏中，你输了还是赢了？心里的感受是怎样的？②你和同伴一起游戏开心吗？③如果你输了还是很快乐吗？为什么？ 【活动建议】 1. 当个别幼儿示范了用双脚玩包剪锤游戏的方法后，教师可以先让幼儿集体练习几次，再进行两两结伴游戏。 2. 活动中，教师可提供各种材料，引导幼儿运用道具进行包剪锤的游戏，使幼儿感知游戏形式的丰富多彩。 3. 在区域中布置动作图示，引导幼儿探索用身体其他部位进行包剪锤的游戏，如手臂的变化。 4. 家长可以在家中与幼儿一同玩包剪锤的游戏。 【活动评价】 1. 能动脑筋想出运用身体其他部位进行游戏的方法。 2. 能双脚配合或手脚协调进行包剪锤游戏。 3. 喜欢和同伴共同游戏，游戏时不论输赢都很开心。	
子活动 3	……
子活动 4	……

二、幼儿教师指导幼儿活动评价表

主题活动中教师对幼儿的指导是非常重要的。活动中，幼儿是一个主动的学习者，教师的作用不再是讲或是直接告诉幼儿答案，不再是直接拿出范例或操作实验向幼儿讲解或示范，而是支持、启发和引导幼儿自己去发现问题、解决问题，让幼儿有操作、探索、设疑、解疑的过程，幼儿间有相互交流、解决问题的过程，使幼儿从中增强学习兴趣，获得身心的全面发展。

幼儿教师指导幼儿活动评价表（见表 5-9）有助于教师及时对标审视自己主题活动的实施效果，以期有针对性地找到不足之处，不断完善改进。

表 5-9 幼儿教师指导幼儿活动评价表

项目内容	评价等级参照标准			等级评分			得分
	上	中	下	上	中	下	
指导的计划性、目的性（6 分）	教学、生活、自由活动均有明确的要求	有一定计划性，仅限于教学活动或有组织的活动	随意指导（或仅有课表，随意安排内容）	6	4	2	
对整个教育过程的控制（10 分）	善于控制教育过程，各环节要求明确、活动组织有条理	能组织大多数幼儿，一般能控制教育过程	不善于组织幼儿的注意力，无法使教育活动顺利进行	10	7	2	

（续表）

项目内容	评价等级参照标准			等级评分			得分
	上	中	下	上	中	下	
教育机智、灵活性（8分）	较灵活，能随时抓住教育契机，因势利导	一般能考虑运用多种方法，但缺乏应变性	较呆板、方法单调、模式化	8	6	4	
在照顾大多数幼儿活动的同时，能注意个性化教育，使每个幼儿均有表现机会并因材施教（10分）	较好	一般	较差	10	8	5	
常规、行为习惯及自理能力的培养（6分）	坚持要求，有指导行为的方法，幼儿基本形成良好习惯	有一定要求，对环境卫生坚持督促	未注意培养，幼儿有较多不良习惯，未形成常规	6	4	2	
教师有榜样作用，能注意检点自己的言行举止（6分）	较好	一般	较差	6	5	2	
坚持正面教育，积极鼓励幼儿，无斥责、体罚、不公正待遇（6分）	较好	一般	较差	6	5	2	
教师态度（6分）	自然、亲切、有情感交流、能理解尊重幼儿	较自然	生硬、淡漠	6	5	2	
为幼儿自主活动提供机会条件，幼儿能按意愿自选活动、材料、伙伴（10分）	较好	一般	较差	10	8	5	
注意引导幼儿主动探求，允许而非限制幼儿提问、发表意见、建议，幼儿之间可相互交谈、讨论（8分）	较好	一般	较差	8	6	4	
幼儿有较多交往机会，关系较友好，幼儿之间能相互给予积极的影响教育（8分）	较好	一般	较差	8	6	4	
一日活动中，幼儿能积极动手、动脑，实践机会较充分（10分）	较好	一般	较差	10	8	5	
幼儿情绪（6分）	积极愉快	自然、轻松、稳定	压抑、紧张	6	5	3	
总分							

案例分析

1. 在"认识纸制品"的教育活动结束后，老师进行活动小结。评价所有参与的小朋友说："小朋友今天讲得真好，通过活动我们知道了纸的用途，生活中有哪些是纸制品以及纸制品与人们生活的密切关系，活动时大家都能大胆发言，希望小朋友们下次继续努力。"

2. 在音乐游戏过程中，老师对小朋友说："××小朋友动作做得真美。""××小朋友的歌唱得真好。""还有其他小朋友也表现得很好。"

3. 在一次认识时间的活动中，××小朋友认得很快，一会儿就达到了活动目标，而其他小朋友有的还是不会，于是老师说："老师同样教小朋友认时间，××小朋友都学会了，你们怎么就不会呢？"

请根据所学，分析在上述主题活动中教师对幼儿的评价的优劣。

参考回答

技能训练

一、课堂训练

案例 1

想　象　画

一次，老师让孩子们画一幅题为"动漫世界"的想象画，结果有幅画引起了老师的注意。这幅画线条粗糙，布局凌乱，无技巧可言，更无任何背景。不仅如此，整幅画上还覆盖了一层非常凌乱的线条。孩子将画交给老师时，老师笑眯眯地问："你画的是什么，说给老师听听好吗？""老师，我画的是奥特曼战胜怪兽……"孩子原本羞涩的表情变得兴奋起来。原来，孩子喜欢奥特曼的正义感，奥特曼手里拿着激光枪正在对怪兽进行扫射，那些凌乱的线条就是激光。看着孩子骄傲的表情，老师认为孩子的想象力很丰富，并不想打断他，反而鼓励他说："激光是一种光，你觉得应该用什么颜色来表现会更好呢？"孩子高兴地说："是的，老师，我现在就把光变成金色的。"

请评价活动中老师的做法。

案例 2

做个不争不抢的小朋友

扫描二维码，阅读案例"做个不争不抢的小朋友"。

思考分析，并设计一个教育活动，解决案例中的问题。

二、实战演练

为见习或实习班级设计一个家园合作的主题活动简案，并在指导教师指导下实施。

选题范围：郊游、体育、烹调、绘画、制作、购物、游戏、歌曲欣赏、语言、种植、自理能力、舞蹈、时装表演。

参考格式：活动名称/活动主持者/活动对象/活动时间/活动地点/活动目标/活动准备/活动具体步骤及过程/后续活动/活动效果与评价。

拓展任务

一、阅读材料

材料 1

小班语言活动"你是我的好朋友"教案及反思

【目标】1. 喜欢朗诵儿歌。

2. 乐意和小朋友一起玩游戏。

【重点】 初步朗诵儿歌。

【难点】 乐意和小朋友一起玩游戏。

【准备】 手偶。

【过程】

1. 教师出示猴哥和猴弟的手偶，讲故事，帮助幼儿理解“好朋友”的概念。

师：猴哥哥和猴弟弟是一对好朋友，他们每天一起上学、一起游戏，有好东西一起吃，猴哥哥搬不动小桌子，猴弟弟就会一起来抬；猴弟弟不会系鞋带，猴哥哥会帮他系鞋带……他们真是一对好朋友。

2. 教师用两个布袋木偶表演了儿歌的内容。

3. 学习儿歌。

(1) 教师朗诵儿歌2遍。

(2) 教师带领幼儿学习朗诵儿歌。

(3) 边做动作边朗诵儿歌。

4. 游戏：你是我的好朋友。

幼儿自由结伴，边念儿歌边做动作，教师引导幼儿改编第四句内容。

5. 小结。

【反思】

“你是我的好朋友”是主题活动“上幼儿园”中的一个重要教学内容。而对于入学不久、才刚刚接触集体生活的小朋友来说，他们对“好朋友”的理解是浅层次的、模糊的，甚至是可笑的。我在课前向一些幼儿问起这个话题时，他们的反应各不相同。有个平时很善于言辞的小朋友他的答案居然是其爸爸的名字。父与子成为好朋友，它所体现的是现代社会家长与孩子之间的亲密无间、平等与理解，是如今十分提倡的一种家庭教育模式。如果话从一个十八岁的青少年口中说出，是令人称赞、令人羡慕的，但对于只有5岁的孩子来说，我感到他并没有真正理解“好朋友”的概念。在我的提醒下，他说出了一个小朋友的名字，也是他的邻居。而其他小朋友似乎更是一头雾水，不知从何说起。因此，我针对现有的情况，修改了原来的教案。原设计的导入是说说好朋友的名字，但我个人认为这样的导入比较呆板，而且小朋友之间对名字也不熟悉，很有可能说不出来。因此我改为以两个布袋木偶的形象出现，这样更能吸引孩子的眼球，而且也能帮助孩子理解“好朋友”的概念。于是我还自编了一个小故事：猴哥哥和猴弟弟是一对好朋友，他们每天一起上学、一起游戏，有好东西一起吃，猴哥哥搬不动小桌子，猴弟弟就会一起来抬，猴弟弟不会系鞋带，猴哥哥会帮他系鞋带……他们真是一对好朋友。在第二个环节，我就以这两个布袋木偶表演了儿歌的内容，整个活动以布袋木偶贯穿始终，比较顺利地完成了预设的教学目标。在实施教学过程中，孩子们兴趣浓厚，同时也对“好朋友”这一概念有了一个粗浅的认识。

虽然孩子们会用稚嫩的口气较连贯地表演儿歌“你是我的好朋友”了，但我想，这只是一个表层的反映，“好朋友”的概念不仅仅是一种关系，更是一种深厚的感情。因此，如何培养这种社会情感更具有现实意义。《纲要》中指出：“社会领域的教育具有潜移默化的特点。幼儿社会态度和社会情感的培养尤应渗透在多种活动和一日生活的各个环节之中，要创设一个能使幼儿感受到接纳、关爱和支持的良好环境，避免单一呆板的言语说教。”它的意义是显见的，它所提倡的是赋予幼儿一个良好的“社会的界定”，给他们一个积极的“他人眼中的自我”。幼儿渴望爱，渴望对他人的归属感，“好朋友”正是这种渴望的外在体现。因此我们应该多为他们提供人与人之间相互交往和共同活动的机会和条件，并且加以指导。“千里难寻是朋友”，真心希望每个幼儿都有许多真诚的朋友。

思考与分析：这份教案有哪些优点和不足？

材料2

幼儿园主题探究活动中协同教学的组织与实践

扫描二维码，阅读材料“幼儿园主题探究活动中协同教学的组织与实践”。

思考讨论：如何利用多方教育群体资源协同开展幼儿园主题探究活动？

二、思政话题

为促进幼儿园教师专业发展，建设高素质幼儿园教师队伍，根据《中华人民共和国教师法》，教育部2012年颁布出台了《幼儿园教师专业标准(试行)》(以下简称《专业标准》)。

《专业标准》的基本内容架构包含了专业理念与师德、专业知识和专业能力三个维度。其中，在专业能力维度中，文件明确指出教师的“教育活动计划与实施能力”应具备：制订阶段性的教育活动计划和具体活动方案；在教育活动中观察幼儿，根据幼儿的表现和需要，调整活动，给予适宜的指导；在教育活动的设计和实施中体现趣味性、综合性和生活化，灵活运用各种组织形式和适宜的教育方式；提供更多的操作探索、交流合作、表达表现的机会，支持和促进幼儿主动学习。

请浏览《专业标准》全文，从幼儿教师职业标准和岗位需求角度，思考与分析主题活动设计与实施的重要性。

单元小结

班级主题活动设计与实施能力的提高关系到幼儿园教师的教育教学水平的优化，是教师终身学习发展的必由之路，也是幼儿园教育质量的关键点。作为未来的幼儿教育工作者，我们应该积极掌握与主题活动相关的知识。了解主题活动中主题选择、目标确定的理论依据和基本要求，学会设计主题活动的内容和形式，掌握撰写主题活动方案和评价主题活动的方法，以期为幼儿德、智、体、美全面和谐的发展提供培养路径。

单元练习

在线练习

一、填空题

1. 根据主题活动的内容归属领域来分，健康领域的定义是________。
2. 活动主题选题的基本原则包括________、________、________、________、________。
3. 主题的活动目标设计指的是按主题活动内容所涉及的幼儿发展的________、________、________目标。
4. 幼儿园的五大领域划分为________、________、________、________、________。
5. 幼儿园主题活动的基本形式一般有________、________、________、________。
6. 主题目标的情感、态度、维度主要是指幼儿通过主题活动在________、________、个性品质等方面应达到的要求。
7. 生态式主题教育活动是在________的理念下，以________为线索构建的单元或主题来开展教学活动，它在目标的确立中不仅关注幼儿知识的获得、技能的形成，还关注身体、________、________艺术审美等全面素质的发展。
8. 主题活动方案是针对一个具体的主题进行的开发工作，它对整个主题活动进行了分阶段的预设，明确了一个主题活目标及各阶段学生活动的主要内容、________、________、________和实施的要点以及活动评价等方面。
9. 主题活动的实施手段主要包括________、________、________、________等。
10. 形成性评价是教育过程中持续进行的评价，目的在于及时地作出反馈性调节，从而________、

________、补充活动的计划、内容和方法，使教育活动更合理、更完善地开展，促进幼儿的发展。

二、判断题

1. 主题活动是在丰富的、温馨的教育环境中，围绕一个主题，通过教学活动、区域活动、游戏、环境设计、生活活动、家园联系等展开的，突出活动的生活性、整合性、开放性和幼儿的主体性。（　）
2. 根据主题活动的内容归属领域来分，社会领域主要是教育幼儿对周围事物和现象感兴趣，有好奇心和求知欲；能运用各种感官，动手动脑，探究问题；能用适当的方式表达、交流探索的过程和结果；能从生活和游戏中感受事物的数量关系并体验到数学的重要性和有趣；爱护动植物，关心周围环境，亲近大自然，珍惜自然资源，有初步的环保意识。（　）
3. 主题活动目标设计指的是按主题活动目标所涉及的幼儿发展的认知、行为、情绪三个维度来进行设计。（　）
4. 上课是幼儿园主题活动实施的唯一手段。（　）
5. 幼儿园主题活动评价的类型有诊断性评价、形成性评价和终结性评价。（　）
6. 生成性主题活动是教改倡导的一种新理念、新策略。（　）
7. 主题活动下的具体教育活动目标应考虑幼儿的最近发展区，保证课程目标对幼儿的挑战性。（　）
8. 艾斯纳认为，在课堂中存在两种不同的活动目标，即活动性和表现性目标。（　）
9. 主题活动方案的设计理念包括综合性、探究性、个性化。（　）
10. 新皮亚杰理论是将主题活动和教学活动、体育活动分离的依据，也是主题活动设计组织的重要理论源泉。（　）

三、简答题

1. 班级主题活动主要包括哪几大类？
2. 幼儿园活动主题选题的基本原则有哪些？
3. 一个完整的主题活动方案包括哪些基本要素？
4. 简述主题活动目标设计存在的问题。
5. 简述如何开发特色主题活动。

四、论述题

论述如何创新主题活动形式。

活动设计题

为了帮助小班新入园的幼儿尽快适应集体生活，余老师准备开展“高高兴兴上幼儿园”系列主题活动。请围绕该主题为余老师设计三个子活动。

要求：

1. 写出主题活动总目标。
2. 写出其中一个子活动的活动方案，包括活动的名称、目标、准备和主要环节。
3. 写出另外两个子活动的名称、目标。

单元六
幼儿良好品行的培养

单元导读

幼儿园班级管理的对象是人、财、务、时间、空间等，在这些管理对象中，最难把握的是对人的管理，即对幼儿、家长以及配班老师的管理。其中，对幼儿良好品行的养成教育是幼儿园班主任最重要的工作之一。

幼儿期是一个人身心发展的重要时期，这提醒着我们，在提高幼儿生活条件，发展幼儿智力的同时，要积极关注幼儿品格和心理素质的发展。《纲要》提出："在重视幼儿身体健康的同时，要高度重视幼儿的心理健康。"把心理健康纳入幼儿健康范畴，科学地揭示了幼儿健康的内涵，使幼儿身体和心理素质和谐发展。心理素质所包含的核心内容是行为品质，它表现为幼儿心理发展达到相应年龄组幼儿的正常水平，情绪积极、性格开朗、无心理障碍、对环境有较好的适应能力。具体包括：积极的情绪和情感、与人交往的技能、良好的人际关系、安全感和信任感、积极的自我意识、自尊、自信和自我控制的能力等。培养幼儿良好的行为品质，就是发展每个幼儿积极的心理品质，克服消极的行为，形成良好的行为习惯。幼儿阶段是人生发展的初期，可塑性很强，容易接受成人对他们的训练，经过科学有效的教育和培养，使幼儿形成良好的心理品质并将受益终身。

本单元主要阐述幼儿自信、合作、诚信的发展特点，以及幼儿常见问题行为的表现和分类。通过知识学习、技能训练、拓展任务练习等，帮助学习者掌握幼儿自信、合作、诚信的培养方法和幼儿常见问题行为的处理方法，使其具备观察与分析幼儿行为的能力，以及培养幼儿良好品质的能力，能够识别幼儿的常见问题行为表现，并能分析原因和提出矫正建议，培养幼儿自信自强、诚信友善的优良品质。

学习目标

➢ **素质目标**

1. 以社会主义核心价值观为指导，培养幼儿自信自强、诚信友善的优良品质。
2. 增强立德树人意识，树立以人为本、因材施教的教育观念。

➢ **知识目标**

1. 了解幼儿自信、合作、诚信的发展特点，理解幼儿常见问题行为的表现、分类。
2. 掌握幼儿自信、合作、诚信的培养方法和幼儿常见问题行为的处理方法。

➢ **能力目标**

1. 具备观察与分析幼儿行为的能力，以及培养幼儿良好品质的能力。
2. 能够识别幼儿的常见问题行为表现，并能分析原因和提出矫正建议。

思维导图

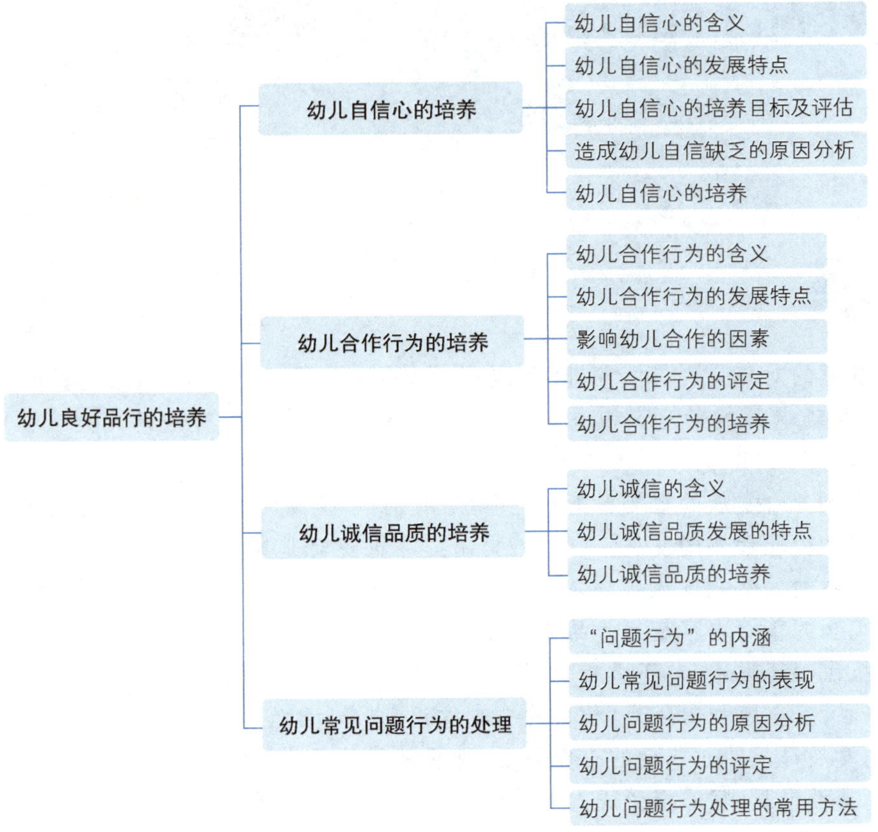

任务 1 幼儿自信心的培养

情境导入

案例 1

不一样的小文

小文，女，3 岁，独生子女。开学入园时，小文总是低着头进来，不敢正眼看人，同时身体不自然地转动。问她话时要么声音如蚊子般轻，要么就语气神态很特别，脸红红的几乎是大声喊着说话。课堂上老师请小文回答问题，她许久都不吭声。老师也多次邀请她参加活动，但都没成功。

讨论分析：如果你是一位幼儿教师，你能分析小文是何种行为表现吗？这种表现对她未来发展会造成什么影响？你该怎么办？

案例 2

扫描二维码，阅读案例“纸飞机”。

讨论分析：你怎么看待幼儿这种行为表现？

纸飞机

知识学习

理论知识

一、幼儿自信心的含义

自信心，或称自信感，是指个体对自身行为能力与价值的客观认识和充分估价的一种体验，是一种健康向上的心理品质，是个体心理健康的重要指标。促进儿童自信心的发展具有重要理论意义与实践价值。许多研究表明，幼儿期是促进自信心发展的重要时期，尤其在 4～5 岁时期是人的自尊心和自卑感协调发展的最佳时期，即自尊心、自信心培养的关键期。从幼儿期起步培养自信心，给幼儿从小播下自信的种子，是形成其健康人格的关键。自信心能促使幼儿产生积极主动的活动愿望，大胆探索，积极思考，乐于与人交往，经常保持愉快的情绪。一个幼儿如果缺乏自信心，常常羞于交往，怯于表达，遇事畏缩不前，害怕困难，不敢尝试，则其认知能力、动手能力、交往能力及运动能力等发展就会缓慢，并且容易形成胆小、懦弱、依赖性强、优柔寡断等性格特点。相反，一个幼儿如果具有自信心，就易产生安全感、独立感、价值感、成就感、较高的自我接受度以及良好的判断力，就什么事都敢于尝试，积极参与，各方面发展就快，并在此基础上逐渐发展乐观、勇敢、合群和独立等性格特征，使其健康发展。

二、幼儿自信心的发展特点

幼儿自信心是由自我效能感、自我表现和成就感，即认识、体验、行为三个维度构建的，成就感是发展幼儿自信心的动力因素；自我表现是幼儿自信心的行为因素；而自我效能感是幼儿自信心的最核心因素。当自我效能感高时，个体最有信心克服困难，完成任务。自信心的发展特点有以下研究成果。国外学者约德尔提出：所有儿童在他们成长过程中，都将面临五个自信心发展的危机期。第一，基本的信任期（0～2 岁）；第二，从婴儿期到蹒跚学步期的创伤性过渡期（2～3 岁）；第三，兄弟姐妹争宠期（4～5 岁）；第四，同伴竞争期（5、6～12、13 岁）；第五，独立战争期（13～19 岁）。培养儿童自信心的关键所在，就是父母应该在儿童自信心发展的各个危机期给予儿童更多的指导，使儿童顺利度过每一个危机期。

国内相关研究指出，幼儿自信心的发展具有以下几个特征：3～9 岁儿童自信心发展总体上存在显著的年龄差异，随年龄的增长呈曲线式的上升趋势。各因素的发展也随年龄的增长而呈上升趋势，但发展速度不均衡，各年龄组都是女孩自信心发展的水平略高于男孩。总体而言，儿童自信心总体水平随着年龄的增长不断提高：3～7 岁呈曲线式上升趋势，7～9 岁呈缓慢下降趋势。其中，3～4 岁是儿童自信心发展最为迅速的时期，6～7 岁的发展速度仅次于 3～4 岁。从其内部结构发展变化趋势来看，无论是自我效能感、自我表现，还是成就感，3～4 岁均为其发展最为迅速的时期。因此，家庭教育与幼儿园教育应注重 3～7 岁幼儿（尤其是 3～4 岁幼儿）自信心的培养，注意增加儿童自我表现的机会，获得成就感，并给予及时的肯定与鼓励，以免影响幼儿自信心的健康发展。

三、幼儿自信心的培养目标及评估

1. 不同年龄段幼儿自信心的培养目标

由于受幼儿身心发展的制约，在幼儿园不同年龄段幼儿的自信心培养目标有所不同，具体可参照表 6-1。

表 6-1　不同班别的幼儿自信心培养目标

	小班	中班	大班
自信心的培养目标	1. 知道自己的性别、年龄和姓名，知道自己是和别人不同的 2. 不好哭，不怕生，保持愉快的情绪；遇到困难和挫折时，会寻求帮助。当同伴遇到困难时，能及时帮助或告诉别人 3. 愿意表现对游戏、活动选择的喜好。自己整理玩具 4. 乐意在吃饭、睡觉、做操、学习等方面表现自己，愿意做自己会做的事，自己吃饭	1. 知道自己是独一无二的，没有人和自己完全一样，喜欢自己的长相。愿意用自己的特殊才能为大家服务 2. 知道人有喜怒哀乐等情绪，会用语言表达自己的喜好、需要以及情感 3. 感受与了解周围环境的变化，并能很快适应 4. 遇到困难和挫折时，愿意动脑筋想办法，自己尝试解决 5. 对劳动有兴趣，愿意为同伴和集体服务，能以积极愉快的情绪参加各种活动，对完成任务有信心	1. 知道自己有着与别人相同和不同之处，对自己的优点和进步感到自豪和光荣 2. 敢于面对自己的缺点和错误，有改正的愿望和行动 3. 不害怕环境的变化，在新环境中能自己照顾自己 4. 热爱劳动，有责任心，在劳动过程中有始有终地做完每件事 5. 愿意接受有难度的任务，尝试新活动 6. 遇到困难和挫折时不气馁，敢于不断尝试

2. 幼儿自信心的评估

常用的评定幼儿自信心的方法有观察法、量表法和问卷法。表 6-2 是一个评估幼儿自信心的观察表。

表 6-2　幼儿自信心评估表

方法	内容
日常观察	1. 对教师的提问能主动回答 2. 做自己熟悉的事情有信心
情境观察	1. 能在全班小朋友面前表演 2. 与别的小朋友争论时能坚持自己的观点 3. 教师交代幼儿做一件事，问幼儿："你能做好吗？"幼儿表示有信心

3. 幼儿自信心不足的表现

在现实生活中，有相当一部分幼儿缺乏自信心，有自卑感，认为自己在某些方面甚至很多方面不如别的幼儿，自我评价"很蠢、不能干、很差"等。一些幼儿在活动中不敢主动要求参加其他幼儿的小组活动或集体游戏活动；不敢主动提出自己的意见和建议；不敢在众人面前大胆地表现自己，惧怕新事物、新活动，面对困难、挫折时，他们常常害怕、退缩等，还表现为不愿意和周围人说话、交流，过分依赖，经常羡慕其他小朋友，过于听话等。

幼儿自信心不足的具体表现

四、造成幼儿自信缺乏的原因分析

1. 教育环境是导致幼儿自信心不足的重要原因

教育环境主要指成人对幼儿的教养态度与方式，现实中常见的教养态度有三种：一是过度保护型，部分成人对幼儿总是竭尽全力为其解决困难，什么都包办代替，长此以往导致幼儿遇事时常常不信任自己的能力，总是依靠他人，如此恶性循环，自信心从何提起？二是过多否定型，有些父母与教师对幼儿望子成龙心切，不考虑幼儿的实际情况，一味地对幼儿"高标准、严要求"，而幼儿由于难以达到成人的要求，经常遭受成人的否定，缺乏成功的体验，逐渐养成了遇事畏惧退缩，对自己缺乏自信心的性格。三是成人给予幼儿实践的机会太少，导致幼儿能力提升慢，获得自信的机会就少。通常个体能力是在实践中获取的，幼儿天性好奇好动，思维具体直观，如果成人不能给予幼儿更多的实践，让其多看、多听、多尝试，也就无从锻炼幼儿的各种能力与提升自信。

2. 幼儿发展水平的差异也会导致幼儿的自信心不足

每个幼儿由于其遗传素质、家庭、成长环境和教育的不同，具有不同的能力、行为、性格、智力等，这样

在幼儿之间就存在着个别差异。幼儿由于某些方面的能力不足而又未能及时得到弥补，在集体中的低评价往往造成幼儿的自我低评价，从而导致自信心的不足。

3. 成人消极的评价和否定的态度，是造成幼儿自信心不足的另一个重要原因

幼儿期，建立自信的一个重要途径就是他人尤其是成人的评价，幼儿往往是以成人的评价为依据来评价自己的。如果成人经常批评指责幼儿，以否定的态度来对待他，那么就会使幼儿怀疑自己的能力，认为自己真的很笨、很差或行为很不好。这种经常性的、消极的自我情感一旦固定下来，就渐成自卑心理，因而产生畏缩、逃避的行为反应。如有新闻媒体曾采访报道过一位少年犯的成长经历，小的时候，他生性调皮好动，父母常指责、惩罚他，由于一次犯了错误，父母对他失去了信心，周围的成人否定他，说他“无可救药”“坏透了”。渐渐地，他对自己也失去了信心，索性“破罐子破摔”，最终走上犯罪的道路。

4. 家园教育的不一致性

幼儿自信心的培养，家长与教师的一致性教育也是很重要的。当教师对幼儿要求严格与集体保持一致时，家长认为要对幼儿各种行为宽容，其实是纵容；当教师要求幼儿回家要自己动手做力所能及的事时，家长却一手包办；当教师要求幼儿自己去尝试体验观察某个任务时，家长却直接灌输给幼儿，束缚幼儿自信心的发展。所以家园教育的不一致性也是影响幼儿自信心发展的一个因素。

实务知识

幼儿自信心的培养

幼儿自信心的培养应以幼儿发展为本，渗透于幼儿的一切活动中。即使是同一年龄段的幼儿，其发展水平也不尽相同。幼儿园教师应根据幼儿日常的学习、游戏和劳动生活灵活地创设一系列能激发幼儿自信心的教育活动，使每个幼儿都能在活动中有充分自我表现的机会，获得愉快的成功体验，增强幼儿的自我效能感，从而更好地促进幼儿自信心的形成和发展。教师该如何培养幼儿的自信心呢？

1. 树立正确的儿童观，创设和谐环境

(1) 教师积极评价和激励幼儿可提高自我效能感。自我效能感是指个体对自己是否有能力完成某一行为所进行的推测与判断。研究证明，一个自我效能感高的人对自己完成任务的信心更高，更乐于挑战。实践观察告诉我们，幼儿获得高的自我效能感与教师积极的评价密切相关。教师的积极评价和激励是幼儿获得高成就感的催化剂，它作为外部动机能够加速幼儿获得成就感，促进其自我表现能力，提高自我效能感。研究表明，幼儿自我评价表现为从依从性的评价(即以成人的评价作为对自己的评价)发展到从某一阶段进行自我评价，进而能从多方面进行自我评价。这说明年龄越小的幼儿受成人评价的影响越大，特别是在幼儿心目中有威信的成人或小伙伴的语言有深刻的影响。有研究显示，在与幼儿的交互作用中，教师的诚实以及他们对幼儿的尊重与细心照顾对于幼儿的安全感、自信心以及童年期对事物的积极探索都是必不可少的。良好的师幼互动关系可增强幼儿的自信心，提高教师在幼儿心目中的地位。在与教师的相互作用中，幼儿不仅学习教师传授给他们的知识、技能，还在观察学习教师表现的每一种带有社会意义的行为、情感和态度。所以，教师若能恰如其分在日常生活中对幼儿的良好行为予以积极的评价，不但能使幼儿体验到成功的快乐和满足，提高其在集体中的地位，激发其继续上进的愿望，还会有助于幼儿对自己做出正确的自我评价，树立其自信心。

(2) 创设一个有利于自信心发展的环境。环境对个体往往起到潜移默化的影响，为幼儿创设自由、宽松、和谐的教学环境和生活环境对幼儿自信心的发展很重要，这种环境主要是通过成人的努力才能获得的。平时经常听到这样一些口语：“不要再说话了”“谁不听话就出去”，这种命令性的语言使幼儿处于一种“教师权威”“必须听话”的受约束的被动位置，最终会导致幼儿缺乏自主性、创新意识，丧失自信心。如果教师能够把这种命令式的语言改为指导性语言，尊重幼儿，平等对话，满足他们的合理需要，就有利于创设一个幼儿自信心发展的良好环境。

2. 创设成功情境，体验成就感

成就感是幼儿自信心发展的动力因素。成就感的获得是幼儿心理发展的需要，它能够增强幼儿自信

心，驱使其主动行动，克服困难并坚持下去，直至取得满意的活动成果。

（1）培养幼儿各方面的能力技巧。教师可以根据幼儿的年龄特点，明确各阶段教育教学目标要求，在身体发展、认知发展、社会性等方面培养幼儿各种能力，并教给幼儿一些必要的技能技巧，如生活自理能力、交往合作能力、语言表达能力、运动能力等，还可以广泛培养幼儿健康的爱好或兴趣，哪怕它们并不起眼，让孩子主动参与自己感兴趣的事情也可以锻炼许多能力技巧。对于幼儿的点滴进步，成人都要给予表扬和充分肯定，让幼儿体验到成功的喜悦，要相信幼儿的能力，让其充分发展，最终使幼儿从中获得自信，确信自己“我有能力”“我能做好”。

（2）自我表现是载体，成功体验是动力。充分创设幼儿自我表现的机会，使之常常获得成就感，最终达到增强自我效能感、发展幼儿自信心的目的。不同发展水平层次的幼儿对成功的体验存在个体差异，因此，教师要在各项教育活动中兼顾不同发展水平层次的幼儿，如有的小朋友在认知、动作发展等方面相对于同年龄的幼儿来说较差，因此他在各项活动中可能会畏缩不前，难以完成活动，性格也逐渐变得内向退缩。对此教师必须因材施教，设定不同标准，为其创造条件获得成功体验，激发自信心的发展。

3. 促进自我肯定，培养自信心

（1）要培养幼儿的耐挫精神。在生活中，失败与挫折是难免的。怎样对待失败与挫折，不同态度会导致不同的结果。因此，在教育过程中，要培养幼儿正确对待不足和失败，锻炼幼儿大胆、勇敢、坚毅的意志品质才能使其越挫越勇，信心百倍。幼儿懂得了遇到困难要动脑筋思考，不怕挫折和失败，这样幼儿会逐渐形成向困难挑战的信心和勇气，增强自信心。

（2）帮助幼儿发现自己的长处。每个幼儿都有自己擅长的能力，有的幼儿画画得好，有的幼儿歌唱得好，有的幼儿动手能力强，他们在自己喜欢的领域里活动时是非常投入、非常自信的，老师应了解每个幼儿的特点，帮助幼儿在某些领域活动中获得成功，使幼儿建立起自信，从而促进其他方面的发展。如有的幼儿智力发展一般，但社会性发展较好，性格温和、善于沟通，老师要及时地表扬肯定他的特点，让他感觉到自己的可爱之处，从而促进自我评价，增强自信心。

4. 家园携手共同努力

幼儿的健康成长几乎离不开家庭和幼儿园，家园携手共同努力是必须的。教师要经常保持与家长的互动沟通，向家长宣传培养幼儿自信心的必要性和方法，取得家长思想上的认同及行为上的配合，了解其家庭教育的情况，结合家长反馈的信息共同探讨培养幼儿自信心的途径和方法。家长也要更多了解孩子在家以外的各种表现，积极协助教师的要求，尊重和信任幼儿，放手让幼儿做力所能及的事情，及时肯定，创设成功机会，让孩子的自信心逐步提高，健康成长。

微课

幼儿自信心的培养

培养自信心的教育是一项复杂而长期的工作，要真正实现这种教育的价值，就必须从幼儿生活的具体问题出发，让幼儿在具体的生活中体验自己的感受和变化，教师和家长应充分认识自信心对人的成长的重要，积极培养幼儿的自信心，让幼儿人人拥有自信。

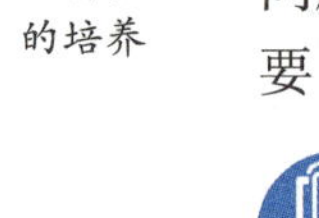

案例分析

小明的自我评价表

小明是一名3岁的幼儿，出现了明显的自卑情绪，情绪低落、易哭闹、缺乏自信心。在幼儿园心理老师的指导下，针对小明的情况，制定了一份“小明的自我评价表”。

每天放学时，幼儿园心理老师会和小明进行交流，让他用自己的话描述当天的表现和心情，并和他一起填写“小明的自我评价表”，以此来帮助小明了解自己的长处和需要改进的地方，同时增强他的自信心。

通过长期的跟进和指导，小明的自卑情绪逐渐减轻，情绪变得稳定，能够正常与他人交流，并且在日常活动中表现得更加自信。

请你评价案例中老师的做法。

案例分析

参考回答

技能训练

一、课堂训练

案例 1

胆小的嘉嘉

嘉嘉今年 5 岁，是个胆小的女孩，上课从不举手发言，下课也不和同伴一起玩，常常躲在角落东张西望。一次上体育课，老师组织分小组的接力赛，嘉嘉在接力时不小心鞋子跑掉了，最后导致她所在的组得了个倒数第一。从此，只要有体育游戏比赛，嘉嘉总借故不参加，老师问她为什么，她说："我不会，参加了又拿倒数第一，小朋友都笑我。"

试对以上案例进行分析并提出解决意见。

案例 2

小华的自我探索

扫描二维码，阅读案例"小华的自我探索"。

思考分析：上述案例中，小华有哪些特点？教师该如何干预？

二、实战演练

到见习或实习幼儿园里观察 1～2 个表现幼儿自信心的行为，记录并分析其特点。

拓展任务

一、阅读材料

材料 1

表 6-3　4～6 岁幼儿日常行为自信心的评定量表

项目	序号	内容	得分	等级标准
游戏	1	选择角色	3	争当主要角色，有始有终完成主要任务
			2	能担任主要角色，但常常不能有始有终
			1	经常受别人指派才能担任一定角色
	2	发展游戏	3	大胆主动为游戏增添玩具或替代物，并能进行游戏交往
			2	在老师的启发下，能为游戏增添玩具或替代物，并能进行游戏交往
			1	在老师的启发下，也不能为游戏增添玩具
	3	建筑游戏	3	坚持独自搭建力所能及的较复杂的物体造型
			2	大多数情况下能独自搭建力所能及的物体造型
			1	在老师的鼓励和帮助下，才能搭建物体的造型
	4	竞争游戏	3	敢于竞争，碰到困难想办法克服，坚信自己能获得较好的成绩
			2	能参加竞争，能在别人鼓励下坚持到底
			1	不敢竞争，缺乏信心

（续表）

项目	序号	内容	得分	等级标准
学习	5	举手发言	3	积极举手发言，完整回答问题
			2	能举手发言并回答问题
			1	在老师鼓励下才能回答问题
	6	意愿作业	3	独立大胆完成作业，对自己的作品很欣赏
			2	在模仿别人的基础上，完成作业，有欣赏作品的意愿
			1	在老师帮助下完成任务，对自己的作品抱无所谓的态度
	7	动手操作	3	能选择一定难度的作业，并坚持努力完成
			2	能选择较难的作业，但常常不能坚持努力完成
			1	只能选择简单的作业
	8	表演活动	3	愉快、活泼、积极、主动地在集体面前表演，赞赏自己的表演
			2	敢在集体面前表演，但不追求表演效果
			1	不敢在集体面前表演
劳动	9	自我服务	3	能坚持自己独立穿脱、添减衣服
			2	在老师的帮助下，能穿脱、添减衣服
			1	依赖他人才能穿脱衣服
劳动	10	为集体服务	3	争着为集体服务，较好完成任务
			2	愿意为集体服务，较好完成任务
			1	集体的任务常常不能完成
	11	助人	3	经常能帮助同伴解决困难，认为：自己会做，自己能做好
			2	有时能帮助同伴解决困难，认为：自己能做好
			1	不能帮助同伴解决困难，认为：自己不会做

请思考，并谈谈《4～6岁幼儿日常行为自信心的评定量表》（表6-3）对你教育幼儿的启示。

材料2

幼儿教育下幼儿自信心的培养途径

扫描二维码，阅读材料“幼儿教育下幼儿自信心的培养途径”。

思考讨论：培养幼儿自信心的策略有哪些？

二、思政话题

“四个自信”的提出过程

2012年11月8日，胡锦涛同志代表十七届中央委员会向中国共产党第十八次全国代表大会作了题为《坚定不移沿着中国特色社会主义道路前进，为全面建成小康社会而奋斗》的报告，报告中指出了“三个自信”，即“道路自信、理论自信、制度自信”。

2016年7月1日，习近平总书记在庆祝中国共产党成立95周年大会上明确提出：中国共产党人“坚持不忘初心、继续前进”，就要坚持“四个自信”即“中国特色社会主义道路自信、理论自信、制度自信、文化自信”。坚信中国特色社会主义道路是实现社会主义现代化的必由之路，是创造人民美好生活的必由之路；坚信中国特色社会主义理论体系是指导党和人民沿着中国特色社会主义道路实现中华民

族伟大复兴的正确理论，是立于时代前沿、与时俱进的科学理论；坚信中国特色社会主义制度是当代中国发展进步的根本制度保障，是具有鲜明中国特色、明显制度优势、强大自我完善能力的先进制度。

2017 年 10 月，党的十九大提出，中国特色社会主义是改革开放以来党的全部理论和实践的主题，是党和人民历尽千辛万苦、付出巨大代价取得的根本成就。

2023 年 3 月 5 日，习近平总书记在参加江苏代表团审议时强调，我们的教育要善于从五千年中华传统文化中汲取优秀的东西，同时也不摒弃西方文明成果，真正把青少年培养成为拥有“四个自信”的孩子。

请阅读以上文字，结合幼儿身心发展特点，思考与分析：如何培养幼儿的自信心？

任务 2　幼儿合作行为的培养

情境导入

案例 1　　**建构游戏**

教师拿出班级里的一堆积木玩具发给幼儿玩(但不是成套的，因为人多不够)，请孩子摆一些简单的造型，如房子、树、人等，摆好的小朋友可以得到小红花奖励。孩子们一下子兴奋起来，他们有的坐着，有的站着，玩起了积木，插、接、摆……真是不亦乐乎。最后的结果可以想象：几乎没有一个孩子摆出哪怕是最简单的一些造型……

针对以上案例，谈谈教师应培养幼儿的何种行为才能顺利完成任务。

案例 2

长颈鹿与小白兔

扫描二维码，阅读案例“长颈鹿与小白兔”。

讨论分析：教师应如何有意识地指导幼儿开展相互之间的合作？

知识学习

理论知识

一、幼儿合作行为的含义

联合国教科文组织国际 21 世纪教育委员会提出教育的四大支柱之一是学会共处。21 世纪的个体是全面发展的人、富有开拓精神的人、善于与他人合作共处的人。而在当今社会，随着独生子女家庭的增多，“4＋1”“6＋1”的模式愈来愈使孩子成为家庭的核心、家中的“小太阳”或“小皇帝”，也导致许多孩子形成唯我独尊、自私、自我中心、对抗等不良的个性，这会严重影响个体身心健康发展。《纲要》的幼儿社会性教育中指出：“引导幼儿参加各种集体活动，体验与教师、同伴等共同生活的乐趣，帮助他们正确认识自己和他人，养成对他人、社会亲近、合作的态度，学习初步的人际交往技能。……要为幼儿提供人际相互交往和共同活动的机会和条件。”学前期幼儿的社会性发展日益增长，交往是幼儿社会性发展的必要条件也是基本的心理需求。喜欢交往，乐于交往，善于交往可以使幼儿培养良好个性，协调人际关系，感受社会生活的丰富多彩。从小树立正确的交往观、合作观，增强幼儿在积极主动的交往中获取信息、沟通情感、增进了解的能力，使幼儿在自主性交往合作中形成积极的自我概念和健康个性，促进幼儿未来的健康发展。

合作是人们为了一个共同的目的而进行的协调行动。它是指两个或两个以上的个体为了实现共同目标或共同利益，最终个人利益也获得满足的一种社会交流活动。幼儿的合作是指幼儿在生活、游戏、学习中，能主动配合、分工合作协商解决问题、协调关系，从而确保活动的顺利进行，同时每个人都在相互配合中实现目标。幼儿将来要在社会上立足并充分发挥自己的力量，就必须学会与他人合作，将自己融入集体中，用集体的力量和智慧去解决问题和战胜困难。互助合作才能启发思维，激发创造性，并能够培养同情心、利他心、善心，使孩子学会合群、善群、利群。一个具有合作精神、合作能力的人也容易获得他人的支持与合作，因而会大大地增加成功的概率。合作意识行为的培养是个体未来发展必备的心理品质。

目前，有些教师虽然意识到幼儿合作的重要意义，但对合作的含义了解不够，对幼儿的合作行为指导也显欠缺。实践中发现，有相当部分幼儿既缺乏合作的意识，又缺乏合作的能力，不会协商，不会分工与交流，生活中发生矛盾时常以告状或攻击性行为来解决，遇到困难往往求助老师而不知从同伴那里寻求帮助，同伴遇到困难时也没有意识去协助解决。有人曾对北京市 1 000 余名 4～6 岁幼儿的合作行为进行了研究，结果表明，只有 30.1%的幼儿能经常与小朋友合作，而 69.9%的幼儿合作行为较为缺乏；当同伴遇到困难时，只有 24.2%的幼儿能表现出合作行为；当活动材料缺少时，只有 10%的幼儿选择与同伴合作。这种现状须引起教育者的高度关注。合作是幼儿未来发展、适应社会、立足社会的不可或缺的重要素质。因此，从小培养幼儿的合作意识和合作能力是十分重要的。

二、幼儿合作行为的发展特点

在幼儿各类社会行为中，合作行为的出现频率最高，具体表现为：随着年龄的增长，幼儿间合作的目的性、稳定性逐渐增强，合作范围不断扩大，合作策略更为有效，从两人之间的合作发展到三四人乃至更多人之间的合作，有一定的合作解决问题的策略，从而使合作解决问题的有效性逐渐增强。还有许多研究也表明幼儿在 2～6 岁都已出现合作行为，4～5 岁是幼儿合作水平提高最快的时期，也是合作形成的关键期，在这一年龄阶段，能较好地完成合作任务的幼儿大幅度增多。在出现协商不一致或者分工纠纷时，除了半数的幼儿能够主动谦让以外，还有一部分幼儿能使用一些策略来解决他们之间的矛盾。值得一提的是：小“领袖”的出现是 4～5 岁幼儿合作时最突出的特点，所谓小“领袖”就是某个幼儿在合作小组内充当了组织者的角色，主动帮小组成员分工并对个别不能积极参与活动的幼儿进行劝说。到 5～6 岁时，幼儿合作意识在一定程度上增强，在自己利益不受损害的前提下能够考虑小朋友的利益和感受，但真正的合作要到 7 岁才出现。

知识链接

幼儿之间常见的合作行为

三、影响幼儿合作的因素

关于影响幼儿合作的因素，研究发现主要分为内部和外部因素。

1. 外部因素

（1）奖励方式。如果对幼儿合作行为进行奖励，他们之间的合作更易产生，但随着奖励的取消，合作就会减少。另外，给予一个集体的奖励比给予集体中个人的奖励对合作行为的影响作用更大，即使给集体的奖励少于给个人的奖励，产生的合作行为仍然比奖励个人所产生的合作行为多。因为给予集体的奖励能够帮助个体为达到目标而产生一种“轮流”的策略；而给予个人奖励则倾向于使个体产生一种支配与服从的关系。

（2）家庭因素。由于早期的成长环境中缺少合作伙伴，独生子女的家庭环境不利于合作意识的唤醒和合作能力的提升。研究还发现，父母的价值观和教养方式也会影响幼儿的合作行为：一般父母越是重视经济利益，孩子的合作倾向越低；父母越有支配他人的欲望，孩子合作倾向也越低。

2. 内部因素

（1）个性因素。研究发现智力发育迟缓幼儿比正常幼儿更易合作，而智力水平中等幼儿的合作得分也明显高于低智商与高智商幼儿。活泼开朗、积极主动、充满自信、有爱心的幼儿能更经常地与人合作；而性格内向、消极被动、依赖性强的幼儿往往不善于与人合作。合作持续时间的长短与儿童的情绪状态也密切相关，快乐的情绪情感更有助于合作的维持。

(2) 认知因素。幼儿的自我中心会妨碍合作行为的出现，而其不断发展的主-客体关系的认知则能有效地促进其同伴合作。

首先，合作对象的身份、地位影响幼儿的合作行为。研究发现，学前儿童在同龄或具有朋友关系的团体中能够有效和平等地使用物品；而在团体中包含了低龄或非朋友关系的对象时，平时处于支配地位的幼儿则更多地使用物品。

其次，同伴关系也会影响合作行为。研究发现，合作在朋友之间出现的频率高于非朋友间。研究显示，在好朋友和陌生小朋友的情境下，幼儿合作倾向有显著性差异，这说明好朋友与不认识的小朋友对于幼儿已经有了不同的意义，好朋友可以诱导出更多的合作行为，幼儿甚至可以为好朋友牺牲一些自己的利益。

最后，幼儿对同伴的合作意图的感知也会影响合作。研究发现，在游戏情境中，如果对手在谈判前向幼儿暴露了自己的合作动机，那么即使合作与自我利益相抵触，幼儿也会做出更多的合作反应。此外，合作伙伴之间的交流会影响到双方意图的暴露程度，并进而影响到合作水平。研究证实了不同的交流方式对幼儿合作行为存在的影响，但由于幼儿交流技能欠缺，这种影响要逐渐显现出来。

(3) 对任务的表征。研究发现，指导语中多使用“我们”可以唤起幼儿更多的合作。因为“我们”比“我”更能让幼儿产生归属感和联盟感。在强调个人利益的目标下，幼儿意识到个人利益的获得必须通过与他人的竞争才能实现，从而倾向于彼此竞争；而当面对共同目标时，幼儿认识到合作才是最佳选择，从而倾向于彼此合作。利益得失框架也会影响幼儿的合作。5～6 岁的幼儿认知策略是通过首先判断自身利益得失，然后比较对方小朋友利益得失，以及自己和对方利益的差异来完成的。

(4) 对合作的理解。幼儿对合作的理解与成人有很大不同，研究发现，90%的 6 岁幼儿能够指出合作伙伴，但仅有 15.6%的幼儿能够指出合作的益处。幼儿通常将合作看作是解决难题和完成任务的途径，因此在面对困难和角色纠纷情境时，4～6 岁幼儿选择合作的人数最多。

幼儿对合作的理解会影响到他们的合作方式，研究发现，70%的 4～6 岁幼儿已经能认识到“在一起”是合作的一个基本前提，但是对于合作的一些内在、本质性特点的认识并不明确；只有约三分之一的幼儿能明确地表示“一起做同一件事”，即具有一个共同目标；虽然三分之二的幼儿能明确地认识到平等、谦让不是合作，但五分之三的幼儿认为轮流、分享是合作。可见，不同个体在空间上的距离远近或彼此行为的关联程度是幼儿判断是否合作的主要指标，一旦个体在空间上较为接近并且彼此间存在一定的行为关联时，幼儿就易将其混同为合作。因此，大部分幼儿的合作行为都基本处于简单配合阶段，表现为帮助、服从或谦让。可见幼儿在以自己的方式合作。这种对合作的浅层或表面认知与幼儿的思维发展水平有直接关系，因为幼儿处于具体形象思维阶段，他们能够捕捉到合作的外显形式特征，但不能提炼出潜在的本质。

幼儿合作游戏“盖房子”

实务知识

一、幼儿合作行为的评定

幼教工作者在日常生活中对幼儿进行合作行为的培养是非常有效的。幼儿的合作行为表现是否良好，可以参考表 6-4 做初步评定。

表 6-4　幼儿合作行为教师评定量表

填表人：

姓名		性别		年龄		评分			
						0	1	2	3
1. 对信服的人很顺从									
2. 容易接受同伴的领导									

（续表）

3. 缺乏领导能力				
4. 与同伴相处不好				
5. 与同伴不能合作				
6. 易受挫折				
7. 与教师不能合作				
教师评语：	≥14 分 表示社会合作能力较弱			

注："0"表示完全没有此种行为表现；"1"表示有一点此方面的行为表现；"2"表示此方面的行为表现比较明显；"3"表示此方面的行为表现非常明显。

二、幼儿合作行为的培养

1. 创设合作情境促进幼儿的合作行为的发生

幼儿的合作往往开始于相互之间的游戏活动。在游戏活动中创设合作情境培养幼儿的合作行为有着事半功倍的作用。美国著名心理学家帕顿自 1932 年首先从合作程度探讨了儿童游戏的发展，她的儿童游戏理论揭示了儿童游戏行为是一个渐进的发展过程。她根据儿童在活动中的社会意识和社会参与程度，把游戏行为分为 6 种水平：无所用心的行为，独自游戏，旁观行为，平行游戏，联合游戏，协同游戏。根据帕顿的研究，四五岁时联合游戏和协同游戏占主导地位，由此可以看出，游戏对于培养四五岁儿童的合作能力会起到重要的作用。

幼儿的游戏活动丰富多彩，教师可以灵活选取游戏类型培养幼儿的合作行为，如：在角色游戏"过家家"中，幼儿都要学会与同伴进行角色分配和分工的协商技能才能顺利完成游戏；在物品玩具分配游戏中，当玩具少，小朋友多，大家都想玩的时候，老师适时引导幼儿协商制定规则，每人玩的时间按顺序轮流，大家都可以玩到以促进他们的合作性、乐群性。此外还有许多日常的团体合作游戏，如老鹰抓小鸡、丢手绢等，幼儿都必须在和同伴的互相帮助下，才能完成游戏，体验合作的快乐。

2. 教会幼儿学习一些必要的合作沟通技巧

既然是合作，那就需要双方或者多方的共同努力才能完成。但很多时候，因为幼儿之间的兴趣爱好不同或观点不一致等产生矛盾冲突，导致合作不能顺利进行。所以教师首先要帮助幼儿学会交流、沟通，掌握一些必要的合作技巧。

(1) 学会使用礼貌用语，促进幼儿间的交流和沟通。有效的语言沟通是合作成功的前提，教会幼儿一些礼貌用语可以促进幼儿间合作。如"请你来做××，好吗？""我们一起玩吧！""让大家一起替你想个好办法！""你愿意参加我们的游戏吗？""谢谢大家的帮助！"一次次的交流与沟通中，孩子们渐渐掌握了交流沟通的技巧，也就完成了合作的第一步。

(2) 引导幼儿学会合作的简单方式。幼儿受到年龄和能力的限制，缺乏一定的合作技能，教师有必要教给他们一些合作技巧。当玩具或游戏材料不够用时，可相互谦让、轮流或共同使用；当同伴遇到困难时，要主动用动作、语言去帮助他；当自己遇到困难、一人无法解决时，可以主动找小朋友们协助等。通过这些具体的合作情景，帮助幼儿逐渐懂得合作的方法策略，在合作中学会合作。

3. 为幼儿树立合作的榜样

教师是幼儿的权威，教师的言行直接影响着幼儿。因此教师时刻要为幼儿树立榜样。当组织幼儿进行活动时，教师之间应主动合作，互相帮助，共同为幼儿做合作的良好示范。当开展日常教学活动时，常常一人讲课，其他人帮忙准备教具，配合表演等。教师之间的语言沟通也要注意有示范性，如"请你帮我一下，好吗？""这件事大家一起商量商量吧？""让我们共同努力把这件事做成功！"孩子们无意识中就会模仿运用教师的言行，久而久之，教师的合作行为就会变成他们的合作行为。

与教师的示范作用相比，幼儿身边同伴的榜样力量对幼儿起到积极影响。教师要有意识地对幼儿之

间出现的良好合作行为进行及时积极的表扬、鼓励，如“某某小朋友和某某小朋友在一起互相帮助，相互配合，成功完成了任务，让我们一起为他们鼓掌！”教师的支持鼓励会激发其他幼儿向他们学习的热情，使他们更容易模仿。

4. 及时评价和强化幼儿的合作行为

由于幼儿的年龄及经验的限制，他们对合作的行为并不明确，没有太多的合作机会，更缺乏主动的合作意识。当幼儿无意或有意出现了合作行为，教师要及时鼓励和强化该行为，一个赞许的目光、一句肯定的语言、一脸的微笑，以及轻抚孩子的肩膀、对孩子亲切地点头、竖起大拇指等，及时的、经常性的强化，能使幼儿产生更多愉悦的情绪，促进合作的行为延续。

5. 培养幼儿的移情能力

移情是指幼儿在觉察他人情绪反应时体验到与他人共有的情绪反应，是理解和共享他人的感情的能力。研究表明移情训练可以提高幼儿的亲社会行为，减少其攻击性行为，使幼儿发展更好的自我意识，表现出更强的社会理解能力，更易与人和谐相处。移情训练首先是成人为幼儿创设移情的环境，和谐温馨的心理环境能够激发幼儿模仿和学习好的行为，其次进行移情训练，如当一同伴遇到困难时，其他幼儿应该怎么办？可先让幼儿识别他人情绪，然后采取协助行为。

案例分析

镜头点击

“今天，我们小朋友要来当小小建筑师了，大家愿意一起来造新房吗？”

“愿意！”孩子们高兴得欢呼起来。

我正带领幼儿在操场上进行“造新房”的体育游戏活动。

活动时我把游戏规则告诉给幼儿，让他们自由合作拼搭房子。

“老师这里有四只筐，里面放有许多积木，让我们用这些积木来搭房子吧，现在请小朋友们自由选好伙伴分成四组来造新房。”

很快小朋友们分成四组进行拼搭游戏。

阳阳小朋友和其他几个小伙伴组成一组在一起游戏。

“我们先不要急着搭房子，先想想我们该怎么来搭，这样房子才好看，好不好啊？”小组长阳阳先与小伙伴们商量怎么拼搭房子。

“好啊，让我们一起来商量吧！”小伙伴们都同意阳阳的说法，大家很快商量出办法，接着一起合作拼搭房子。

可是不和谐的声音从另一边传出来。

“你干吗一个人拿积木啊，分给我们玩！”

“不给你们！”

楚楚一组的小朋友正在为一起拼搭房子的事吵架。

“老师，楚楚一个人把积木放在身边自己玩，不让我们一起玩！”

“给我给我……”亮亮拽着楚楚的手去抢积木。

“不给你，就是不给！”楚楚边说边打亮亮的手。

我看见连忙走过来：“出什么事啦？”

童童急着说：“她不愿意和我们分享积木一起玩！”

“楚楚，你怎么一个人在玩呢？”

“我不想和他们玩。”楚楚紧紧抱着积木说。

“你一个人玩多没有意思啊，如果大家在一起拼就会又好又快，是不是啊？”楚楚还是不怎么情愿与其他小朋友一起玩。

我仍耐心地对她说：“你看，阳阳他们快搭完了，如果你们一起搭，肯定也快，不是吗？”

“你们愿意和楚楚一起拼搭新房子吗？”我问其他几个小朋友。

“好吧，大家一起玩才有意思！”“是啊，楚楚和我们一起玩吧！”几个小朋友拉着楚楚的手说。

“那好吧，给你们，我们一起玩吧！”楚楚把她手上的积木分给了大家。

经过我的调节引导，最终楚楚答应和其他小朋友一起玩。

讨论分析：案例中的师幼互动反映出来幼儿同伴交往的什么特征？

参考回答

技能训练

一、课堂训练

案例 1

坦克大战

中班幼儿小宝、小贝和小安在玩积木。积木数量有限，小宝和小贝每人各拿约 10 块积木，各自搭了一辆“坦克”，小安只拿到了 2 块正方形积木。经过王老师协商，小宝和小贝从各自的“坦克”中拆下 1 块正方形积木给小安。小安现在有了 4 块正方形积木，但仍然搭不了他想搭的“坦克”；而小宝和小贝正在兴高采烈地玩“坦克大战”，他们表示自己的积木一块都不能再少，否则“坦克”就做不成了。王老师让幼儿自己解决，但并未起作用；王老师又引导小安玩别的游戏，可小安说：“我只想玩积木。”此时区角活动已经快结束了。

假如你是王老师，你会如何解决这个问题？

案例 2

扫描二维码，阅读案例“如何面对不合作的孩子”。

思考分析：幼儿不合作，应该如何处理？

如何面对不合作的孩子

二、实战演练

到幼儿园尝试观察某个幼儿缺乏合作行为的表现，记录并作分析。

拓展任务

一、阅读材料

材料 1

表 6-5 是不同年龄段幼儿合作能力培养的教师组织策略。

表 6-5　幼儿合作能力培养的组织策略

幼儿年龄段	合作行为特点	合作行为表现	教师的组织策略
3～4 岁小班	合作目的不明确，意图不明显，合作关系松散，以自我为中心	一对一的合作	重点培养小班幼儿的合作意识与合作习惯，传授简单的合作技能

（续表）

幼儿年龄段	合作行为特点	合作行为表现	教师的组织策略
4～5岁中班	开始有了小组意识与任务意识，有共同目标，4岁后幼儿能够站在对方角度考虑问题	容易形成互动，缺乏个人妥协意识	加强平等协商技能的培养，指导幼儿解决矛盾冲突的方法
5～6岁大班	合作意识和能力较强，有一定分工、协商能力	喜欢小组合作，组内个体与群体互动大大增加	重点促进大班幼儿由外部行为上的协调、配合逐渐深入到内部思维的互相碰撞、调和，促进合作结构、方式的转变

请思考，并谈谈以上材料对你开展幼儿合作行为教育的启示。

材料2

合作的本能

扫描二维码，阅读材料“合作的本能”。

思考讨论：如何利用以上材料对幼儿进行合作行为的教育？

二、思政话题

创新、协调、绿色、开放、共享的新发展理念

新发展理念即创新、协调、绿色、开放、共享的发展理念，是习近平总书记于2015年10月在党的十八届五中全会上提出的。

创新发展注重的是解决发展动力问题，协调发展注重的是解决发展不平衡问题，绿色发展注重的是解决人与自然和谐问题，开放发展注重的是解决发展内外联动问题，共享发展注重的是解决社会公平正义问题，强调坚持新发展理念是关系我国发展全局的一场深刻变革。

新发展理念就是指挥棒、红绿灯。全党要把思想和行动统一到新发展理念上来，努力提高统筹贯彻新发展理念的能力和水平，对不适应、不适合甚至违背新发展理念的认识要立即调整，对不适应、不适合甚至违背新发展理念的行为要坚决纠正，对不适应、不适合甚至违背新发展理念的做法要彻底摒弃。

阅读以上文字，请结合幼儿身心发展特点，思考与分析如何在幼儿教育教学内容中渗透新发展理念？

任务3 幼儿诚信品质的培养

情境导入

案例1

说话不算数

毛毛吃完午饭后来到阳台上玩起了自己的玩具，天天也来到阳台，手上拿着一个“弹珠警察”的玩具，毛毛见后马上走上去说：“你的‘弹珠警察’让我玩玩好吗？等会我的奥特曼也让你玩好吗？”天天点点头同意了。这时阿明来到他们那里小声地对毛毛说：“今天你带什么玩具？”毛毛说：“奥特曼。”阿明说：“你的奥特曼借我玩一下好吗?”毛毛说:“拿去吧!”在一旁的天天一下子跳了起来:“你不是说先让我玩的吗? 你说话不算话下次我不和你玩了。”于是两人争吵了起来。

讨论分析:谈谈你如何看待幼儿的此种行为? 对幼儿发展有何影响? 如何解决?

案例2

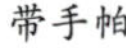

扫描二维码,阅读案例“带手帕”。

讨论分析:为什么幼儿会有这样的行为表现? 应如何应对?

知识学习

理论知识

一、幼儿诚信的含义

诚信是指一个人讲承诺、守信誉,是一个人道德品质的核心,是做人的根本。子曰:“人而无信,不知其可也。”认为人若不讲信用,在社会上就无立足之地,什么事情也做不成。正如《吕氏春秋·贵信》篇所说,“如果君臣不讲信用,则百姓诽谤朝廷、国家不得安宁;做官不讲信用,则少不怕长,贵贱相轻;赏罚无信,则人民轻易犯法,难以施令;交友不讲信用,则互相怨恨,不能相亲;百工无信,则手工产品质量粗糙,以次充好,丹漆染色也不正”。可见失信对己、对人、对社会的危害何等之大!

幼儿期是人格品质发展和形成的关键期,如果幼儿期的诚信教育得不到重视,后果可想而知。千百年来,诚信被中华民族视为自身的行为规范和道德修养,它应成为人们日常行为的准则。要使每一位公民都具有诚信的品格,必须从小抓起,诚信教育是幼儿教育的重要培养目标。《规程》中第五条谈及幼儿园保育和教育的主要目标时,将诚实作为培养幼儿良好的品德行为和习惯的任务之一。

幼儿的诚信,是指儿童在幼儿期应该具有的对待别人和周围事物的诚实、守信的态度和行为,它主要包括真诚、诚实和守信3种品质。真诚是指言行一致,不说谎,也是指能从对方的利益出发,没有保留地对待他人的品质;诚实是指自己的言行能与自己内心的思想保持统一,言行一致,表里如一;守信是指能尽最大的努力去实现已经做过的承诺,说到做到,不要赖。幼儿的诚信品质反映在对待他人的态度和行为上,主要是对幼儿的同伴、家长和老师的态度。

二、幼儿诚信品质发展的特点

1. 不同年龄幼儿诚信品质发展水平存在差异,中班幼儿诚信品质发展水平普遍出现暂时“低落”现象

幼儿从3岁入园至6岁离园,诚信品质有明显的发展。然而在整个发展过程中,中班幼儿诚信品质发展水平出现暂时的下降“低落”现象。有调查显示,由小班至中班,诚信品质水平表现出下降趋势;由中班至大班诚信品质水平呈上升趋势。出现这种现象与幼儿是非观念、自我意识和经验积累有关。主要原因是中班幼儿的是非观念较大班和小班幼儿有明显的发展,他们对一些简单的事情知道怎样是“对的”,怎样是“不对的”。中班幼儿与大班、小班幼儿在自我意识的发展水平上也有明显的差异。托班幼儿自我中心强烈,一切都以自己为中心,一切都是自己的,自己想怎样做就怎样做;小班幼儿自我中心开始削弱,他们开始关注周围的事物和人;进入中班后,幼儿开始在意周围人对自己的看法和态度,开始考虑自己的行为会带来什么后果,于是对自己不良行为开始加以“掩饰”。从道德品质来讲,对自己不良行为的“掩饰”被认为是一种不诚信。大班幼儿是非观念进一步发展,特别是对自己行为的评价能力得到发展;同时根据在与他人交往过程中积累的经验,开始意识到不同诚信行为会带来不同的后果。如小班孩子小便在身上后,要么不说,要么就自己把裤子脱下来,走到老师面前,他不会去掩饰。而中班孩子就不同了,中班幼儿规则意

识开始萌芽，他们知道小便在身上这件事是不对的，同时会为小便在身上而感到很难为情。但是，他们由于诚信意识还比较模糊，于是对小便在身上这件事加以掩饰，会说不是自己小便在身上的，而是茶翻到了身上，或者用双手捂住屁股告诉你："我没有小便在身上。"而大班孩子规则意识逐步形成，自我评价能力逐步发展，大班孩子在老师的教育下诚信的意识开始出现，已经知道说谎是不对的，用说谎是不能解决问题的，于是他们会悄悄地告诉老师："老师，我不小心小便在身上了。"老师也会注意保护他的形象，悄悄地帮他换掉。由此可见，幼儿的诚信品质的发展从中班的"回落"到大班得以"超脱"，中班幼儿诚信品质的"回落"是一种表面的、暂时的现象，其反映了幼儿自我意识的发展，在年龄增长中随着自我评价和认识水平的发展，将迎来诚信品质的飞跃。

幼儿常见谎言的种类

2. 诚信品质发展水平存在性别差异，男孩的诚信品质发展普遍没有女孩好

女孩与男孩相比较，无论是身体还是心理都要普遍发展得快一些，成熟一些。在对事物的认知上，女孩往往懂得什么能做，什么不能做，知道做错了事应该及时改正，不可以用说谎来掩盖自己的错误，懂得约束自己，告诉自己要做一个诚实的孩子，在品德发展上已有一定道德水平。然而，同龄男孩对事物一般缺乏一定的认知能力，当做错事情时为了不让成人批评，就用说谎来掩盖，他们没有意识到说谎是一个更大的错误。因此男孩的诚信发展水平普遍比女孩要低。

3. 家庭诚信教育的水平与幼儿诚信的水平密切相关

研究表明，关系融洽的家庭中的孩子，生活在一个愉快和谐的环境中，家庭中的成员互相尊重，家庭教育对幼儿诚信品质的发展具有重要影响，家庭是幼儿诚信品质发展的"摇篮"。家庭规则愈明确、严格，幼儿诚信品质发展水平愈高；家庭愈是经常对孩子进行诚信教育，幼儿诚信品质发展水平愈高。关系和睦融洽的家庭中的孩子比关系不融洽家庭中的孩子诚信品质普遍要高得多。彼此之间信任、关心爱护，非常注重诚信。父母对待孩子的态度若是非常民主，当孩子做错事时，父母不会以粗暴的打骂对待孩子，而会和孩子讲道理，孩子也不会因为做错事而撒谎、担心，即心理环境越宽松，孩子即使做错了事也易承认。同时父母之间的相互诚信就像一面镜子一样影响着孩子，孩子感受到的都是正面的、诚信的东西。反之家庭不和，整天争吵打架不断，那就可能没有时间、精力和心情来考虑、商讨和协调孩子的教育和诚信的问题，从而影响了孩子良好的诚信品质的培养。

实务知识

一、幼儿诚信品质的培养

幼儿诚信的培养应渗透在日常生活的各个环节之中。托幼机构通过生活活动、自由活动、游戏活动、学习活动一系列有计划、有目的的培养，能使幼儿诚信的品质明显提高。

1. 生活是培养幼儿诚信品质的最佳途径

诚信是个体在日常的一言一行中表现出的，从幼儿日常活动中选择能反映幼儿诚信品质发展水平的事情进行培养效果较好。如选择让孩子自己记录的方法让幼儿在一日活动中自己如实记录生活活动的各个环节，如：晨检（带手帕）、饭后漱口、午睡、塞内衣等。在教室门口贴一张写有"今天你带手帕了吗？""今天你睡得好吗？""今天你漱口了吗？""你把内衣塞好了吗？"的记录表。幼儿每天自己如实记录情况。通常这些活动可在老师的督促下或是通过检查制度来完成，等幼儿习惯了就可让幼儿自己选择记录，增强幼儿的兴趣，也为每个幼儿提供了充分体现诚信的机会，在潜移默化中培养幼儿的诚信。同时教师做好日常的观察记录是判断幼儿诚信度的有效方式之一。因此，通过生活活动中的细节与教师的观察记录来提高幼儿的诚信度是切实可行的，也是培养幼儿诚信品质的最佳途径。

2. 游戏为培养幼儿诚信的品质提供了有利的机会

游戏是最适合于幼儿的活动，也是幼儿最喜欢的活动。幼儿的许多游戏是真实社会生活的缩影，对幼儿社会化过程起到不可替代的作用。由于游戏的形式和内容繁多，可以选择性地创设某类游戏重点培养幼儿诚信的品质，如在棋类游戏中引导幼儿记录结果，制定游戏规则，在规则中体现诚信；利用角色扮演类游戏如“我是诚实的好孩子”等，鼓励幼儿敢于承认错误和培养实事求是的品质。

3. 提供自由活动的时间，让诚信品质自主发展

自由活动是幼儿最自然的活动，在这一活动中不应过多干涉幼儿，让幼儿自由玩，对孩子实事求是、讲信用的表现给予肯定。在自由活动中教师更多的是观察者，通过随机的教育，进一步呵护幼儿的诚信。

4. 丰富主题活动，促进幼儿对诚信的理解

通过丰富主题活动，促进幼儿对诚信的理解。教师可设计一系列的主题教学活动，如“诚实的列宁”“狼来了”“手捧空花盆的孩子”等，使幼儿初步了解什么是诚信。在预设的主题活动中帮助幼儿理解诚信的含义，培养幼儿的是非观念，并能尝试去做。定期进行有关诚信方面的预设的教学活动，使幼儿心中时刻树立诚信品质。

微课

诚信小故事《一诺千金》

5. 和幼儿建立真诚和相互信任的关系

“人之初，性本善。”年幼的孩子是非常纯真的，教师要利用这个良好的条件，和幼儿建立并保持真诚与互相信任的关系，抓住一日活动的各个环节对幼儿进行诚实教育。当幼儿不诚实时，教师要仔细观察、巧妙地引导幼儿，在与孩子建立真诚和相互信任的关系的同时及时纠正幼儿的不良行为与品质，教育幼儿不说谎，做一个诚实守信的孩子，为造就幼儿良好的人格道德奠定基础。

6. 正确对待幼儿的过错，及时纠正不诚实行为

在日常生活中，对幼儿出现的过失行为，如果父母或教师不能好言诱导，而是对其过失大加责难，使幼儿惊恐万状，惶惶不安，出于害怕幼儿就会故意说谎逃避指责，所以成人应首先了解幼儿错误行为出现的原因，因为很多幼儿出现的过失并不是有意为之，是与他的认知能力有关，所以要以理解和尊重的态度对待幼儿，和善引导，使幼儿敢于说真话，不怕承认自己的过失，培养幼儿勇于承认错误的品质。

案例分析

说好的游戏呢

在一次园本体育观摩活动中，执教老师在结束部分小结时对幼儿说：“这个游戏你们喜欢吗？”幼儿说：“喜欢。”老师接着说：“既然大家都喜欢，我们下午吃完午点后再继续玩。”幼儿听了欢呼雀跃。下午大家在操场等待那位老师和幼儿继续游戏，可是下班时间到了还是没有看到游戏的继续。执教老师给的原因是：下午班上有其他领域活动，时间难以安排，认为上午在活动小结时对幼儿说的话，没必要较真。

讨论分析：案例中的老师的做法对吗？老师这样的言行对幼儿会产生什么样的影响？

参考回答

技能训练

一、课堂训练

案例1　**争抢图书**

“我先拿到这本书的！”“是我先拿到的！”安安和栋栋边抢边大声地说，他们谁也不让谁，不一会儿，小书的封面被他俩撕破了。这时安安和栋栋都放下了这本书，安安另外拿了一本小书，栋栋也另拿了一本书，他俩这才安静下来独自看起书来。我轻轻地走到图书角：“哎呀！这本书是我们班上新买的，怎么撕破了，多可惜呀！是谁不小心撕破的？怎么办呢？”

请你尝试分析以上幼儿的行为特点并提出解决对策。

案例 2

扫描二维码，阅读案例“夸奖‘诚信’”。

思考分析：如何夸奖诚信的孩子？

案例

夸奖“诚信”

二、实战演练

到见习或实习的幼儿园里观察 1～2 个幼儿的说谎行为，记录并作分析。

拓展任务

一、阅读材料

材料 1

正确对待幼儿说谎行为

5～6 岁是幼儿说谎行为发展变化的重要转折时期。该阶段幼儿的身心发展渐趋成熟，思维经历着从无意性、不稳定性到有意性、稳定性的转变，抽象思维开始萌芽，认知活动的概括性与行为的有意性日渐突出。5～6 岁幼儿说谎大多是为了满足某种愿望或逃避责罚的有意说谎，且往往伴有强烈的紧张、害怕、内疚等情绪。同时，生活中社会交往的机会大幅增加，但大部分幼儿都难以娴熟地处理人际互动问题，社会规则意识尚未明确，容易出现违规后说谎的情况，这需要教育者们给予幼儿充分的关注和积极的行为引导。研究发现 5～6 岁幼儿出现违规行为在所难免。对此，幼儿教育者除了要有意识地、循序渐进地帮助幼儿建立社会规范意识外，还应当注重营造一种民主、愉悦、以“诚实为美”的教育氛围，避免对违规行为的严厉训斥和惩罚，减少幼儿的恐惧心理，信任并鼓励他们如实说出真相。

说谎与幼儿的认知发展密切相关，出现说谎行为并不意味着幼儿一定存在道德问题。对幼儿说谎现象“小题大做”或“漠视纵容”都不是端正的教育态度。幼儿教师和家长应当正确看待学前儿童说谎现象，秉持平常心与敏锐度共存。以幼儿说谎的发展特征为指导，了解不同幼儿说谎的原因，注意选择符合其身心发展规律的、科学的教育方法，切忌盲目给说谎幼儿贴上“坏孩子”的标签。幼儿家长还应养成定期了解孩子人际交往情况的亲子交流习惯，留意幼儿的心理状况，注重发觉和满足幼儿合理的内在需要。

幼儿教育者在使用榜样示范法时，一方面要考虑所选榜样的真实性、可靠性以及幼儿对榜样的熟悉度等因素，尽可能充分地发挥榜样的示范作用；另一方面，教育者自身也是幼儿社会学习的重要观察对象，应当时刻规范自身言行，恪守承诺，避免“谎言育儿”，身体力行地做好诚实表率。

材料 2

扫描二维码，阅读材料“浅谈幼儿诚信品质及研究”。

结合以上两则材料，思考讨论：如何培养幼儿的诚信品质？

浅谈幼儿诚信品质

二、思政话题

做诚信教师　用心灌溉“小树苗”

人无信而不立。诚信是一种责任，一种美德，更是一种力量。在幼儿的教育过程中，作为教师要言传身教，树立良好形象，做好幼儿诚信榜样。胡老师是镇中心幼儿园的一名幼儿教师，她时时刻刻本着“服务于家长，受益于孩子”的宗旨，细致入微地呵护每一棵幼苗。

在工作中，胡老师坚持以为幼儿服务为中心，将每一名孩子的小事牢记在心，诚以待人，以身作则，用行动感化孩子。班里有一位来自离异家庭的孩子，他的性格极为内向，无法和其他小朋友和睦相处，平常更不能集中注意力。面对这样一个特殊的孩子，胡老师尝试积极与他沟通，刚开始未收到明显效果，之后胡老师决心要用自己的真诚一点点感化他，多给予关心和呵护，慢慢地他开始和其他小朋友有眼神接触，后来逐渐会跟胡老师主动交流。经过一年多的相处，小朋友转变很多，现在已经能融入集体，也有了一颗上进心。

在与幼儿家长的沟通中，胡老师坚持“勤勤恳恳做事，踏踏实实做人”，与家长朋友真诚和睦相处，认真践行教书育人、家园共育的使命。在工作中，胡老师也曾遇到过幼儿在玩耍时出现一些小擦小碰，幼儿之间为争夺玩具发生小争吵等，胡老师会先把事情处理好，再及时与家长进行沟通，获得家长的谅解，同时与家长合作，共同帮助孩子改掉缺点，让他们能健康茁壮成长。

“不信不立，不诚不行。”诚信不但关系到师风师德形象，更关系到幼儿发展。作为一位幼儿教师，更应该以身作则，将诚实守信的种子深深地植根于每一位小朋友的心中，不忘教育初心，为孩子们的茁壮成长、祖国的繁荣昌盛贡献自己的一份力量。

阅读以上文字，请结合幼儿身心发展特点，思考与分析：如何培养幼儿的诚实守信？

任务 4　幼儿常见问题行为的处理

情境导入

案例 1　**爱发脾气的毛毛**

我女儿毛毛 3 岁多了，一直都挺听话的，性格也好。可是最近一个月不知道怎么了，动不动就发脾气。最令我头疼的是，我让她干什么，她偏不干，刚说她两句，就开始哭喊，闹情绪，真不知道该怎么办。

讨论分析：如何看待幼儿此类行为？应如何处理？

案例 2

扫描二维码，阅读案例“攻击性行为”。

讨论分析：幼儿的攻击性行为是何原因引起的？应如何处理？

攻击性行为

知识学习

理论知识

一、“问题行为”的内涵

1. “问题行为”的含义

问题行为是指那些和普通个体的一般行为相比所表现出的过度、不足或不恰当的行为。在这种意义上，问题行为可称为“不正常行为”。由于正常行为与不正常行为是一个连续体，连续体的两端是正常和不正常，而绝大多数的个体行为都属于两者之间的某一点，因此一般个体都不同程度地存在一些问题行为，只是严重程度不同而已。

2. “问题行为”的种类

问题行为有不同的种类，其中，以阿肯巴哈（Achenbach）等人的观点最为流行，他们指出可以把儿童的问题行为分成内部问题行为（内隐问题）和外部问题行为（外显问题）两大部分，其中，内部问题行为包括焦虑、抑郁、社会退缩等，外部问题行为包括多动、攻击性和违纪等。还有许多研究者从不同角度做过不同的划分，归纳起来主要有：社会行为问题——攻击、破坏、说谎、不能与其他儿童友好相处、过度反抗或任性等；情绪情感问题——抑郁、冷漠、焦虑、选择性缄默、过分敏感、易幻想等；习惯问题——习惯性吮手指、咬指甲、晃头、眨眼、玩弄生殖器及饮食、睡眠、排泄上的不良习惯等；排泄机能障碍、睡眠障碍、神经易紧张或生长发育迟缓、发育不良等；学习问题——活动过度、注意分散、反应迟缓等；精神问题——儿童恐惧症、儿童忧郁症、儿童狂躁症、精神分裂症前兆等；儿童多动症、小儿孤独症等特殊问题。

二、幼儿常见问题行为的表现

幼儿的问题行为是指个体在幼儿期易出现的不同程度的一些问题行为，通常有以下三种。

1. 幼儿社会行为问题

(1) 攻击性行为。攻击性行为，是指有意伤害他人身体或心理的行为。攻击性行为可以分为两类：故意的攻击和工具性的攻击。故意的攻击是有意伤害别人的行为，而工具性的攻击是为达到一定的非攻击性目的而伤害他人的行为。

幼儿攻击性行为通常表现为：当受到挫折时，采取打人、踢人、咬人、扔东西等类似的方式，来发泄自己紧张的情绪，以引起与别人的对立和争斗。幼儿的攻击性行为多见于男孩。引起幼儿攻击行为的原因大致有四种：①父母的惩罚。②榜样。攻击性的榜样导致幼儿模仿行为的发生。③强化。当幼儿出现攻击性行为时未及时制止也会增强攻击行为的延续。④遭遇挫折时易产生攻击行为。

攻击性行为幼儿的指导

(2) 说谎。说谎即说假话，说与事实不符的话。学前儿童出现说谎行为是比较常见的，许多成人认为这个问题很严重，也感到担忧，其实只要我们能够分析幼儿说谎的心理，对症下药是可以解决问题的。幼儿说谎通常可以分为几种原因：有的是属于想象型谎言，如 3 岁的小强看到别的小朋友有汽车玩，也说爸爸给他买了许多汽车，这类谎言产生的主要原因是由于小强认知水平低，不能区分想象与事实，它是小强一种美好的愿望的反映，不能归为真正的说谎。有的幼儿是为保护自己或逃避后果而说谎，如幼儿不小心弄坏了物品，就说不是自己弄的。还有的是幼儿为了引起成人的关注而说谎，如 4 岁的小红回家告诉妈妈今天老师表扬了她，其实没有。对于种种说谎现象，父母和教师不能简单地给予指责批评，而是需要仔细了解幼儿说谎心理，才可以从根本上解决问题。

(3) 偷窃。幼儿某种偶然的“偷窃”行为很多时候不能界定为“偷”的含义，而是与随便“拿”混淆。如，幼儿饿了，拿其他小朋友的东西吃；看到别的小朋友有个好玩的玩具，顺手拿来玩。幼儿在没有道德概念前，他们并不懂得这些行为是偷窃行为，是很不道德的。因此，父母与教师遇到该行为时，需及时了解原因再进行教育。如果幼儿经常出现随便拿的行为，就需要考虑可能是问题行为，就要进行深入分析和行为矫正。

2. 注意力问题——儿童多动症

多动症是多动综合征的简称，它是一种常见的儿童行为异常性疾患。多动症，是指以明显的注意力不集中、活动过多、行为冲动和学习困难为主要特征的一组综合征。多动症一般在幼儿 3 岁左右就会起病。在患多动症的幼儿中，通常男幼儿多于女幼儿。

幼儿多动症的主要表现：

（1）活动过多、动个不停、不能静坐、常干扰别人的活动、活动无目标。

（2）动作笨拙、精细动作的能力较差。

（3）注意力不易集中、易转移、做事常常有始无终。

（4）易发脾气、易兴奋激动、情绪易波动。

（5）有冲动行为和攻击行为、行为易变、对无辜的小动物残忍。

（6）难以遵守集体活动的秩序和纪律等。

以上这些表现，并非每个多动症患者都具备，而且其表现的程度也非完全一样。

3. 幼儿退缩性行为

通常，大多数孩子与其他小朋友能融洽相处，一起玩耍。原本正常的儿童突然到了一个完全陌生的新环境，或遇到了惊吓、恐怖的情景，出现少动、发呆、退缩等行为表现，这是正常的，是儿童正常的适应性反应。随着时间的推移，儿童会对所处的环境逐渐适应，并在做游戏等活动中，主动发展自己适应环境的能力。但是有些孩子，孤僻、胆小、退缩，不愿与其他小朋友交往，一起玩耍，更不愿到陌生的环境中去，宁愿一个人待在家里玩，这种现象称之为“儿童退缩行为”，多见于 5～7 岁的儿童。出现退缩行为的儿童很难适应新环境。童年时代的退缩行为如果不注意防治，不仅有可能延续至成年，而且，有可能持久地影响到他们成年后的社交能力、职业选择及教育子女方式等。

三、幼儿问题行为的原因分析

影响幼儿产生问题行为的原因主要分为先天和后天因素。

1. 先天因素

先天因素主要指遗传、脑损伤、怀孕期及围产期受损、新生儿缺氧、婴儿期的中枢神经系统感染、中毒、外伤及重度营养不良等因素，这些均可导致儿童神经系统特别是脑的发育迟缓或异常，这些是构成日后儿童问题行为的危险因素。如研究发现：发育缺陷的儿童常伴有活动过度、注意力不集中、精神发育迟滞，其行为和情感问题的发生率高于正常发育的儿童，儿童多动症被认为是特殊大脑调节功能失调的外在表现，患儿的脑干与大脑皮质的调节能力不足，使脑功能紊乱，适宜的调节不能被强化，不利的调节得不到抑制，从而表现出儿童多动症等诸多问题。还有研究认为，儿童的气质特点影响儿童的心理活动和行为与儿童问题行为的发展密切相关。儿童的气质分温顺型、难养型和启动缓慢型，其中难养型与启动缓慢型的气质特点是儿童问题行为发生的先天因素。国内学者张劲松等也发现难养型儿童易出现多种问题行为，启动缓慢型儿童的问题行为也明显多于易养型儿童。婴幼儿的某些气质特点不仅影响儿童的心理活动和行为，还有可能会影响儿童的同伴关系并可持续到成年。

2. 后天因素

后天因素主要包括家庭、幼儿园、社会等环境因素，其中学前期幼儿的心理影响主要来自家庭环境。不良的家庭环境是儿童问题行为发生的重要因素之一。家庭环境主要包括家庭结构、家庭气氛、家庭教育、父母个体因素、家长的期望水平等因素。如父母对儿童采取强迫、生气、拒斥、排斥等教养行为，儿童会经常表现出强烈的攻击性倾向和反社会倾向。父母的拒绝通常也易引发儿童的问题行为。单亲家庭、再婚家庭的儿童问题行为检出率较其他类型家庭均高。北京师范大学发展心理研究所通过调查研究发现，父母双亲的严厉的教育方式都与儿童被负提名、儿童的攻击性、学习问题等有显著的正相关，与儿童的被正提名、儿童的害羞等有显著的负相关；父亲严厉的教育方式与儿童的社交能力有显著的负相关；母亲民主的教育方式与儿童被正提名、儿童的社交能力有显著的正相关，而与儿童被负提名有显著的负相关；父亲民主的教育方式与儿童被正提名、儿童的社交能力有显著的正相关，与儿童的攻击性和学习问题有显著的负相关。除了家庭，影响幼儿问题行为的还包括幼儿园和社会，良好的幼儿园、社会的生活和学习环境也有助于减少幼儿的问题行为，反之，会增加问题行为。

实务知识

一、幼儿“问题行为”的评定

幼儿问题行为评定是根据一定的标准，在对幼儿问题行为的状况进行的评估、判断的基础上给出相应的评价或等级。表 6-6 和表 6-7 有助于幼儿教师了解幼儿的问题行为的程度。

表 6-6　幼儿行为教师评定量表

填表人：

姓名		性别		年龄		评分			
						0	1	2	3
1. 集体活动时在座位旁不停地来回走动									
2. 集体活动时发出不该有的声音									
3. 有要求必须马上给予满足									
4. 动作冲动(莽撞、冒失)									
5. 平时容易突发脾气和出现一些不可预测的行为									
6. 对批评过分敏感									
7. 易分心，集中注意力的时间短									
8. 打扰他人									
9. 做白日梦，好幻想									
10. 好噘嘴和生气									
11. 情绪变化迅速和激烈									
12. 好争吵									
13. 对信服的人很顺从									
14. 平时不安静，常常“过分忙碌”									
15. 易激惹和冲动									
16. 要求教师给予极大的注意									
17. 明显地不受同伴的欢迎									
18. 活动中容易接受同伴的领导									
19. 游戏时不能正确对待输赢，只能赢，不能输									
20. 缺乏领导能力									
21. 常不能完成已经开始的事									
22. 幼稚，不成熟									
23. 做错事时不承认错误或责怪别人									
24. 与同伴相处不好									
25. 与同伴不能合作									

（续表）

26. 易受挫折				
27. 与教师不能合作				
28. 学习困难				

注："0"表示完全没有此种行为表现；"1"表示有一点此方面的行为表现；"2"表示此方面的行为表现比较明显；"3"表示此方面的行为表现非常明显。

表 6-7　幼儿问题行为评估参照标准

行为评定	关联项目	评定标准
多动	1、5、7、8、10、11、14、15、21、26	≥20 分 表示此种行为比较明显
注意力不集中	2、7、8、14、16、21	≥12 分 表示此种行为比较明显
攻击性行为	4、5、8、11、12、17、19、23、24	≥18 分 表示此种行为比较明显
焦虑	3、5、6、9、16、22、28	≥14 分 表示此种行为比较明显
社会合作性	13、18、20、24、25、26、27	≥14 分 表示社会合作能力较弱

二、幼儿问题行为处理的常用方法

1. 行为矫正

（1）行为矫正的概念。行为矫正是根据学习理论，对幼儿进行反复训练，以达到矫正不良行为、形成好行为的方法。这种方法的理论假设是：一切行为都是学习得来，因此不良行为是可以改变的。在使用该方法时要注意：一是行为矫正是改变行为，而不是改变人格，但可以导致人格改变。二是行为矫正是一个反复训练的过程，有一定的阶段性。行为矫正分 3 个阶段：现有阶段、矫正阶段和维持阶段。

（2）行为矫正法的原则：①有利于幼儿身心健康；②遵循道德准则；③防止滥用和误用。

2. 正强化法

正强化法就是奖励法，每当幼儿表现成人所期待的行为时，就给予精神的或物质的奖励，这样行为就得到强化继续维持下来。

（1）强化的分类。给幼儿的强化有很多方式，但一定是幼儿感兴趣的。适合幼儿的正强化法可以分为以下四种：

① 消费性强化物。指饼干、糖果等一次性消费品。

② 活动性强化物。指做游戏、看电视、玩玩具等孩子感兴趣的活动。

③ 拥有性强化物。指在一定的时间内孩子可以拥有享受的东西，如衣服、玩具、图书等。

④ 社会性强化物。指表扬、点头、微笑、温情的拥抱、抚摸等社会性情感的行为表现。这对每个孩子几乎都有效，能让孩子感到自己受到关注、肯定，产生满足感。

（2）实施要求。在实施正强化时，要注意几点：

① 及时强化，不要拖延。一发现幼儿有良好行为出现时，及时奖励效果明显，间隔时间越长，效果越差。

② 给予奖励时，把良好行为具体描述一遍，使孩子更明确以后要怎么做。

③ 防止饱厌。所谓饱厌是指幼儿对这种强化物已经不需要或没兴趣了。为防止这种现象发生要注意两点：一是每次给予的奖励不要太多，二是经常更换奖励物，千篇一律的强化孩子很容易没兴趣。

④ 防止误用。正强化方法使用不当，可能强化不良行为。如一小朋友不肯入园，抱着妈妈大哭，这时

老师拿来一个玩具给她，这可能会强化她的哭闹行为，正确的做法应该是先让孩子离开母亲入园了，再给她玩具，强化入园行为。

3. 惩罚法

惩罚法又称厌恶疗法，是指某种不良行为出现时，附加一个令人厌恶的刺激，从而导致这种行为减少的方法。如一幼儿经常攻击他人可采用暂时隔离法，使他明白不良行为发生后就要受到不愉快的刺激，从而消除不良行为。但处罚不能采取恐吓、打骂等粗暴方式，以免造成儿童的逆反心理。处罚常见的三种形式：体罚、批评和隔离。

(1) 惩罚的副作用：因惩罚刺激比较强烈，会产生许多缺点和副作用，因此要慎用。惩罚容易导致：

① 不良的情绪反应。不当的惩罚会导致幼儿不良情绪反应，如愤怒、悲伤、紧张等。这些负面情绪会影响幼儿的身心发展。

② 产生逃避反应。幼儿一旦害怕惩罚就会采取逃避行为，还可能用说谎话来逃避某种行为的产生。如受到教师严厉批评的幼儿会厌恶入园。

③ 不良行为的模仿。幼儿有很强的模仿能力，成人不良示范行为会导致幼儿模仿来对待其他幼儿。

④ 不能树立良好行为。惩罚只能抑制不良行为，但不能让幼儿树立良好行为。

(2) 实施要求。

① 惩罚及时。拖延惩罚会使效果不佳。

② 惩罚适度、适量、合理。惩罚需有明确的原因，不能无缘无故，这体现公平，惩罚还要做到适度，罚得太重，孩子产生不良情绪影响心理发展，罚得太轻，幼儿没感觉没效果。还要注意不要经常性惩罚，会导致孩子产生“免疫力”，也没效果。

③ 惩罚应和良好行为的强化结合。惩罚的最终目的是要孩子知道能做什么和不能做什么。

4. 消退法

消退法是对不良行为不予理会、关注，使之减少或消除儿童不良行为发生的方法。例如，佳佳上课时想让大家关注他，就在自己的座位上摇摇晃晃，第一次老师提醒他，照旧，第二次若教师采取不理睬的态度来对待，则该行为可能逐渐消退。

消退法是一种简单的行为矫正法，成人经常有意无意都在运用。但运用时要遵循以下要求：

(1) 消退应和正强化结合。在消退不良行为时，如果能对良好行为进行正强化效果更好。

(2) 不受旁人干扰。实施时要控制好情境，不要因他人干扰而使消退行为中断。

(3) 坚持。成人在消退孩子的行为时，一定要坚持，如果不坚持，就会前功尽弃。

(4) 防止消退幼儿的良好行为。当幼儿表现良好行为时，如果成人不理睬，就会消退该行为。

5. 模仿法

模仿法又称示范法，是通过观察学习来增加、获得良好行为，减少、消除不良行为的方法。它以班杜拉的社会学习理论为基础，幼儿的许多行为都是通过模仿而获得。因此，模仿可以改变一个人的行为，它比较适用于幼儿的恐惧、孤独、退缩等问题的矫正。

模仿的基本类型有：电视、电影或录像模仿法、现场模仿法和参与模仿法。运用本方法时要注意，最好请年龄相近的幼儿做示范者，在缺乏合适的示范者时，家长可充作示范人。

6. 代币法

代币法又称标记奖酬法，是用象征钱币、奖状、奖品等标记物为奖励手段来强化良好行为的一种行为矫正方法。

代币其实是一种中介物，在行为改变的过程中，用一种本来不具有增强作用的物体为表征（如筹码、铜币、纸币等），让它与具有增强作用的其他刺激物（如食品、玩具等）相联结，让这种表征物变成具有增强力量的东西。这一种经由制约历程而获取增强力量的表征物，通常称为制约增强物。能够累积并可兑换其他增强物的制约增强物，则称为代币。针对一组人实施的一套专门运用代币来增强目标行为的有组织的方案，就称为代币制。任何可以累积的东西，都可以在代币制中充当中介物，以资换取后援增强物，如食物、日常用品等。代币制的成效高低，完全取决于后援增强物的种类多寡以及增强力量的大小，所以行为改变方案务必慎重选择后援增强物。

代币法是根据美国心理学家斯金纳的操作性条件反射学说中的强化法则设计的，斯金纳的观点是：凡是受到强化的行为会再次发生。这种方法由 T. 阿龙和 N. H. 阿兹灵于 1968 年首先用于临床，治疗慢性的或衰退的精神病患者和智力落后儿童。患者在执行了要求他做的良好行为时，就以奖励来强化这种行为；如果不能按要求做出良好行为或出现不良行为时，则要扣币，使不良行为消退。

使用代币法需要注意的几个问题：

(1) 代币法是整体行为塑造的一种方法，它实质上是一种良好习惯的养成与行为的改变。所以在运用代币法的过程中，要注重从整体上塑造一个人的行为，而不仅仅是去除不良的行为。只有整体行为上的改变，才可以深刻地改变一个人的人格，并让其心理上得到成长。

(2) 确立行为基线，取得目标行为出现前的基线数据，为行为改善的设计提供基础。比如，想改变一个幼儿上课爱说话的状况，首先要确定他在一节课上平均说话的次数，这样才能对他是否有所改善有评判依据。

(3) 代币的设计要特别。选择的代币如红花、“笑脸”、五角星等，要是特别制作的，不易被复制，要易于携带，可以随时方便地发放，且不具有其他实用功能，只能在行为矫正交换系统中使用。

(4) 代币给予或扣除要及时。强化理论的重要原则之一就是要及时强化。当目标行为出现时，应立即给予强化。这样才能让好的行为在下次更容易出现。如果出现了不良行为，要及时扣除代币，这样可以削弱不良行为出现的概率。

知识链接

幼儿在园行为代币记录表

(5) 建立兑换制度。积累了一定的代币后可以进行兑换，要规定兑换的时间、地点，以及各种强化物需要代币的数量，使整个操作有序进行。

(6) 代币的流通要遵守诚信原则。代币的发放和兑换一定要严格按行为改善计划中的规定来做，维护代币的尊严，让代币真正地成为有效的强化物。

案例分析

好“武力”的子凯

子凯是小班的幼儿，独生子，他各方面表现都比较突出，但是子凯任性、脾气暴躁、好“武力”解决问题。玩建构游戏的时候，幼儿都很认真地用积塑、花片构建房子、桥等各种建筑，子凯跑到嘉汛那桌面前，看了一下，迅速地从他们搭好的房子中拿走两块拱形的积木。这时，嘉汛喊了起来：“快放下，是我们的。”可子凯没理会，就往自己的桌子走去。这时，嘉汛一把抓住子凯的衣服，子凯一转身拿起积木就向嘉汛的头上砸去，嘴里还喊着：“打死你！”这时别桌的小朋友也围了过来，想看看发生什么事。像这样的“问题”子凯发生过许多次。以至于老师提到他就头痛，小朋友呢，则是不停地告他的状。子凯的确是一个“问题儿童”——任性、好强、喜欢攻击别人……

讨论分析：案例中的子凯主要存在哪些问题？作为他的班主任，你应该怎么做？

案例分析

参考回答

技能训练

一、课堂训练

案例 1

班里的“小霸王”

4 岁的太阳是班里的“小霸王”。平时做游戏或吃饭，只要有小朋友稍碰了他一下，他就会对其推搡或脚踹，如果有人拿他喜欢的玩具，就上去跟人厮打。

请你尝试对该幼儿的问题行为进行分析并提出矫正意见。

案例 2

爱玩枪的豪豪

扫描二维码，阅读案例“爱玩枪的豪豪”。

思考讨论：作为教师可以如何帮助豪豪呢？

二、实战演练

到幼儿园见习或实习时，观察和收集 1～2 个幼儿的问题行为表现进行分析和辅导。

拓展任务

一、阅读材料

材料 1

如何区别儿童行为偏差与行为障碍

行为偏差：是指儿童正常心理发展过程中所发现的一些发展性问题。

行为障碍：指已经够得上临床诊断的精神障碍。

儿童行为偏差的临床特点主要包括：①问题突出发生在某一个年龄段，在这之前或之后表现都不明显，如遗尿；②无论是情绪或是行为问题，通常表现形式比较单一，如仅仅有害羞的症状，不存在明显的症候群，也就是说，个体的其他行为基本良好；③没有类似的人格缺陷或家族继承性，通常与父母的管教方式或生活环境有关，如来自山村的孩子初次接触大城市会显示出明显的恐惧行为。

相对于行为偏差而言，心理障碍则要严重得多。具有心理或行为障碍的儿童，对他们临床症状的判断可以依据以下三点：①比较严重的和广泛的生活和社会功能损伤，并且其损伤的原因主要是精神性的，如孤独症儿童的比较深刻的语言障碍；②持续时间长久，通常不会随着年龄的增长而自行消失；③许多问题与家族遗传有关，通常在一些直系亲属中可以找到相关或类似问题，或者其父母当中有一方具有一些人格缺陷。研究表明，家长没有心理健康问题，其子女有问题行为的比例就比较少；而家长自身有心理健康问题的则其子女有问题行为的比例竟高达 60%。这就是说，有一半以上的孩子的问题行为与其父母心理健康不佳有密切的关系。因此，要培养孩子良好的个性行为，必须先从父母自身做起，时时注意自己的言行。

材料 2

父母教育方式对幼儿问题行为的影响

扫描二维码，阅读材料“父母教育方式对幼儿问题行为的影响”。

思考：父母教育方式对幼儿问题行为的影响有哪些？如何向父母宣传正确的教育方式？

二、思政话题

教育部印发的《幼儿园保育教育质量评估指南》(2022)，对幼儿的道德启蒙作了更详细的规定，明确了“落实立德树人根本任务”“将培育和践行社会主义核心价值观融入保育教育全过程”“注重幼儿良好品德和行为习惯养成”“创设温暖、关爱、平等的集体生活氛围，建立积极和谐的同伴关系”“帮助幼儿学会生活，养成自己的事情自己做的习惯，培育幼儿爱父母长辈、爱老师同伴、爱集体、爱家乡、爱党爱国的情感”。

请阅读以上文字，结合幼儿身心发展特点，思考与分析：幼儿教师如何做到立德树人、因材施教？

单元小结

在幼儿教育阶段，培养良好的品行对于孩子的成长和发展至关重要，尤其在尊重他人、分享与合作、诚实与礼貌、责任感与自律、良好习惯和社交技能等方面。比较重要一点就是，幼儿良好品行的培养需要家长和老师在日常生活中注重引导和教育。通过尊重他人、分享与合作、诚实与礼貌、责任感与自律、良好习惯和社交技能等方面的培养，帮助幼儿形成良好的品行，为未来的成长和发展打下坚实的基础。

单元练习

一、填空题

1. ________是个体心理健康的重要指标。
2. 自尊心、自信心的培养的关键期是________。
3. 多动症幼儿的起病年龄一般在________。
4. 幼儿的诚信包括________、________、________三种品质。
5. 幼儿自信心是由________、________、________3个维度构建的。
6. 影响幼儿合作的外部因素包括________、________。
7. ________是通过观察学习来增加、获得良好行为，减少、消除不良行为的方法。
8. 适合幼儿的正强化法可以分类为________、________、________、________。
9. 幼儿内部问题行为包括________、________、________。
10. 多动症，是指以明显的注意力不集中、________、________和________为主要特征的一组综合征。

二、简答题

1. 什么是行为矫正？行为矫正法的原则有什么？
2. 怎样培养幼儿合作行为？

三、案例分析

3岁的小明上床睡觉前非要吃糖不可。妈妈一个劲儿地向他解释睡觉前不能吃糖的道理，小明就是不听，还用高八度的嗓门哭起来。妈妈生气地说："再哭，我打你。"小明不但没有停止哭叫，反而情绪更加激动，干脆在地上打起滚来。

请你分析一下引导儿童控制情绪的方法。

四、论述题

请分析论述造成幼儿自信心缺乏的主要原因。

聚焦考证

面试真题

1. 炎炎在幼儿园总想争第一，怎么办？
2. 一天生活中浩浩不管做什么，都说我不会，对于不自信的幼儿，你怎么办？
3. 试讲：《做一个文明的孩子》

   案例：孩子没礼貌，在公众场合说话不控制音量。

   要求：

   (1) 创编一个简单的情景教育故事；

   (2) 选择或制作道具；

(3) 模拟对小班幼儿表演；

(4) 10 分钟内完成。

4. 试讲:《盲人摸象》游戏

要求：

(1) 结合动作模仿,对幼儿讲解游戏,玩法演示到位；

(2) 问题:如果盲人无法辨别,你有什么办法帮助他?

单元七
家庭与社区教育资源的利用

单元导读

幼儿园教育、家庭教育、社区教育是构成现代学前教育体系的三个重要组成部分，它们时空连接，构成完整一体的教育网络，共同对幼儿成长和发展起影响和教育作用。三方面教育方向上统一要求，作用上形成互补，步调上协调一致，就会形成教育合力。因此，幼儿园要善于争取家庭、社区的配合和支持，从中挖掘利用有益的教育资源。

本单元主要从家庭、社会两个维度讲述家园合作、社园共育的意义、目的、方法策略、注意事项，以及家-园-社区“三结合”教育活动开展的意义价值。通过知识学习、技能训练、拓展任务练习等，帮助学习者掌握家-园-社区“三结合”共育的方式方法。

学习目标

➢ 素质目标

1. 树立正确的价值观，建立合作共赢的教育观念。
2. 弘扬中华优秀传统文化，养成团结合作、善于沟通的品质。

➢ 知识目标

1. 认识开展家园活动的重要意义和社区资源开发利用的重要性。
2. 了解幼儿园与家庭、社区教育“三结合”的内容和方式，熟悉利用家庭和社区资源开展活动的原则和方法。

➢ 能力目标

1. 能够合理开发和利用幼儿家庭教育资源，设计具体的活动方案并开展各种家园活动。
2. 能够恰当选取社区中可以利用的资源，进行教育活动设计并开展相关的幼儿教育活动。

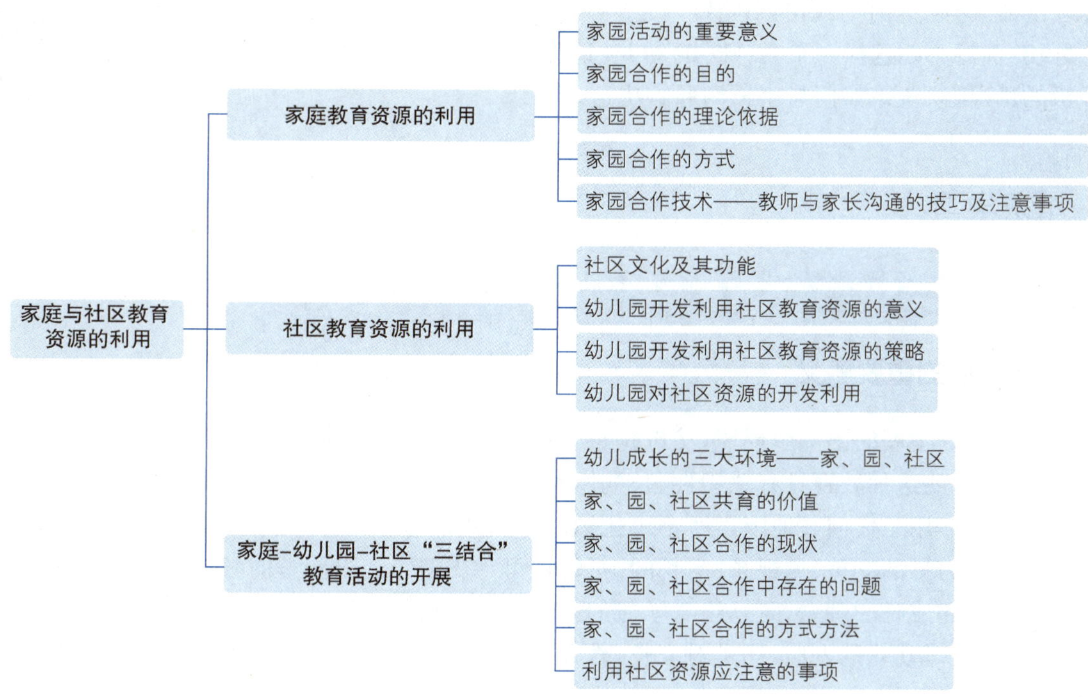

任务1　家庭教育资源的利用

案例1

元旦汇报

临近期末，班级精心组织了一场别开生面的元旦汇报演出，每个孩子都有机会上台展示自己的才艺。演出开始了，在欢快的音乐声中，孩子们6个一组踏着模特步走上台来，依次自我介绍，并说一句祝福的话。孩子们自信而神气的精彩亮相立刻赢来家长阵阵热烈的掌声。接下来孩子们又为爸爸妈妈朗诵儿歌，演唱英文歌曲，还邀请他们上台来做游戏，家园同乐，气氛热烈，情意浓浓。在联欢会的最后，老师把要为本学期“五星级好爸爸(妈妈)”颁奖的消息透露出来，整个会场气氛顿时推向了高潮。大家再次重温了自己的班训：“我是中一班的小朋友，我能行，我真棒，特别有礼貌，特别爱学习，特别讲卫生，特别守纪律。我爱我的老师，我爱我的小伙伴，幼儿园就是我的家，老师就是我妈妈。”孩子们表现得棒极了，热烈的掌声再次响起，大家感到特别自豪。这不仅是对孩子们的鼓励，也是对老师工作的肯定和赞许，同时又是对家园合作成功的支持。当老师把获奖的家长邀请到台上，为他们颁发精心准备的荣誉证书，他们的小宝宝亲手为他们献上鲜花，并且每人说一句感谢爸爸妈妈的话之后，全场响起了雷鸣般的掌声。突如其来的荣誉使这些获奖的家长激动不已，他们永远不会忘记，那热烈动人的一幕想必也会在孩子幼小的心灵播撒下爱的种子。

讨论与思考:这个活动的成功之处在哪？对你有什么启示？

案例 2

扫描二维码,阅读案例“多动的小明”。

多动的小明

讨论分析:面对小明这样一个“特殊”的幼儿,请你认真分析其中可能存在的问题,并根据自己分析的情况,谈谈该如何与家长沟通解决这个问题。

知识学习

理论知识

一、家园活动的重要意义

家庭是孩子成长发展的第一个环境,父母是孩子的第一任老师,家长与孩子之间特有的血缘关系、亲情关系与经济关系,使这种教育具有感染性、长期性和针对性,教育内容复杂丰富且教学方法灵活多样,它对儿童发展所起的作用是任何其他因素所不可比拟的。因此,幼儿园教育要争取得到家长的认可和同步,获取家长这一重要力量的支持(见视频“家长的力量:认可=支持”)。当前学前教育界倡导家长、教师和孩子在交流交互中一起成长的理念,既是终身学习的一个意识,也是一种人与人之间平等、尊重、和谐的新型的人际关系,它无论对幼儿的发展,还是对家长、教师作为一个社会人在社会文明中的进步和发展,都具有非常重要的积极意义。

家园合作是家长和教师之间的一种沟通方式,是一种双向互动的活动,是家庭教育和幼儿园教育的相互配合。通过亲子活动等一系列家长参与的活动,让幼儿与家长在游戏中拉近彼此的关系,让平时很忙的父母能有机会与幼儿、与教师来个亲密接触,也使部分作为独生子女的幼儿有个与好朋友一起出去玩的机会,从而发展幼儿的交往能力。家长与老师可以交流幼儿在家与在园的一些情况,交流各自的一些教育教学方法,根据每个幼儿的不同特点,选取适合的教育方式方法。

以幼儿园为核心的家园合作活动,其目的就是充分发挥家长的教育资源作用,支持幼儿园的教育活动。让家长了解孩子在幼儿园内的各方面表现,了解教师是如何教育孩子的。让他们通过观察教师的教育行为和孩子的表现,反思自己的家庭教育的内容和方法。同时也对家长的家庭教育提供帮助和进行指导,提高家长素质和家教质量,促进儿童身心健康发展。

二、家园合作的目的

1. 实现教育观念转变,促使家园教育协调一致

一方面,教师转变主要依靠自己完成保教任务的观念,变教育的封闭性为开放性,主动采取措施,充分调动全体家长的积极性,形成关心幼儿园教育的风气,善于利用多种形式开展家园合作。另一方面,家长转变思想观念,转变“教育”是幼儿园的事,只需把孩子“放心”地交给幼儿园就行的思想,以及交给幼儿园就应该由老师管的思想,经常学习育儿知识,主动关心幼儿园和班级的事情,经常与老师沟通,教育一致,共同教育孩子。

2. 帮助家长了解和参与班级的各项活动

幼儿园“家长园地”这个栏目活跃着老师与家长的交流,是反映保教工作情况的一扇窗户,幼儿园班级通过家长园地,可以密切幼儿园与家庭、教师与家长间的沟通和了解。家长们每天在接送幼儿时都会不约而同地聚在栏目前仔细阅读,从中感受老师对每个幼儿的关注和热爱,体会孩子们的点滴进步,并且还会踊跃为栏目创设主题,比如“我会看红绿灯了”“我知道家住在哪里”“我会帮助别人”等,借此拉近家长和老师的距离,促进彼此间的信任和沟通。教师还要改“封闭式”教育为“开放式”教育,鼓励支持家长拿出热情

和行动积极参与到班级的各项活动中。

3. 发挥家长委员会等的桥梁纽带作用

家长作为教育孩子的主人翁，既要明确家园共育的重要性，也要对幼儿园和班级有更清楚的了解和认识，更加明确自己在班级教育和孩子的成长中应担当的角色，知道应怎样参与幼儿园和班级的活动，怎样参与家委会的工作，怎样指导和教育好幼儿。

三、家园合作的理论依据

家园合作是幼儿园教育始终要涉及的话题。家园合作是指幼儿园和家庭（社区）都把自己当作促进幼儿发展的主体，双方积极主动地相互了解、相互配合、相互支持，通过幼儿园与家庭的双向互动，共同促进幼儿的身心发展。实际上，幼儿教育本身就是一个系统的工程，需要幼儿园、家庭、社会多方面共同努力。实践也表明，幼儿园只有和家庭密切配合，协同合力，家园共育，才能促进幼儿全面、健康的发展。

世界教育规划研究专家沙布尔·拉塞克、乔治·维迪努认为：教育是一个民族的神经系统，学校教育不可能垄断教育；因而必须把学校教育同家庭、孩子周围的人们以及大众传播媒介的影响协调起来。国际教育组织也呼吁要关注儿童的学习，加强幼儿与家庭的紧密结合。

在我国，教育部颁布了《幼儿园教育指导纲要（试行）》《幼儿园工作规程》等文件，也为我国家园合作提供了政策支持。可见，家园合作是国际幼儿教育发展的潮流与趋势。

知识链接

家园合作的政策支持

实务知识

一、家园合作的方式

1. 家园活动的方式——亲子活动

亲子活动是家园有效沟通的重要途径。幼儿园亲子活动，不仅可以充分利用教育资源，促进幼儿的发展，为孩子和家长提供共同游戏、共同成长的环境，增进亲子感情，而且可以借机向家长传播先进教育理念，为家长提供互相学习、交流的机会，使家园沟通更直观、更立体，也更有效。

适度开展亲子活动，可以深化家长对幼儿园工作的理解。活动的内容和方式要适合孩子生理、心理发展的需求，符合教育的要求，家长也要积极主动地参与和付出较多的时间和精力予以配合。每年小班幼儿入园前的1～2个月里，可以利用周六和周日，安排多次亲子活动，让家长带孩子走进幼儿园，熟悉环境和老师，认识将要朝夕相处的小朋友们。通过"找伙伴""巧巧手""捡气球""大家一起来"等游戏活动，让家长和孩子逐渐了解即将开始的幼儿园生活，克服焦虑情绪，对教师和幼儿园产生亲近感和信任感，拉近家园距离，奠定今后家园合作的基础。

在教育活动中适度组织亲子活动，可以让家长了解幼儿园教育内容，明确家庭与幼儿园教育配合的要求，还可以选择恰当的内容和方式，进行延伸教育。如中班主题活动"春姑娘来了"，孩子们和老师一起来到广场放风筝，走到河边看蝌蚪，在种植园里播种，在小树林里看花等。幼儿园还布置"家庭作业"，让家长利用休息日带孩子一起去郊游。举办"我眼里的春天"亲子手工制作活动和幼儿口述日记展览活动，引导幼儿观察春天特征、感受春天的变化、体验春天带来的快乐。

亲子活动要确定地点，明确角色。在开展亲子活动过程中，选择合适的场地，提供恰当的环境，能够使幼儿和家长体验到活动的欢畅和自由，增进彼此的情感交流。如以安静为主的手工制作、绘画等，适合在活动室内进行；而以运动为主的亲子运动会、亲子游戏等适合在户外进行（见图7-1，图7-2）；需要利用社区资源进行的亲子活动，则要走出幼儿园，走进社区，走向田野（见图7-3，图7-4）。要充分发挥家长资源的作用，把家长推到台前，使之成为整个活动自觉的引导者。

图 7-1　亲子足球赛

图 7-2　亲子足球活动

图 7-3　亲子摘草莓

图 7-4　班级亲子研学活动

亲子活动要选择人员，突出教育的针对性、实效性。一般而言，在日常接送孩子的过程中，祖辈家长较多；在传统家庭格局中，妈妈承担育人角色较多。为了合理发挥好家庭人员的作用，可以设计"爸爸陪我来约会"亲子活动，专门请爸爸参加，发挥父亲角色特有的教育作用；在"三八"妇女节，请妈妈参加活动；在"九九"重阳节，请爷爷奶奶进园，等等。为避免一对一亲子活动中家长包办代替的现象，可以采取分组的方式，请一个家长指导几个孩子并进行轮换，突出孩子的主体性。

亲子活动结束后，家园都要进行必要的反思，强化亲子活动带来的效果。一方面，家长要通过活动反思自己，在今后的日常生活中不断规范自己的行为，时时处处为孩子作出好榜样，提高自己教育的方法和水平。另一方面，教师也要进行反思，积极探索家园合作的新形式，不断寻求提升家园共育好效果的方法。

亲子活动的开展

2. 家园合作的方式——家访要有"备"而访

家访是家园沟通的重要方式之一，它不但有利于协调家长与幼儿园的关系，也有利于教师与家长建立良好的伙伴关系，而做好成功的家访需要我们教师做到有"备"而访。

（1）"备"目的。教师的每次家访都应该有明确的目的，此次家访要达到什么目的？解决什么问题？一般来说家访的目的有三个：及时向家长反映孩子近段时间在园的表现；了解幼儿家庭情况、家庭教育状况、家庭教育环境对孩子的影响，孩子在家中的表现；共同探讨孩子的教育。每次家访目的应有所不同，侧重点也应不同。

（2）"备"家长。每个家长学历不同、个性脾气不同、职业不同、学识阅历不同、育儿观念不同，对教师的家访也会存在不同的态度。哪些话该说，哪些话不该说，不能不看对象信口开河。所以家访前应对家长的各方面情况有所了解，尽量做到信息全面，掌握家访的主动权。

（3）"备"孩子。家访前，必须对孩子的在园表现、学习习惯、兴趣爱好、同伴交往、个性、优缺点等全面掌握，以便家访时信手拈来，提高家访的实效性。

(4)“备”时间。家访时间的选择和控制,关系到家访的质量和有效性。在时间的选择上,切不可盲目家访,做“不速之客”,要尽可能考虑家长的职业、家庭情况,提前预约时间。家访的时间宜控制在半小时到一小时之间,以不妨碍家长工作、学习和生活为前提。提前预约是家访前不容忽视的环节,除了约定时间之外,教师还可以向家长简单提及此次家访的重点内容,让家长有一个充分的准备和思考时间,以待家访时再深入探讨。

(5)“备”谈话内容。家访的内容应该多样化。比如需要了解孩子的家庭教育情况,当孩子取得进步了,发现孩子有问题了,孩子之间发生争执了,孩子在园发生安全事故了,孩子有家庭困难了等,都可根据需要适时进行家访。

谈话的内容要有中心。家访谈话不是随意交谈,不能海阔天空,漫无边际,想说啥就说啥,否则就达不到家访的真正目的了。教师要在有限的时间内精心组织谈话内容,务必突出重点,分清主次,掌握好先说什么,再谈什么,不随意更改话题内容。

把握好谈话的主动权。从家访的主动性来看,教师是家访的发起者,又是预先准备的一方,在家访的谈话中,教师自然占了主动地位。在谈话中,家长往往只是接受教师发出的信息,承诺配合教师协同教育孩子,在家访中处于被动地位。认识到这一点,教师在家访中,应尽可能巧妙地控制整个谈话内容和现场的谈话气氛,要表现出对家长的尊重,要和家长交流双方共同关注或感兴趣的一些教育话题,万一离题,想办法拉回话题。在整个谈话中,要把握好整体谈话思路,使用好谈话的主动权。

谈话要有鼓励性、互动性和真实性。家访时,教师要注意,家访不是“告状”,“告状”式家访不但不能建立合作关系,反而容易对教师、家长和孩子之间的关系产生负面影响,产生破坏性后果。在家访时以鼓励、表扬为主,宜多发现孩子的长处、闪光点,多鼓励,少埋怨,用发展的眼光看待每一个孩子。同时注意谈话内容的互动性,教师不可“一言堂”,“一言堂”式的家访只能让家长被动地接受和参与,使谈话内容为消极的互动,收不到理想的家访效果。同时谈话内容不能夸大其词,华而不实,要言之有物,朴实真切。

(6)“备”家访计划。教师事先准备好家访计划,主动进行家访,能使家长主动配合幼儿园做好相关的教育工作,达到事半功倍的教育效果。为此,教师应该延长家访的时间跨度,在一个学期内有计划地安排家访,避免因密集家访而造成重完成数量、轻效果质量的现象。教师可以根据自己的准备、家长需求和孩子的问题来调整家访的时间,主动安排家访,力求选准家访时机,在“有需要”的时候出现。

案例分析

家访要有“备”

某幼儿教师为新学期做了以下家访计划:

家访计划	
家访目的	了解本班幼儿的基本家庭情况 争取家长对幼儿园教育的认可与支持
家访形式	走访幼儿家庭 电子联系(电话、邮件、微信)
家访内容	1. 了解幼儿在家庭的情况、成长环境和家庭表现,例如学习习惯、生活习惯和个性特征 2. 向家长反馈幼儿在幼儿园的表现,引导家长树立科学的育儿观念 3. 与家长讨论促进幼儿发展的措施和方法
家访时间	周一至周五晚 19:00～21:00

请从家访要有“备”的角度分析,谈谈该家访计划有何优缺点。

参考回答

二、家园合作技术——教师与家长沟通的技巧及注意事项

家长是教师重要的合作伙伴，双方通过双向互动共同促进幼儿身心的发展。搞好家园沟通，关键在于建立相互信任、尊重、支持的情感桥梁。而这一切首先取决于教师的态度和行为，包括对孩子的关爱，对工作的责任感，对家长的尊重与理解。当家长感受到教师喜爱自己的孩子，以平等友好的态度对待自己，就会对教师产生很大的信任感，乐于与教师接近，愿意与教师沟通和配合，这为家园合作奠定了坚实的基础。

家长工作是幼儿园的一项重要工作，教师如何与家长沟通、交流是一门艺术。特别像现在很多独生子女的家庭，孩子在家犹如一个“小皇帝”，几个大人宠着，到了幼儿园以后，许多父母就会担心这、担心那的，作为老师应该注意与家长交流的技巧。因为不经意的一个眼神、一个动作，家长们都会非常地留意，说不定还会造成不良的影响。

为了顺利开展好家长工作，教师应当牢记与家长沟通的注意事项：比如与家长沟通时要注意态度和语气；要多途径与家长交流；多征求家长的愿望、需求、意见；以恰当方式与家长沟通幼儿的行为问题；特殊事件主动坦诚地与家长沟通；冷静处理与家长、幼儿的关系；保护幼儿及其家庭隐私。在实际过程中，要特别注意自己的态度和方式。

例如，要文明礼貌，尊重对方。决不能以教训式口吻与家长谈话，特别是当其子女在园“闯了祸”的时候，仍要在谈话时给对方以尊重。绝不能当着孩子的面训斥家长，这不仅使家长难堪，有损家长在孩子心目中的威信，而且家长一旦将这种羞愤之情转嫁于孩子，还易形成孩子与老师的对立情绪。当与家长的看法有分歧时，也应平心静气地讲清道理，说明利害关系，既要以礼待人，更要以理服人。

态度诚恳，真情实感。老师要用真诚的语言或行动去与对方沟通，像对待朋友或客人那样，从对方的感受考虑，从共同的责任需要出发，使用商量或交流的口气，以诚感人，以情动人，获得对方的信任。态度要随和，语气要温婉，语态要真诚，语调要亲切，语势要平稳，语境要清楚，语感要分明，使家长一听就明，准确把握要旨，领悟应做些什么，从谈话中受到启发。

客观正确地评价孩子。教师在与家长交流时，评价孩子要谦虚、中肯、客观，掌握好分寸、语气，不夸大，不缩小，不说过火的话，不说力所不能及的话，不用过激词语，不摆逼人气势。一般应先讲学生的优点，后讲缺点，缺点也不要一下讲得过多，尽量不说别人忌讳的话语。学会肯定孩子、赏识孩子，教师一句微不足道的称赞，会让家长感到高兴，直至影响对待孩子的态度。家长随之也会愿意主动向老师提及孩子目前存在的一些不足，期望得到老师的指点帮助。

技能训练

一、课堂训练

案例 1　　**幼儿冲突**

3个中班小朋友在玩开汽车的游戏。聪聪开着“汽车”把乐乐的“汽车”撞翻了。乐乐立刻大声对聪聪说：“不准撞我的汽车！”聪聪没有反应，他再次发动“袭击”。这时，乐乐对聪聪嚷道：“不准撞我的汽车！我要生气了！”聪聪还是不说话，他笑眯眯地招呼壮壮一起去撞。壮壮犹豫了一会儿，接受了聪聪的“邀请”。于是，聪聪和壮壮一起去撞乐乐的汽车。乐乐看到心爱的“汽车”被撞翻在地，气愤地拽过壮壮的胳膊，闭着眼睛就咬，壮壮的胳膊马上有了一道牙痕。

如果你是老师，你会如何和家长沟通这件事呢？

案例 2

幼儿园与家庭关系重构的策略

扫描二维码，阅读案例“幼儿园与家庭关系重构的策略”。

思考分析：新时代背景下，如何重构幼儿园与家庭的关系？

二、实战演练

结合教育见习，设计一份面向家长的教育调查问卷，了解家长对孩子的教育方式。

拓展任务

一、阅读材料

材料 1

家长对幼儿园的理解、支持和配合

幼儿园对孩子发展极为重要。3～4 岁的幼儿很喜欢结识伙伴，这个时期的孩子在伙伴关系中，能够体验到完全不同于和父母及其他成人之间的人际关系。在同小朋友一起游戏的过程中，幼儿的知识、想象力和各种社会能力都能得到较充分的发展。这种在伙伴帮助下的自主活动能使幼儿认识到自我的存在。因此，在这段时间里为幼儿创造同众多的伙伴相互接触的机会，对他们的心理发展是十分重要的。幼儿园是孩子们结识伙伴的好场所。

1978 年，75 位诺贝尔奖获得者在巴黎聚会。有个记者问其中一位，“在您的一生里，您认为最重要的东西是在哪所大学、哪所实验室里学到的呢？”这位白发苍苍的诺贝尔奖获得者平静地回答：“是在幼儿园。”记者感到非常惊奇，又问道：“为什么是在幼儿园呢？您认为您在幼儿园里学到了什么呢？”诺贝尔奖获得者微笑着回答：“在幼儿园里，我学会了很多很多。比如，把自己的东西分一半给小伙伴们；不是自己的东西不要拿；东西要放整齐；饭前要洗手；午饭后要休息；做了错事要表示歉意；学习要多思考，要仔细观察大自然。我认为，我学到的全部东西就是这些。”所有在场的人对这位诺贝尔奖获得者的回答报以热烈的掌声。事实上，大多数科学家认为，他们终身所学到的最主要的东西，就是幼儿园老师教给他们的良好习惯。

家长们望子成龙，望女成凤，不想让孩子输在起跑线上，都希望自己的子女入读较好的幼儿园。这些出发点都是好的，但在对孩子的教育和发展的认识上，也有一些家长并不具备正确的现代教育理念。比如，有家长就经常说“老师，我的孩子不会穿鞋，请老师帮助穿好；我的孩子吃饭慢，老师多给喂喂”之类的话，从来不提及让孩子多锻炼学习生活方面的技能，只是一味让老师代劳。有家长一来接送孩子，就和老师长谈，还经常给老师打电话，询问孩子在幼儿园的种种表现，“孩子吃得怎么样？睡得怎么样？上课回答问题了吗？学的东西都掌握了吗？在家需要家长怎样辅导？”等，相反，也有家长从不主动与老师交流孩子在幼儿园或在家中的情况。如果老师向他反馈幼儿在园情况时，好的方面他只是表示同意，不好的方面嘴里说配合老师，帮助孩子改正，却没有具体的行动。

其实，幼儿园和家长的心情是一样的，目标也是一致的。家长应该多理解幼儿园，支持和配合幼儿园，不能片面地关注和功利化地要求孩子，应该在幼儿园正确的指导下，树立科学的教育观，掌握现代幼教知识和技能。在此基础上，假如家长每天都能与老师进行简短的交流，并对孩子当场进行表扬，孩子就会认为：“在家和在园一个样。”假如家长能够经常关心孩子们班里的活动、教学内容和要求，并积极予以配合，孩子的学习能力就会提高很快。假如全家人都能与老师保持和睦的关系，孩子的讲友爱、懂礼貌、约束力、关心集体等方面的良好品格将会获得健康的发展。

思考与分析：如何让家长意识到学前教育的重要性，并且争取到他们的配合和理解？

材料 2

教育信息化时代家园共育的智慧化

扫描二维码，阅读材料“教育信息化时代家园共育的智慧化”。

思考讨论：在教育信息化的时代背景下，幼儿园该如何发挥家园共育的主导性作用？

二、思政话题

为了发扬中华民族重视家庭教育的优良传统，引导全社会注重家庭、家教、家风，增进家庭幸福与社会和谐，培养德智体美劳全面发展的社会主义建设者和接班人，2021 年 10 月 23 日，第十三届全国人民代表大会常务委员会第三十一次会议通过《中华人民共和国家庭教育促进法》。

文件第十四条指出：“父母或者其他监护人应当树立家庭是第一个课堂、家长是第一任老师的责任意识，承担对未成年人实施家庭教育的主体责任，用正确思想、方法和行为教育未成年人养成良好思想、品行和习惯。

共同生活的具有完全民事行为能力的其他家庭成员应当协助和配合未成年人的父母或者其他监护人实施家庭教育。”

文件第十五条指出：“未成年人的父母或者其他监护人及其他家庭成员应当注重家庭建设，培育积极健康的家庭文化，树立和传承优良家风，弘扬中华民族家庭美德，共同构建文明、和睦的家庭关系，为未成年人健康成长营造良好的家庭环境。”

文件第四十八条指出：“未成年人住所地的居民委员会、村民委员会、妇女联合会，未成年人的父母或者其他监护人所在单位，以及中小学校、幼儿园等有关密切接触未成年人的单位，发现父母或者其他监护人拒绝、怠于履行家庭教育责任，或者非法阻碍其他监护人实施家庭教育的，应当予以批评教育、劝诫制止，必要时督促其接受家庭教育指导。

未成年人的父母或者其他监护人依法委托他人代为照护未成年人，有关单位发现被委托人不依法履行家庭教育责任的，适用前款规定。”

浏览《中华人民共和国家庭教育促进法》全文，请结合幼儿家长的实际情况，思考与分析：幼儿教师如何从法律层面引导幼儿家长积极投身到对孩子的教育中？

任务 2 社区教育资源的利用

情境导入

案例 1

感受奥运，走进奥运

北京市某幼儿园和分园地处崇文区体育休闲、文化的核心地带，与北京的地标性古建筑天坛公园、龙潭湖公园、北京体育馆、国家体委训练总局、北京百工博物馆一同坐落在体育馆路大街上。针对社区内及周边体育氛围浓厚这一特点，了解体育、感受奥运文化也成了他们的一个教育重点。奥运五环广场位于分园所在的小区门口，是一个以奥运为主题的社区休闲广场，广场中大大的五环雕塑和奥运冠军手印浮雕异常显眼。利用这个资源，他们带孩子们开展了“感受奥运，走进奥运”活动，通过认识奥运五环、触摸冠军手印、共读奥运口号，奥运圣火在幼儿心中默默点燃。结合奥运活动的开展，各班还相继进行了奥运快讯收集、设立奥运倒计时牌、开辟奥运冠军榜栏目以及做绿色奥运小使者等活动。孩子们学着从自己做起，从

身边小事做起，为奥运奉献自己的力量。不仅如此，“六一”儿童节的时候，他们还开展了“我参与、我健康、我快乐”亲子奥运会，体现出绿色奥运、人文奥运、科技奥运的奥运理念。

讨论与思考：该幼儿园组织的活动对孩子成长有什么作用？

案例 2

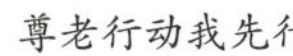

尊老行动我先行

扫描二维码，阅读案例“尊老行动我先行”。

讨论分析：该幼儿园带领孩子去老干部活动中心看望老人、把爷爷奶奶请进幼儿园的做法对你有什么启示？

知识学习

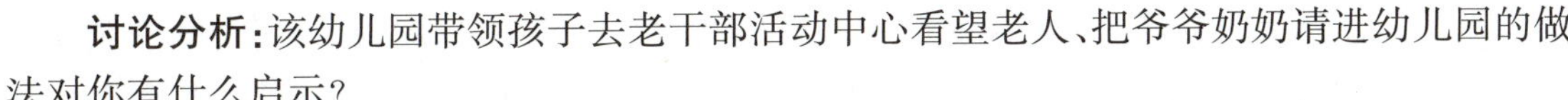

理论知识

一、社区文化及其功能

社区是若干社会群体或社会组织聚集在某一个领域里所形成的一个生活上相互关联的大集体，是社会有机体最基本的内容，是宏观社会的缩影。构成社区的要素一般包括：有聚居的一群人；有一定的地域；有一定的生活服务设施；有各种社会群体和机构（如城区、街道、乡村、生产队和大企业等）；居民群具有特定的文化背景和生活方式，居民群之间发生种种社会关系等。每个幼儿都生活在社会当中，每天都与周围的环境发生着互动，生活中发生的一些事情也时常影响着孩子。

社区文化，从广义来说就是物质文明和精神文明的总和。包容量大的文化体系，涵盖了社区的建筑文化、消费文化、娱乐文化、企业文化、校园文化、旅游文化等众多的文化形态，是融合社区民族民俗文化特色的小区文化、机关文化、企业文化、校园文化、军营文化、文化产业等为一体的综合性文化组合。它以社区为依托，以文化活动为载体，以宣传党的路线、方针、政策为宗旨，以参与和服务社区居民为对象。具有社会性、开放性、服务途径多元性、服务类型多样性等特点。

社区蕴藏着巨大的资源优势，概括分为文化资源、自然资源、设施资源和人力资源四类。具有经济性、社会化、心理支持与影响、社会控制和社会参与等多种功能。社区文化服务的主要对象是社区群众，社区文化的教育性、娱乐性、知识性和艺术性，能够不断提高社区群众的自身素质和主人翁意识。它是社会主义精神文明建设的一个重要组成部分，同时也是社区建设模式、社区建设目的的客观需要。

社区文化有以下独特的功能：

（1）沟通、协调功能。社区意识是社区文化的灵魂，是衡量社区居民对所在社区的文明认同和文化参与程度的重要尺度。而要强化社区意识，打破社区内“鸡犬之声相闻，老死不相往来”的状态，首要的则是需要加深了解，相互沟通。目前，我国的很多社区通过举办主题演讲比赛、家庭文艺演唱会、中老年健身操展演、读书会、书画作品展等多种文体活动和展览，以此为联系、沟通纽带，吸引了广大社区居民群众踊跃参与，进一步在社区内沟通了信息，密切了联系，增进了人与人之间的友谊。

（2）规范、整合功能。目前，社区文化建设能充分显示规范、整合功能，及时缓和与化解当前城市化进程中产生的诸多社会问题和社会矛盾，如就业问题、邻里纠纷问题等。现实中，一切不安定因素缘于心态的不平衡。一些社会矛盾或冲突，往往在板着面孔的训斥中只会火上浇油，而处于宽松的社区氛围中，在社区居委会人员春风化雨般的劝导下，却会一下子冰释消解，这便是新社区的“魅力”。

（3）融合、传承功能。近年来经过外联内聚，一些大中城市的社区重新完善了先前与各单位之间的社区协作关系，齐抓共建，倡导了“全社区一盘棋”精神，一大批部队、学校、企业的内部图书馆、操场、礼堂逐步向社区居民开放，成为他们健身、益智、竞技的活动基地，使社区内文化资源得到了充分的共享和配置。

（4）教育、影响功能。社区文化活动，以其独特的举办形式，将企业文化、校园文化、军营文化、家庭文化等文化形态有机地融为一体，对于促进青年正确世界观、人生观、价值观的形成有着极为重要的作用，特别是对青少年儿童的成长而言，它具有重要的价值导向性、情感归属性、行为引导性、教育实践性。

二、幼儿园开发利用社区教育资源的意义

1. 适应世界幼儿教育事业发展的需要

随着教育改革逐步深入发展，我国教育已进入终身教育时代，幼儿园教育是终身教育的起始阶段。1981 年联合国教科文组织指出，幼儿教育必须从学校这个封闭的范围中解放出来，扩展到家庭与社区，这一精神现已成为世界幼儿教育共同发展的方向。如意大利瑞吉欧教育体系中，家庭、社区所起的作用就是显而易见的，甚至可以说整个瑞吉欧教育体系就是一个由幼儿园、家庭、社区共同组成的"教育社会"，在其中，幼儿园、家庭、社区作为主要部门，都把对儿童的教育作为自己的一项日常工作，以孩子为中心，相互信任、密切合作、协调工作，儿童教育成了社区人们生活的一部分。

2. 适应幼儿教育现实的需要

幼儿园、家庭与社区作为幼儿生活和发展的三大基本空间，其重要性正逐渐被人们认可，但就实践层面而言，还存在一些问题：家园活动的开展往往流于表面形式，内容单一，没有能够很好地挖掘合作教育的内涵与价值所在；教育资源的浪费既有幼儿园现存的师资、设施设备的浪费，也有家庭与社区自然资源和人文资源的浪费；三种教育力量常常是孤立的、分散的，难以优化整合、合力共进。使幼儿真正走出课堂、走出幼儿园，投身于充满活力的现实生活之中，受到更为丰富、实在的教育，对培养幼儿学习的主动性、创造才能及幼儿人格的完善都有重要作用。

3. 适应幼儿自身发展的需要

个体作为一种文化存在，它首先必须是社会的存在。人不可能脱离社会、脱离他生长的社会群体而独立成长。影响的重叠圈理论告诫我们，幼儿园不仅不能与家庭分离，而且还要与家庭交融。如果幼儿园与家庭和社区进行很少的交往和互动，那么就会使直接影响儿童学习和发展的三股力量相对分开；如果幼儿园与家庭和社区进行许多高质量的交往和互动，那么就会使这三种影响力拧成一股绳；如果幼儿园与家庭和社区之间进行频繁的互动，那么就会使更多的儿童更可能从各种各样的人那里获得有关要努力学习、要发展创造性思维、要互相帮助等的信息。

4. 适应家庭教育、社区教育发展的需要

家、园、社区三方应发挥自身的优势，进行人力资源与物质资源的优化与互补，以及提供对方所需要的服务。幼儿园是专门的教育机构，幼儿教师懂得幼儿身心发展的特点和规律，应将科学的幼儿教育方法推广到家庭教育与社区教育中。在教育越来越强调生态化的今天，家、园、社区三方的合作是一种必然的趋势，既有利于幼儿园统一培养目标，加强教育效果，实现教育在时空上的紧密衔接，在管理中汇聚更丰富的智慧与教育资源；又有利于家长、社区了解教育、参与教育，促进家庭、社区对幼儿园各项工作的理解与支持，提高保教质量；还有利于资源的有效整合与利用，以弥补教师在知识、技能方面的不足，从而促进幼儿园在有限条件下实现新跨越。

三、幼儿园开发利用社区教育资源的策略

1. 以区域人文资源为线索进行发散性开发

区域人文资源主要指特定的自然条件和历史条件下所形成的本地文化特征，如文化特色、风俗习惯、自然景观等。例如江门拥有独特的侨乡文化、岭南风光、民俗风情、蓝色海洋、动植物观赏、温泉疗养等旅游资源，被誉为"中国侨都"。对于区域人文资源的开发，这一地区的幼儿园就可以采用发散的方式，如教师根据大班主题教育活动"我爱五邑侨乡"，让幼儿当小导游介绍江门五邑各景点；利用美工材料表现五邑风光；建造"侨乡"等五邑风景点的造型。这有助于课程资源本土化，改革幼儿园的活动内容和方法，促进幼儿园教育特色的深化和教学质量的提高，同时可以使幼儿对家乡的自然和人文生态有更进一步的了解，更能激发幼儿热爱家乡的情感。

2. 以家长学校为阵地进行辐射性开发

家长学校是沟通幼儿园与社区之间的桥梁。幼儿园应以家长学校为阵地，通过举办家长会、专题讲

座、家园同步游戏、家长辅助教学、家长开放日、科学育儿简报、宣传栏等形式，有目的、有计划地向家长及社区宣传幼儿教育的重要意义，宣传幼儿园的性质、任务、培养目标及科学的家教知识等。具体来说，至少应包括以下方面：一是组织家长和即将入园新生家长学习《幼儿园工作规程》《纲要》，让家长了解幼儿园的教育工作及培养目标；二是组织家长观看《重视幼儿早期家庭教育》等视频，帮助家长树立正确的儿童观、教育观，提高家长的科学育儿水平；三是设立家长信箱、家长园地，定期出宣传栏，并结合两月发放一次的科学简报和每学期至少两次的家长开放日活动，向家长及社区宣传科学育儿知识和幼儿园的教育工作。

3. 围绕主题教育进行线性开发

对于以主题为线索的开发，幼儿园可以采用"预设目标→收集素材→确定内容"的步骤来进行。如中班主题活动"认识秋天"，就可以首先预设目标：丰富有关秋天季节特征的经验，欣赏大自然美景，萌发探索大自然的兴趣和愿望；初步体会农民劳动的辛劳及收获的快乐。然后收集素材：有关秋季特征的拼图及农民劳动的各种图片，准备纸、剪刀、木质针、水彩、落叶标本等创作材料，联系好装饰品摊点。再确定内容：秋天的季节特征和农作物、学会简单劳动技能，培养深爱父母和长辈的情感并尊重劳动人民。这样的主题活动能激发孩子们积极投入，并让幼儿参与劳动，真正使大自然大社会成为活教材，促进幼儿活泼、主动发展。

4. 以参与社区活动为基点进行动态生成开发

积极参与社区活动是创建良好社区关系的基础。在不影响保教工作的前提下，幼儿园应组织教师积极参加社区活动，为社区的精神文明建设作出应有的贡献。通过创建良好的社区关系，还可以吸收家长们积极参与有益的文化教育活动，努力学习有关科学育儿的知识及方法，从而促进家庭的和谐与社会的稳定。幼儿园与社区良好关系的建立，也有助于幼儿园取得社区的支持。社区可以为幼儿园提供教育所需的人力、物力、教育场所等资源。社区教育对幼儿具有广泛的影响，孩子从小就融入社区这个大环境中，可以使他们充分体验到爱与奉献的快乐。可见，对幼儿的早期教育只是着眼于幼儿园的教育是远远不够的，必须依靠幼儿园、家庭、社区和谐一致的教育合力，才能促进幼儿素质的全面发展。

实务知识

幼儿园对社区资源的开发利用

1. 充分利用家长资源，发展幼儿自主学习的能力

充分利用家长资源的关键在于让家长明确幼儿园教育的目的、内容与要求及自己如何进行配合教育等。家长理解、支持幼儿园的工作，才能够积极、主动地参与幼儿园的教育。例如，在"环保知识竞赛"活动中，为充分调动家长的积极性，教师请家长和孩子一起查看、阅读有关沙尘暴、酸雨、空气污染、水污染等环保方面的资料，并请他们利用假日带孩子实地参观并讨论：水怎么变脏了？汽车的尾气有什么危害？垃圾是如何分类的？……从幼儿生活经验出发，帮助幼儿了解和感受自然、环境与人类生活的密切关系。活动不仅使幼儿掌握了多种学习方法，初步培养了他们保护环境的意识，家长们也在活动中受到了教育，并且拉近了与孩子间的亲子距离。

幼儿园开发利用社区教育资源的必然性

快乐亲子幸福童年

2. 充分利用社会资源，发展幼儿良好的社会性品质

儿童是社会生态环境的一分子，周边的社会生态环境为儿童提供了潜在的发展机会。教育要培养造就符合社会需要的人才，就必须走向社会，融入社会。例如我们可以利用老年人组织起来的力量，在社区内开办幼儿活动中心。在活动中心里，请老人给孩子讲故事，和孩子做游戏，对孩子进行生活教育，教幼儿一些基本的安全知识和生活自理的技能等。可以请热心的社会人士到幼儿园来分享他们的职业性质和工作职能，增强幼儿对社会各类职业的了解，培养他们的社会责任感(例如，幼儿园娃娃争当"安全小卫士")。也可以开展节日生活活动，如"给春节不休息的人写信"，从孩子的生活经验出发，从快快乐乐过新年说起，引导幼儿观察周围的人并讨论：哪些人过新年是不休息的？他们为什么不休息？让孩子们了解到在他们一家团聚的时候，还有许多人坚守在自己的工作岗位上，默默无闻地为大家服务着……从写信、寄信到收

到回信，不仅使孩子初步了解与自己生活有关的各行各业的人，萌发对劳动者的热爱，也使他们初步懂得了生活的含义：生活之所以美好，是人们相互关心、相互奉献的结果，同时，还初步培养了孩子的责任意识。

3. 充分利用社区资源，建构特色园本课程

园本课程是以法律法规及相关政策为指导，以幼儿园现实的环境和条件为背景，以幼儿现实的需要为出发点，以幼儿园教师为主体构建的课程。注重幼儿各项潜能的开发及个性发展，开发利用社区教育资源，建立新型的教育体系，把社区资源转化为幼儿园教育资源，充分发挥其资源优势，将一日生活作为课程内容，将孩子生活环境（社区、幼儿园、家庭）融为一体，多方面进行资源的开发、整合、利用，可以形成具有特色的园本课程，形成教育合力，提升整体办园质量，促进幼儿全面和谐发展。

案例分析

表 7-1　小班社区活动计划表

时间	活动内容	活动目标
9 月	参观幼儿园	① 知道自己所在幼儿园名称，感知幼儿园优美的环境 ② 在游玩的过程中，了解幼儿园内主要场所、设施和用途 ③ 喜爱自己的幼儿园
10 月	参观农村的田野	① 感受农村田野里农民伯伯辛勤劳动及丰收的景象 ② 懂得要爱惜劳动成果
11 月	参观马路	① 知道马路上有各种各样的车子和人，他们走在不同的地方，都要听从警察的指挥 ② 提高注意力和观察力，培养观察马路的兴趣
12 月	参观小区	① 观察家乡小区的环境，能用语言描述家乡的变化 ② 萌发爱家乡的情感
1 月	参观社区节日的环境布置	① 进一步感受过新年的气氛 ② 能用简单的语句描述新年景象

案例分析
参考回答

请从社区资源充分利用的角度，分析与思考该小班社区活动计划表（表 7-1）的优点和缺点？

技能训练

一、课堂训练

案例 1

江门人文历史资源概况

江门，是粤港澳大湾区重要节点城市，珠江西岸新增长极、沿海经济带上的江海门户，全市陆地面积 9 535 平方公里、海域面积 4 880.47 平方公里，常住人口 482.22 万人。江门市设立蓬江、江海、新会 3 个区，下辖台山、开平、鹤山、恩平 4 个县级市，“五邑”是江门地区的俗称。

江门历史悠久，文化底蕴深厚：素有“中国侨都”美誉，530 多万海内外华侨华人和港澳台同胞分布在 145 个国家和地区，是海外华侨华人观察广东乃至中国的重要窗口；是世界文化遗产“开平碉楼与村落”和世界记忆遗产“侨批档案——海外华侨银信”的所在地，还有白沙茅龙笔、荷塘纱龙、蔡李佛拳等大批闻名遐迩的非物质文化遗产；诞生了明代大儒陈白沙、维新先驱梁启超、“国叔”陈少白、“国宝”陈垣、“中国航空之父”冯如、享誉中外的 34 位院士等名人名家，并孕育了 100 多位知名度较高的演艺明星，如“中国电影之父”黎民伟，中国第一位电影皇后胡蝶，中国舞蹈之母戴爱莲，粤剧大师红线女，以及国际巨星刘德华、周润发等。

江门旅游资源丰富多彩，有著名作家巴金赞赏不已的小鸟天堂、国家森林公园圭峰山、入选广东省“十大美丽海岛”的上下川岛、“中国历史文化名镇”赤坎古镇、岭南乃至全国难得一见的古劳水乡等风景名胜，有一批全国非物质文化遗产及异彩纷呈的民俗文化、名人故居、特色美食。台山市成为首批国家全域旅游示范区，开平碉楼文化旅游区是国家5A级旅游景区，6条游径入选粤港澳大湾区文化遗产游径，5条游径入选广东省历史文化游径。

江门的城市名片包括：全国文明城市，国家森林城市，中国优秀旅游城市，国家园林城市，国家卫生城市，国家环保模范城市，全国双拥模范城市，国家农产品质量安全市，中欧（江门）中小企业国际合作区，中国人居环境范例奖城市，国家信息化试点城市，中国绿色经济十佳城市，中国舞蹈之城，中国温泉之乡，中国避寒宜居地。

请根据上述材料所提供的江门本地人文历史资源的情况，选择其中合适的内容，设计一个利用社区资源开展教育活动的方案。

案例 2

乡土文化

扫描二维码，阅读案例“乡土文化”。

思考与讨论：什么是乡土文化？请结合自己的家乡特点，谈谈可以融入幼儿园主题教育活动的内容。

二、实战演练

江门市第一幼儿园为首批广东省一级幼儿园，至今有70多年的办园历史，是一所文化底蕴深厚的侨乡历史名园，先后被评为“全国巾帼文明岗”、“全国艺术教育先进单位”、“全国教育科研先进单位”、两届全国“三八红旗”集体、“全国足球特色示范学校”等，获“广东省名园长工作室、广东省名师工作室”授牌。2018年成立教育集团，现已形成万人规模的优质学前教育集团。

幼儿园秉承“幸福教育、快乐童年”理念，拥有专业优秀的师资团队，致力培养“喜交往、爱运动、会表达、善发现、乐创造”的幸福儿童。深度融合信息技术，实施五育并举促进幼儿全面发展的快乐园本课程，探索开展了富有成效的“家园社”协同育人的幼小衔接课程。

幼儿园毗邻江门职业技术学院，是其学前教育专业学生的见习和实习基地，还是该专业学生选择就业的单位之一。

基于这样的一种事实，请从开发利用社区教育资源，开展社区教育合作角度，设计你的校园合作工作方案，并利用两者现有的关系尝试进行一定的实践。

拓展任务

一、阅读材料

材料 1

幼儿园社区工作计划

① 重视各种宣传工作，设计新颖的家教专栏、家长园地，办出特色和品位。形式多样，突出新意，内容丰富。

② 与社区联合举办多种联谊活动和交流活动，多为孩子提供展现的机会，同时向小区宣传幼儿园。通过参加小区、商场、书店等社会民间团体、组织的各种活动，提高幼儿园的知名度。

③ 完成插班生家访工作，召开新生家长会。

④ 召开家长委员会议，和家长委员共同讨论本学期的家长工作。

⑤ 进一步完善班级教师与家长的约访制度，提高约访效率，增加约访人数，通过和家长的约访加强家园沟通，发现问题、解决问题，进一步提高家长对园本课程的了解。

⑥ 根据不同家长的需求建立多渠道的家园联系方式，如加强日常电话联系，建立教师与家长电话约访的登记表，给有需要的家庭建立家园联系手册。

思考与分析：还有哪些内容可以补充到幼儿园社区工作计划当中？

材料 2

家园社协同育人模式的创新之路

扫描二维码，阅读材料“家园社协同育人模式的创新之路”。

思考讨论：如何更好地利用社区资源服务幼儿教育？

二、思政话题

为深入学习贯彻习近平总书记系列重要讲话精神，牢固树立创新、协调、绿色、开放、共享的新发展理念，按照协调推进“四个全面”战略布局的要求，以促进全民终身学习、形成学习型社会为目标，2016 年 6 月 28 日，教育部等九部门以教职成〔2016〕4 号印发《关于进一步推进社区教育发展的意见》。

文件内容指出：“丰富社区教育内容。广泛开展公民素养、诚信教育、人文艺术、科学技术、职业技能、早期教育、运动健身、养生保健、生活休闲等教育活动，提升居民生活品质，推动生活方式向发展型、现代型、服务型转变”；“积极开展青少年校外教育。推动实现社区教育与学校教育有效衔接和良性互动。社区教育机构要紧密联系普通中小学、青少年校外活动场所、社会组织等，充分利用社区内的各类教育、科普资源，开展校外教育及社会实践活动，为青少年健康成长提供良好的社区教育环境。开展形式多样的早期教育活动，有条件的中小学、幼儿园可派教师到社区教育机构提供志愿服务。充分发挥共青团、少先队组织在青少年校外和社区教育中的作用。”

浏览《关于进一步推进社区教育发展的意见》全文，请结合当地幼儿园社区实际情况，思考与分析：如何利用当地社区资源创建班级特色主题活动？

任务 3 家庭-幼儿园-社区“三结合”教育活动的开展

情境导入

案例 1

包粽子

一次，鹏鹏去乡下探望姥姥，发现姥姥用糯米包粽子，回来时特意带了几只粽子给大家看。一群小朋友马上对粽子产生了兴趣。兵兵说：“这些包上粽叶的糯米怎么会变成三角的呢？”奇奇说：“要是我们有粽叶和糯米，自己来包粽子该有多好呀！”听了孩子们的话，老师特意去市场买来了糯米和粽叶，并和他们一起试着包粽子。可是试了几次都不成功，大家有些气馁了。这时娜娜忽然兴奋地告诉大家，她想起早上入园时，看到自己家门口有一家粽子店，几位阿姨坐在弄堂一边包一边卖。老师觉得这是一次很好的学习机会，于是带着孩子们来到社区，鼓励他们去观察阿姨是怎样包粽子的，并询问包粽子的步骤，先让阿姨教一下，然后回到幼儿园再让孩子尝试。孩子们有了愉快的经历，获得了经验，也激发了进一步探索的动力。

讨论与思考：以上活动为什么能吸引孩子呢？如何能更好地利用家庭、幼儿园和社区的资源开展活动呢？

案例 2

家、园、社区合作共育方案

扫描二维码，阅读案例“家、园、社区合作共育方案”。

讨论分析：该家园社区合作共育方案的优点与缺点？

知识学习

理论知识

一、幼儿成长的三大环境——家、园、社区

家庭、幼儿园、社区是幼儿发展的三大环境。幼儿园教育固然很重要，但家庭的环境、邻里以及周围社区环境也不可忽视。幼儿的成长、长辈的教育态度和教养方式、邻里和社区居民的言行举止、精神风貌等，都会直接或潜移默化地影响着幼儿家园的关系。

家庭是幼儿成长的第一环境。家庭对幼儿教育的贡献量大于幼教机构。在三大环境中，家庭影响最大，它对幼儿的发展，尤其是个性方面的发展，具有不可替代的作用。幼儿园要认识到家庭对孩子发展的深刻影响，与家长密切联系，相互配合，向家长宣传科学保育、教育的知识，教育家长成为幼儿学习的楷模，发现与利用家长特有的教育优势，帮助家长创设良好的家庭教育环境，共同担负起教育幼儿的任务。

社区本身就是一部大教材，无时无刻不在起着教育作用。幼儿园周围的自然景观，风土人情，各种社会机构以及人员，都是对幼儿进行教育的可利用资源。社区生活中的一些大事，如环境保护等活动，都可作为幼儿教育的内容。只要教师有心去发现去挖掘，就会使社区环境成为幼儿教育的大课堂。

家、园、社区在幼儿教育方面具有各自的特点。家庭教育是在不拘形式的日常生活中随时对幼儿产生潜移默化的教育，自然地负有教育和抚养孩子的责任，并且要支持对幼儿的教育。幼儿园教育是根据国家教育方针，根据改革发展的需要提出教育目标，并有目的、有计划地实施的教育，具有幼儿教育的专业优势。社区则有义务按照国家教育方针和年龄特点，配合幼儿园教育，具有灵活性和自愿性的特点。其主要任务是配合幼儿园、家庭，组织安排生活，防止和减少孩子受到社会消极因素的影响和腐蚀。

家庭、幼儿园、社区各具不同的教育特点，各有其不同职责。把三者职责结合起来，就会使教育相互配合、相互统一、步调一致，达到优势互补、协调发展，形成三位一体的教育方式。在这种教育方式的作用下，可以帮助幼儿增强独立意识，养成良好的学习、生活习惯，明显提高交往能力，学会“爱”与“关心”，提高智力水平。同时，有助于幼儿观察周围事物，善于发现问题，肯动脑，爱问“为什么”，并且形成初步的创新意识，促进了幼儿健康、全面的发展。

二、家、园、社区共育的价值

1. 有利于学前教育法规的贯彻执行

20 世纪 90 年代以来，我国政府颁布了一系列学前教育的政策与法规，明确指出了幼儿园必须与家庭、社区相互配合，以提高教育影响的一致性和有效性。2016 年颁布的《幼儿园工作规程》提出：“幼儿园应当主动与幼儿家庭沟通合作，为家长提供科学育儿宣传指导，帮助家长创设良好的家庭教育环境，共同担负教育幼儿的任务”“幼儿园应当加强与社区的联系与合作，面向社区宣传科学育儿知识，开展灵活多样的公益性早期教育服务，争取社区对幼儿园的多方面支持。”2001 年，教育部在《纲要》中指出，“幼儿园应与家庭、社区密切合作”“综合利用各种教育资源，共同为幼儿的发展创造良好的条件”。可见，幼儿园与家庭、社区合作是贯彻实施幼教法规的需要。

《幼儿园工作规程》介绍

2. 有助于与国际上学前教育接轨

学前教育发达国家都倡导幼儿园要重视使用家庭和社区的资源，以加深儿童对自己、对他人和对社会的认识。不少国家的儿童发展教育方案中，都强调幼儿园要充分利用家庭和社区资源对儿童进行教育，促进儿童在体力、认知、情感、社会性、语言、审美等方面的最佳发展。世界学前教育组织和国际儿童教育协会在 1999 年召开的“21 世纪国际幼儿教育研讨会”上，通过了《全球幼儿教育大纲》，指出：儿童的发展是“家庭、教师、保育人员和社区共同的责任”，教师要和家长“就儿童的成长以及和儿童家庭有关的问题，经常进行讨论、交流”，教师“要和心理学工作者、社会工作者、健康卫生人员、工商人员、公共服务机构、学校、宗教组织、休闲娱乐机构及家庭联合会等建立合作关系”。因此，关注家园社区合作共育，是我国学前教育走向世界、顺应世界潮流的需要。

3. 有利于学前教育整体功能的发挥

学前教育是一项极为复杂的系统工程，既不是幼儿园单方面能够完成的，也不是家庭或社区单方面能够胜任的，必定需要三方面的通力合作，才能形成幼儿园教育与家庭教育、社区教育相结合的育人平台，充分发挥出学前教育的整体功能。

4. 有益于儿童身心全面和谐的发展

儿童的发展包括体、智、德、美等方面的发展，这几个方面既相互独立也相互依存，忽视、轻视其中的任何一个方面，都会阻碍儿童身心和谐发展的进程，这已为我国学前教育的实践和科研所证明。

三、家、园、社区合作的现状

幼儿园-家庭-社区的合作自 20 世纪 80 年代在我国城市和农村地区从无到有地发展起来。到目前为止，在实施途径上初步形成了以社区为主导和以幼儿园为主导的两种合作模式。

以社区为主导的合作模式，即以社区为依托，依靠基层社区政府各部门力量，因地制宜地创设条件，组织实施各种教育活动，开展并实现社区与幼儿园、家庭之间的合作。这种模式与我国社区的发展现状相适应，且社区政府能更好地发挥其行政职能。在经济发展的改革大潮带动下，以居民居住地域划分的社区，正在我国的城市和农村、沿海和内陆发展。我国城市社区的构成以“街道”或“居委会”为基础，农村社区一般以乡或村为依托。街道、居委会、乡和村是我国政府的基层行政部门，在这一模式中，幼儿园处于一种被领导的地位，发挥的是服务性作用，而且，主要针对的是散居幼儿。这些工作可以包括两方面，一是定期开放幼儿园的教育资源（玩具、场地等）供散居儿童使用；另一方面是，组织专门的教育活动吸引散居儿童参加，包括将儿童请进幼儿园来和送教入门两种组织形式（也包括一定程度的针对家长的工作）。

以幼儿园为主导的合作模式，即幼儿园依托并发挥社区内的各种力量（乡镇政府、企业、大学、中小学等），组织成一个以幼儿园为核心的园内外相结合的幼儿教育网络，开展并实现幼儿园与家庭、社区之间的合作。与社区相比较，幼儿园作为专职的幼儿教育机构，有大批具有幼教专业知识的保教人员，有专门的幼教场所及丰富的玩教具，在开展幼儿园-家庭-社区的合作时，幼儿园独具优势。在我国，已有相当一部分幼儿园开展了这方面的工作，这些工作包括：通过举办家长学校和开家长座谈会等活动密切同家长的联系，向社区宣传科学育儿知识；开展与社区保健站和一些友邻单位的双向服务，搞好同社区机构的关系；积极与社区的妇联、共青团等组织建立协作关系，以幼儿园为主体开展一些走出去的教育活动，既推动社区精神文明建设又扩大幼儿园的影响。

四、家、园、社区合作中存在的问题

1. 对家、园、社区合作，存在着一些模糊和片面的认识

目前对幼儿园-家庭-社区的合作的提法有多种，如“社区学前教育”“家园共育”“社区、家庭、幼儿园教育一体化”等等。提法的不同反映了人们对家、园、社区合作的实质的不同理解。需要从根本上认识到：幼儿教育所要培养的是身心和谐发展的“完整的人”，仅靠某一方面的努力是不可能实现的。此外，幼儿教育不等于幼儿园教育，幼儿园、家庭和社区不仅是幼儿生活的三个不同的场所，而且在影响幼儿成长和发展方面，也是三个不同的因素。因此，要强调幼儿园、家庭、社区之间的合作。另外，当前对合作的理解也有

片面之处。如过多强调幼儿园对社区、对家庭的物质依赖，以及社区对幼儿园的支持；强调幼儿园对家庭的指导，而忽视家庭的反馈与要求，等等。所谓的“合作”，指的是双方面的沟通、交流、扶持与帮助，而不是单向的、单方面的。

2. 家、园、社区合作还带有一定的自发性和探索性，缺乏有效的理论指导

到目前为止，虽然我国的研究者对家、园、社区的合作已经作过一定的研究，但已有的研究基本上还限于实践总结的层面，尚缺乏自成体系的有关家、园、社区合作的理论研究。理论上的模糊，在一定程度上导致了实践开展的无计划性和盲目性。可以说，当前我国在家、园、社区合作的开展上，仍缺乏计划性，也缺少总体设想。另外，各地家、园、社区之间的合作大部分处于探索之中，对地域特点、家庭实际情况、社区模式、幼儿园特点的复杂性考虑得不够充分，特色体现得不明显。

3. 家、园、社区合作进展缓慢

进展缓慢的原因是多方面的，从客观上说，我国经济文化发展水平不高，我国的社区发展水平也不高，家庭素质有待提高，这些直接影响了家、园、社区合作的进展；从主观上说，还有相当多的人把教育幼儿的责任推给了幼儿园及家庭，忽视社区在教育幼儿的过程中所应起的和所能够起到的作用，这从主观上导致了三方面合作的困难。即使在起步较早的地区，由于认识上、体制上、经费上等种种原因也出现了徘徊、停滞的状态，还有许多地区，尤其是农村地区基本上尚未真正开展三方面的合作。

4. 家、园、社区合作的发展不平衡

家、园、社区的合作是区域性经济、文化和教育发展的产物，我国地域广阔，各地条件各异，这直接导致各地社区、幼儿教育发展的不平衡。此外，经济文化发展的不平衡，导致了人们思想观念上的差异，有的地区敏感地适应了我国幼儿教育发展的这一趋势，根据当地社区的特色、幼儿教育的条件和家庭的情况和需要，创造性地开展了家、园、社区之间的合作；而有的地区尚未跟上幼儿教育发展的这一步伐，家、园、社区之间的合作才刚刚处于起步阶段或还未起步。针对这种情况，我们要大力宣传，推广家、园、社区合作较好地区的做法和经验，并提倡全国范围内的互帮互助和交流。

实务知识

一、家、园、社区合作的方式方法

为了给家长提供广泛参与幼儿园教育的机会和渠道，可以有如下方法：

(1) 成立家长委员会，借助家长的优势，以点带面，支持幼儿园各项活动的开展。

(2) 成立家长学校，请幼儿教育专家、营养师、保健医生、心理学教授组成讲师团，宣传《纲要》，根据家长需求，进行专题讲座，提高家长养育水平。

家、园、社共育

(3) 开展丰富多彩的家长开放日活动。让家长了解现阶段幼儿的水平和状况，为教师的教学提出可行性的意见和建议。组织家教讲座，开展家教咨询，解决家长教育方面的问题。

(4) 建立“家园联系册”。教师、家长间相互交流幼儿的表现，以便发现问题能够及时沟通。

(5) 创设“家园沟通”栏。在家庭教育方面给予家长针对性指导，引导建立“学习型家庭”，并以“告家长书”的形式向家长进行服务承诺。

案例分析

“六一”儿童节很快就到了，为了争取到家长的配合，某幼儿园发“告家长书”如下：

幼儿园庆“六一”活动告家长书

尊敬的各位家长：

“六一”儿童节即将来临，为庆祝孩子们的节日，我园决定举行庆“六一”大型文艺演出，现将具体安排告知如下：

1. 6月1日早上来园，请家长为孩子穿好统一的"六一"服装，并在衣服上做好标记，以防换服装时搞错，不带书包。

2. 演出时间：6月1日下午2点30分。

3. 演出地点：多功能厅。

感谢您的配合与支持！

请从幼儿园大型演出的安全管理要求层面，说说该"告家长书"的优点和缺点？

参考回答

为了密切与社区合作，共创育儿的大环境，具体的方法如下：

(1) 利用幼儿园自身的教育资源优势，向社区提供学前教育服务。

(2) 利用节假日与社区的老人、孩子开展"尊老爱幼"联欢活动。比如在节庆日组织幼儿和幼儿的家长走进社区，走进敬老院，开展文娱活动，为老人祝福，表演节目；"六一"儿童节到社区举办"快乐童年"专场演出；中秋节、重阳节举办孝敬老人活动等。

(3) 充分利用社区现有资源对幼儿进行教育。比如环境保护"从小做起，从我做起"；亲自采摘，体验丰收喜悦，热爱劳动；了解消防安全知识，学会自我保护；从小知法懂法，遵守交通规则；利用社区环境资源，扩展幼儿游戏的空间，等等。

(4) 参观各种场所，让幼儿知道社区的重要性。通过参观，幼儿可以直接深入社会生活，感知社会生活的丰富性，并理解相关的知识。参观活动前充分准备，包括与家长联系，取得家长的配合；对参观路线提前熟悉；制定合理参观目标；灵活调动幼儿，确保安全；用实物收集、影音记录、图文记录、统计汇总等方法进行记录和总结。

二、利用社区资源应注意的事项

(1) 社区可用资源很多，但是，在选用时不能盲目使用，要首先考虑对幼儿是否健康有益，是否安全。

(2) 在利用社区资源时，要加强与社区、家长的联系，让社区、家长了解我们的活动意图，像劳动运砖、拿钱购物、环保宣传等活动，要支持鼓励幼儿去做。

(3) 在利用社区有利资源时，教师要注意情感渗透和各种能力的有机结合，不要表面化、形式化，活动结束要注意总结反思。

社区里有丰富的可以利用的资源，只要我们用心去观察、探索、挖掘，这些资源会进一步完善我们的课程内容，扩展幼儿的生活学习空间，促进教师、幼儿、家长的共同发展。

技能训练

一、课堂训练

案例1

园外活动策划

"六一"儿童节就要到了，班级中的幼儿都热切地盼望着节日的到来。家长们一天天看着自己的孩子快乐而健康的成长，心里别提有多高兴了，也是满脸的兴奋，早想着和幼儿的班级一起为孩子庆祝节日。就在大家积极准备的时候，幼儿园所在社区的人员联系到了班级，希望与班级一起组织一个园外活动，共同为小朋友过一个愉快而有意义的节日。

假若本次活动是由你来负责进行总体策划，请你设计制订出具体的活动方案。

案例2

米从哪里来

扫描二维码，阅读案例"米从哪里来"。

思考分析：如何能更好地利用家庭、幼儿园和社区的资源开展"米从哪里来"的活动？

二、实战演练

在教师指导下，主动与幼儿园联系，借助他们利用“六一”儿童节、国庆节、母亲节等节日开展家、园、社区活动的机会，参与和协助他们完成相关的活动方案，并参加相应的活动。活动结束后，及时进行总结，写出活动的总结报告。

拓展任务

一、阅读材料

材料 1

表 7-2 家、园、社区合作计划

时间	活动内容	备注
二月	1. 家访；2. 班级环境创设（家长与幼儿参与）；3. 回收“幼儿评估手册”	
三月	1. 学期初家长会；2. “三八”家园同乐会；3. 早操观摩（家长参与）；4. 半日活动开放；5. 幼儿穿衣服比赛；6. 家教经验指导；7. 组织幼儿植树活动；8. 幼儿园社区大自然活动；9. 主题评估	
四月	1. 幼儿体能测评；2. 社区活动“寻找春天”；3. 课程方案调整（家长参与）；4. 开展“清明节”本土文化教育；5. 开展有关“小班幼儿良好卫生习惯的培养”阶段性总结；6. 春游活动；7. 主题评估	
五月	1. 课程方案调整；2. 班级拍球比赛；3. 庆“五一”社区活动；4. 开展“开开心心庆‘六一’”的主题教育活动，与幼儿创设富有节日气氛的活动室环境；5. 家教活动指导；6. 主题评估	
六月	1. 庆“六一”家园同乐活动；2. 开展“端午节”本土文化教育，通过说说、做做、折折、尝尝等多种形式的活动，和幼儿参与端午节，让幼儿初步了解端午节的民间风俗，体验民间节日特有的韵味；3. 家教活动指导	
七月	1. 期末家长会；2. 填写幼儿评估手册；3. 期末幼儿各项评估；4. 课程方案调整；5. 家教经验总结	

思考与分析：如何根据上述家园社区合作计划案例（表 7-2）仿写一份具有小班年龄特点的家园社区合作计划？

材料 2

扫描二维码，阅读材料“家园社区协同质量现状、类别及其与幼儿发展的关联”，了解我国家园社区协同质量现状，并思考如何促进三方共育质量的提升。

家、园、社区协同质量现状、类别及其与幼儿发展的关联

二、思政话题

《教育部办公厅关于开展 2024 年全国学前教育宣传月活动的通知》（以下简称《通知》）的宣传重点之一是“科学保教理念”，针对社会公众对学前教育的认识误区、困扰问题，广泛传播科学育儿理念和知识，帮助家长充分认识违反幼儿身心发展规律活动的危害。《通知》在“工作要求”强调“广泛动员参与”：各省级教育行政部门要广泛发动行政、教研、高校、幼儿园等专业力量，做好宣传内容总结梳理工作，确保权威性、专业性。要采取“请进来”与“走出去”相结合方式，积极协调当地政府及财政、发展改革、人力资源社会保障、妇联等相关部门参与，形成齐发声共发力的宣传局面。要发挥幼儿园宣传主阵地作用，通过举办主题开放日、家长讲座、亲子游戏等多种活动，宣传规范办园、科学保教的成果经验。

浏览《通知》全文，请结合幼儿家长、社区的实际情况，思考与分析：如何通过家庭、幼儿园、社区“三结合”宣传“科学保教理念”？

单元小结

幼儿园教育是一种有目的、有计划、有组织的正规性学校教育，由具备专业特长和懂得幼教规律的老师进行保育和教育，并且将社会上各种不利于孩子健康成长的消极因素排斥在幼儿园之外，因而在孩子成长和发展过程中起主导作用。但幼儿园想要发挥好自身的教育作用，同样离不开家庭的配合和社区的支持，毕竟家庭是孩子成长的摇篮，父母是孩子的第一任老师，他们的言行举止、为人处世的态度和方式，家庭和谐，文化氛围都给孩子以深刻性的影响，而孩子所处社区的各种文化也会对他们起重要的潜移默化的作用。因此，幼儿园要善于争取家庭、社区的配合和支持，从中挖掘利用有益的教育资源。

单元练习

在线练习

一、填空题

1. 家长与孩子之间特有的血缘关系、亲情关系与经济关系，使这种教育具有________、________和________。
2. ________是教师重要的合作伙伴，双方通过双向互动共同促进幼儿身心的发展。
3. 教师转变主要依靠自己完成________的观念，变教育的封闭性为________，主动采取措施。
4. 谈话要有________、________和________。
5. 活动的内容和方式要适合孩子的________和________的需求，符合教育的要求。
6. 亲子活动要选择人员，突出教育的________、________。
7. 社区有义务按照国家教育方针和年龄特点，配合幼儿园教育，具有________和________的特点。
8. 社区蕴藏着巨大的资源优势，概括分为________、________、________和________四类。
9. ________、________、________是幼儿发展的三大环境。
10. ________是沟通幼儿园与社区之间的桥梁。

二、判断题

1. 家园合作是家长和教师之间的一种沟通方式，是一种双向互动的活动，是家庭教育和幼儿园教育的相互配合。（　）
2. 家庭是幼儿园重要的合作伙伴，应本着尊重、平等、合作的原则，争取家长的理解、支持和主动参与，并积极指导、帮助家长提高教育能力。（　）
3. 家访时间的选择和控制，关系到家访的安全性和可行性。（　）
4. 社区有义务按照国家教育方针和幼儿年龄特点，配合幼儿园教育，具义务性和强制性。（　）
5. 社区文化就是社区的精神文化。（　）
6. 在传统家庭格局中，妈妈承担育人角色较多。（　）
7. 幼儿园是孩子成长发展的第一环境。（　）
8. 亲子活动是家园有效沟通的重要途径。（　）
9. 社区文化服务的主要对象是社区群众。（　）
10. 1999 年召开的“21 世纪国际幼儿教育研究会”上，通过了《全球幼儿教育大纲》。（　）

三、简答题

1. 简述家园合作的目的。
2. 幼儿园开发利用社区教育资源的意义有哪些？
3. 家、园、社区合作的方式方法有哪些？
4. 幼儿园开发利用社区教育资源有哪些策略？

四、论述题

论述家、园、社区合作中存在的问题。

聚焦考证

简述社区在幼儿园教育中的作用。

单元八
特色班级的创建

特色是一个事物或一种事物显著区别于其他事物的风格、形式，是由事物赖以产生和发展的特定的具体环境因素所决定的，是其所属事物独有的。特色班级是班级成员有目的、有计划、有组织的创造性实践成果。它是班级成员主观能动性的体现，是人为建设和共同努力的结果。特色班级与班级特色并不完全一致。班级特色是指在长期教学活动过程中积淀形成的，本班特有的，优于其他班级的独特优质风貌。班级特色是在班级成员共同学习生活过程中自然形成的，体现了班级建设的自发状态。幼儿教育面对的是一个个具有独特个性的幼儿，教育应促进每一位幼儿的个性发展。从教育的角度看，班级是幼儿个性的发源地，是幼儿实现社会化和个性化的重要园地，是培育幼儿成长的一方沃土。幼儿渴望生活得丰富多彩，而且不同的幼儿有不同的兴趣爱好，多彩的班级特色文化避免了对幼儿人格塑造单一化的倾向，使那些个性特长较突出的幼儿找到了适合自己的内容和形式，并在活动中看到自己的价值，从而激发他们的自主性、自尊心和自豪感，树立一个真实、完整、积极的自我意象，形成积极向上的生活学习态度。班级特色还是校园文化的重要支撑点、落脚点。特色建设，不仅能发展特色自身，也能带动班级建设的方方面面。因此，班级建设如果以特色建设为突破口，为着力点，以科学发展观为指针，以素质教育的思想来引领，努力开拓创新，就一定能成就特色品牌，创建优秀班级。

本单元主要阐述特色班级建设的内涵、重要作用和途径方法，以及特色成果总结展示的必要性与方法途径。通过知识学习、技能训练、拓展任务练习等，帮助学习者学会制订可行的班级特色建设计划，提高利用特色教育资源开展班级特色创建工作的能力。

学习目标

➢ 素质目标

1. 弘扬中华优秀传统文化，养成热爱家乡的思想情感。
2. 具备较先进的班级教育理念和学前教育资源开发意识。

➢ 知识目标

1. 了解特色班级创建的内涵、重要作用及特色成果总结展示的必要性与方法途径。
2. 熟悉特色班级创建工作开展的途径与方法。

➢ 能力目标

1. 能根据班级实际确定特色方向并制订可行的班级特色建设计划。
2. 能利用特色教育资源开展班级特色创建工作、成果展示活动以及总结汇报工作。

思维导图

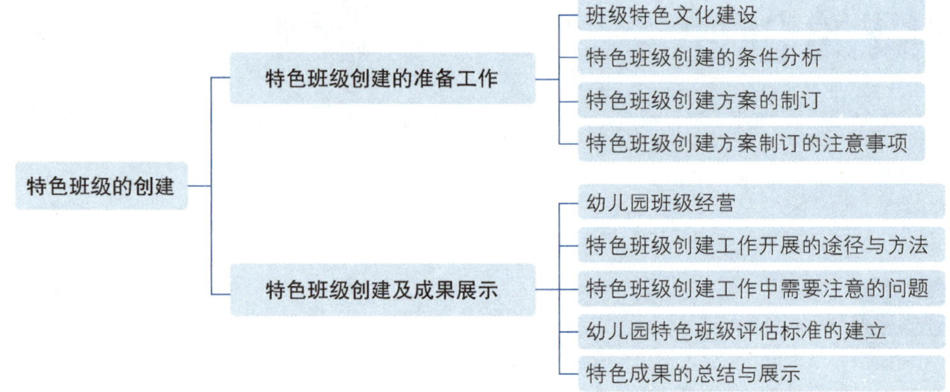

任务1 特色班级创建的准备工作

情境导入

案例1

木偶教育班级特色

幼儿园将构建班级木偶教育特色作为发展木偶教育园本课程的主脉，开展了“构建木偶教育班级特色”的交流活动。各班通过开设不同类型的班级特色木偶教育活动现场，呈现出木偶教育个性化的特征。如：小三班的活动“玩木偶真开心”凸显了木偶在促进幼儿身心健康方面的教育功能；中一班邀请了木偶剧团的两名演员来园指导幼儿泥塑木偶头，学习提线木偶的表演技巧，突出借助社区资源开展木偶教育的特点；大三班的幼儿合作表演“树木本领大”“绿色旅游”等幼儿木偶剧，彰显了以木偶为媒介实施环保教育的价值……班班各具特色，促使全园的木偶教育呈现出百花齐放、精彩纷呈的成效，也促进幼儿园木偶教育的办园特色持续、科学地发展。

讨论分析：谈谈你对以上班级特色教育的看法。

案例2

扫描二维码，阅读案例“绿色特色教育”。

讨论分析：班级特色创建工作需要参考哪些外在因素与条件？为什么？

绿色特色教育

知识学习

理论知识

一、班级特色文化建设

班级特色文化具有一种无形的教育力量。幼儿教育面对的是一个个具有独特个性的孩子，从孩子成长的角度看，班级是学生彰显个性、实现发展的重要基地。幼儿渴望丰富多彩的生活，而且不同的孩子有不同的兴趣爱好，多彩的班级特色文化避免了对孩子人格塑造单一化的倾向，使那些个性特长较突出的学生可以找到适合自己的内容和形式，并在活动中健康成长，形成自立自强自信的品质，幼儿在参与班级特色文化建设的过程中获得丰富的情感体验，使身心得到和谐发展。

幼儿园班级特色文化主要体现在表层的物质文化和深层的心理文化中。

首先是物质文化。班级的物质文化建设，其主要内容是通过对所在班课室环境的布置及对课室环境的要求构造一种教育和学习外部文化环境。这个外部文化环境是人为设置的，它从一个方面体现着一个班的精神风貌以及教育和教学的主旨。

其次是心理文化。班级的心理文化建设即观念形态层，是班级文化建设的核心内容和深层结构要素。它包括价值观、道德观、行为方式、人际关系、集体舆论以及各种认同意识。

二、特色班级创建的条件分析

1. 班级特色项目的创建要根据班级幼儿的实际情况进行选择

创建班级特色这项工作是一项长期的持久战。教师要从分析班内幼儿自身的实际情况出发，找出班级自身所具有的特点，而不能盲目地跟从别人。教师可以在带班过程中，利用游戏、集体活动和个别活动等多种途径，探索幼儿学习兴趣和良好习惯养成的教育方法，根据班内幼儿年龄特点、个性特征与兴趣爱好进行选择。如小班幼儿的特色选择难度要控制，班级幼儿活泼外向的可选择语言活动为特色，班级幼儿爱好美术的可以将绘画作为特色，班级幼儿动手能力强的可以选择某种手工活动为专攻方向。

2. 班级特色项目的创建要根据教师自身特长进行选择

知识链接

幼儿园不同年龄段班级备选特色项目

班级特色的形成和发展需要班级教师共同努力，精心设计，用心培植。找准一个“点”，持续地做下去，逐渐形成班级教育特色。当确定了特色之后，班级活动主要围绕这一中心展开。班级教师是班级特色活动开展的主力军，班级教师自身特长在特色班级活动开展过程中起着穿针引线的关键作用。因此，教师在选择班级特色项目时要尽量挖掘自身的教学特长，以便今后特色活动的开展。幼儿园也要有计划地选派教师进行教育专长的职后培训，为教师的专业化成长方向奠定基础。

3. 班级特色项目的创建要依托于幼儿园办学背景

教师在考虑如何创建及创建什么样的班级特色项目时，审视本园背景是非常必要的。这种背景包括：幼儿园所处的社区环境及人们的需求，幼儿园的一般状况和人文基础，幼儿园的发展史，师资结构，幼儿园现有的优势与不足，本园在所在区域幼儿园中的级别和条件，等。班级特色项目的创建若与本园背景反差太大，难度必然增加；若与本园背景一致，则容易形成特色。

知识链接

环境、资源和文化的融合

此外，班级的一些背景资源，如家长资源、社区文化资源、自然名胜景观资源等都可以作为选择班级特色项目的参考。

实务知识

一、特色班级创建方案的制订

教师在对本班特色创建的各方面条件进行系统分析论证后，可以确定班级特色建设活动项目，经学校特色文化建设领导小组调研审核，确定每个班级的活动主题，经充分酝酿、讨论后参照幼儿园特色班级评估标准制订出实施方案。

具体实施方案的内容包括：

(1) 建立组织，确定人员，明确分工。负责人员以班主任为主，由班主任协商本班副班主任进行活动。

(2) 特色项目活动的形式、具体内容，相关物质资料的准备等。

(3) 把特色项目内容与班级学期工作计划内容相对应，同期进行，相互辅助融合。

（4）定期活动，积极辅导，填写好记录。活动时间确定为每周2～3次。

（5）重视班级特色环境创设，根据特色班级活动的内容不断丰富、调整环境创设内容，增强环境与幼儿的互动性，做到特色氛围浓厚，整体和谐，促进幼儿特长的发展。

（6）教师特色亮相及特色成果展示与讲座。

（7）总结和反思，提炼出下阶段将要调整和实施的方向。

特色班级创建方案的制订

案例分析

中班打击乐教学活动的尝试

一、指导思想

打击乐器演奏是幼儿园音乐教学的内容之一。打击乐器演奏教学不仅能帮助幼儿初步掌握乐器演奏的一般知识和技能，发展节奏感，而且又能发展幼儿对音色、曲式结构、多声部组体表现力的敏感性，培养幼儿基本的合作意识能力、创造意识、创造能力、组织纪律性和责任感。打击乐器演奏是具有很强操作性的活动。由于幼儿好奇心强，自制力差，拿起乐器就喜欢敲敲摇摇，因此打击乐器演奏活动比舞蹈、唱歌等其他教学活动更难组织。传统的打击乐教学活动是从教学目的出发，学会一定数量的打击乐作品，教学方法单纯使用示范教学，只注重幼儿机械的模仿动作，而忽视教学过程，忽视幼儿的情感教育合作精神和创造力的培养。如何在打击乐教学活动中培养幼儿的情感、合作、创新能力，本学期拟进行打击乐器演奏活动尝试。

二、班况分析

在平时，孩子们很喜欢听着老师拿铃鼓用手拍出不同的节奏，对于乐器充满了好奇、兴趣。在上学期几次打击乐活动中，孩子们表现得非常积极、投入，对于一些节奏型也能较好地掌握。但是由于缺乏连续性、系统性练习，幼儿只是对此项活动很感兴趣、能够认识及使用乐器，但没有形成较好常规习惯，乐器使用不够准确。

三、具体措施

1. 在和谐的气氛中培养幼儿的创新能力。

一个人只有在和谐的气氛中生活，身心才能得到全面发展，感情才能得到满足，有话才能敢说、愿意说，才能大胆地表现自己。在开展教学活动时，我要求自己既是组织者，又是参与者、合作者，同时也是一位听众和观众，如和小朋友一起做游戏，一起唱歌跳舞，细心观察他们在生活中的表情、感觉等。建立一种和谐的师生关系，是开发幼儿创新、创造能力的基础，幼儿在和谐的气氛中，各种机能均能得到发展。

2. 在乐器演奏中培养幼儿的合作能力。

合作能力是在共同完成一件事中所表达出来的行为及心理，合作能力是一个人的综合能力的反映，21世纪需要复合型的人才，一个人不但要拥有知识，而且要有创新的意识和能力，合作精神，社会交往的能力。作为幼教工作者首先是自己思想要开放，敢于改革，敢于创新，才能培养幼儿的创新意识及创造能力、合作精神，使其成为适应社会需要的人才。

3. 新增音乐角，将平时的图谱粘贴在墙上，提供相应的乐器进行个别幼儿指导。

四、具体安排

（一）三月份

常规要求：

1. 乐器拿起后或打击乐停下时放于腿上，不发出声响、影响集体。

2. 乐曲开始前，拿起乐器指挥信号。

技能:《一只鸟仔》。

1. 学习看图谱,用手拍出相应节奏。

2. 认识几种常见乐器及使用方法。

(二) 四月份

常规要求:徒手模仿各种乐器演奏。

技能:《加油干》《虹彩妹妹》。

尝试看图谱,创编用身体动作来表现相应节奏。

(三) 五月份

常规要求:

1. 演奏各种乐器的常规。

2. 指挥和被指挥相互注视的常规。

技能:《北京的金山上》。

1. 尝试看图谱根据节奏型设计出配乐方案。

2. 进一步尝试分组进行看指挥演奏。

(四) 六月份

常规要求:

演奏时相互倾听习惯。

技能:《进行曲》《爵士进行曲》。

幼儿尝试做指挥进行演奏。

请思考:特色班级的创建需要遵循哪些原则?应注意哪些问题?

参考回答

二、特色班级创建方案制订的注意事项

(1) 班级特色要立足于新。新,就是要用新的理念去引领它,用新的思维去谋划它,用新的方式去经营它,用新的策略去建构它。切实地说,就是要以学生发展为根本,以学生为主体,以主题来引领,以活动为承载,以环境来熏陶,以成果来激励。

(2) 班级特色要植根于班。要根据班级学生和班主任的实际和特长去选题。

(3) 班级特色选题思路要广。可以从内容上去思考,形式上去构建,人文上去提炼,智能上去选点;可以从班级管理上着手;也可以从学生活动中发掘。

(4) 班级特色建设重在实践。要根据计划扎扎实实地开展活动,不能只是停留在思想上、口头上。

(5) 班级特色建设成于总结。要在实践的基础上总结提炼,在总结提炼的引领下深入推广。

(6) 班级特色建设亮点在于展示。班级特色建设的成果,要在班级、学校,乃至社会展示,借此推动特色建设快速健康地前行。

总体来说,班级特色的形成和发展要以幼儿发展为本,从班级幼儿实际出发,需要班级教师的精心设计和用心培植,需要通过班级各项活动有意识地渗透和积淀。特色活动为幼儿搭建了一个展示自我的大舞台,让每一位幼儿在这安全、宽松、自主、自由的环境中,乘着想象的翅膀,挥洒童心,自由翱翔。

技能训练

一、课堂训练

案例 1

舞蹈特色班

中一班有幼儿 30 人,男生 16 人,女生 14 人,由于班级幼儿比较活泼、好动且对音乐和舞蹈活动很感

兴趣，而且班级的两位教师都比较擅长舞蹈，故把班级定为舞蹈特色班。幼儿舞蹈以其流畅优美的音乐和形象生动的体态动作为特点，反映幼儿的童趣、童真，是幼儿喜闻爱学的一种艺术活动。它对于丰富幼儿审美经验，培养感受和表现美的情趣与能力，开发艺术潜能，发展幼儿理解、联想、想象创新等方面的能力，促进动作与身体机能的发展，提高幼儿动作的协调性、灵活性等有重要意义。

请根据班级特点设计一份本学期的舞蹈特色教学工作计划。

案例 2

特色班级环境的创设

扫描二维码，阅读案例“特色班级环境的创设”。

思考讨论：如何打造富有地区文化特色的班级环境？

二、实战演练

结合教育实习填写一份“幼儿园特色班级评估申报表”（见表 8-1）。

表 8-1　幼儿园特色班级评估申报表

班级：　　　　　　　　　　　　填报日期：

特色项目名称		主要负责人	
申报理由	创建特色班级条件分析、前期主要准备工作：		
创建计划	阶段性目标及具体措施：		
特色班级创建情况			
幼儿园审核评估意见	年　月　日		

拓展任务

一、阅读材料

材料 1

幼儿园班级特色之我见

我是这样理解班级特色的：每个班在完成幼儿园常规教学活动的同时，教师根据自己的特长或兴趣所在而开展的某一类型的课程，在选择的课程中教师可以根据自己的专业水平及幼儿的实际情况不断做出调整。于是，它既有利于教师对自己所研究的领域不断探究深入，也有利于幼儿在这一领域得到更好的发展。

进入幼儿园以来我进行了两年的班级特色探索，第一年开展的是蜡笔画特色，由于各种原因今年开展了歌表演这一特色，从一开始的无法入手到现在觉得很有意思，意识到我成长过程中班级特色对我的重要意义。

在开展班级特色活动中我感受最深的是，由于班级特色是非常灵活的、是无系统资料辅助的，它需要我以孩子的现实水平及生活经验作为基点来及时调整、修改。于是我更多地要去关注孩子，了解孩子，以此来找到适合的教学手段。

从教师本身来讲，班级特色对我们有了进一步的要求，俗话说：“给学生一杯水，自己必须有一桶水”，虽然现在并不强调你应该给予孩子多少知识，而是提倡教给孩子学习的方法。但是这种方法的传授则更需要教师知识的厚重及灵活运用。当然也许这就是所谓的“教学相长”吧，我喜欢这种有挑战的成长。

在以后的班级特色活动中，我会继续努力，无论是为了孩子还是我自己的成长。当然也有一些设想来促使自己朝这一方向努力：

1. 我会多从孩子的年龄特征、兴趣及生活经验入手开展班特色，会多尊重幼儿个人的意见，给他们更多的表达、表现的机会。

2. 要尽量提供给孩子艺术中美的感受，创造宽松、愉悦的氛围，激发他们创作的欲望。

3. 要多尊重个别差异，给每个幼儿不同程度的具体要求，多让幼儿体验成功的感觉，少些挫败感，多接纳不同水平，不横向比较。

4. 自己的专业水平要不断提高，调动自己对特色研究的积极性，做到课前多思考、课后多反思。

请思考：谈谈你对幼儿园班级特色的看法。

材料 2

扫描二维码，阅读材料“多元智能教育的环境观”，谈谈你对班级特色创建工作的理解。

多元智能教育的环境观

二、思政话题

《教育部办公厅关于开展 2021 年全国足球特色幼儿园创建工作的通知》在“工作目标”中提出，将创建工作作为各地校园足球推广普及体系的重要内容，按照《全国足球特色幼儿园游戏活动指南》(以下简称《活动指南》)要求，引导幼儿园广泛开展幼儿足球活动，促进幼儿身心健康全面发展，培养德智体美劳全面发展的社会主义建设者和接班人。在“创建原则”中提出“足球特色，全面发展。按照《活动指南》要求，以普及性的幼儿足球游戏培养广大幼儿浓郁的足球兴趣，营造良好的足球文化氛围。开展丰富多样、适合幼儿年龄特点的各种身体活动，鼓励幼儿进行跑跳、钻爬、攀登、投掷、拍球等活动，促进幼儿基本运动能力全面发展”“尊重规律，兴趣为主。要遵循幼儿身心发展特点和教育规律，把握幼儿足球发展规律和特点，转变发展思路，创新发展方式，让幼儿享受足球乐趣，培养足球兴趣。坚持以游戏为基本活动，珍视幼儿游戏活动的独特价值，保护幼儿的好奇心和学习兴趣，尊重个体差异，灵活运用集体、小组和个人活动等多种形式，合理安排和组织幼儿一日生活，保证幼儿有足够的户外活动时间，促进幼儿在活动中通过亲身体验、直接感知、实践操作进行足球游戏”。

请结合以上相关文件，谈谈：如何基于园本文化选择班级特色项目，促进幼儿个性发展？

任务 2 特色班级创建及成果展示

情境导入

案例 1

幼儿园班级特色活动纪实

幼儿园的教育活动，是有目的、有计划引导幼儿生动、活泼、主动活动的多种形式的教育过程。某幼儿园的教师们在“园所有特色，管理有新意，班班有亮点”的办园目标引导下，吸取国内外先进的幼儿教育理念，潜心研究，不断学习，充分发现和挖掘教师的特长和能力，并结合本班幼儿的年龄特点和兴趣，分别确

立诸如“蔬果造型创意”“剪纸艺术”“有趣的纸编”“石头彩绘艺术”等有利于幼儿发展的特色活动内容，并合理贯穿于幼儿园一日活动中。

丰富多彩的特色活动受到了孩子们的欢迎，同时也得到了家长们大力支持，取得了良好的效果。各班通过开展不同的特色活动，使幼儿从动手能力到语言表达能力，从创造力、想象力到欣赏美的能力都得到不同程度的提高。如：小班的“蔬果造型创意”活动就是利用各种水果、蔬菜及牙签、瓶盖、纽扣、吸管、图钉等辅助材料，让孩子们大胆想象，把水果、蔬菜变变变，制作成各种各样的有趣的造型。让幼儿充分体验成功的快乐，并使动手能力以及创造力得到培养。大班的纸编活动，让幼儿通过各色卡纸编织各种工艺品，体验编织的乐趣。中一班的是富有民间色彩的剪纸活动，为了让小朋友感受浓厚的民族文化艺术气息，老师们收集、展示了民间艺人剪贴的各种栩栩如生的剪贴画，让他们从中获得美的享受，从而激发起了幼儿对剪纸艺术的兴趣，通过操作活动，也培养了幼儿的手眼协调能力。中二班的剪贴画活动，幼儿结合生活经验，拼贴出各种富有创意、充满想象力的图案；小班的捏泥、粘贴画等都是孩子非常喜欢的活动，极大地丰富了幼儿园一日生活。

讨论分析：从以上案例中，可以发现班级特色活动开展的途径有哪些？需要注意哪些问题？

案例 2

特色班的教学成果展示活动

扫描二维码，阅读案例“特色班的教学成果展示活动”。

讨论分析：从案例中，可以发现有哪些班级特色成果展示的方式？你最认可哪一种？为什么？

知识学习

理论知识

一、幼儿园班级经营

对于幼儿教师而言，“班级经营”是每天必须面对的事情与责任，这是老师在一个班级里，运用聪明智慧、借着各种方法带领幼儿养成正向学习习惯、奠定良好社会化基础的过程。从上幼儿园进入一个班级的第一天起，幼儿的发展与成长、行为与学习，就都掌握在老师经营这个班级的思想与行动中了。

班级经营是教师有计划、有组织、有效率、有创意地经营一个班级的过程，教师和学生共同合作处理教室中的人、事、物等因素，使教室成为最适合孩子的环境，以易于达成教学目的的活动。在这个班级中，孩子能快乐有效地成长，并有好的行为表现，潜能得到充分的发展，教师也能实现专业理想并得到工作上的满足。

不难发现，班级经营是一个复杂且有挑战性的工作。这个复杂工作的目标，狭义而言是要求良好的秩序，以利于活动课程的进行；广义而言，则不单能管理好幼儿、减少违规行为，更重要的是能有效促进幼儿的参与学习，促进幼儿身心的健康成长与发展。

二、特色班级创建工作开展的途径与方法

微课

班级特色创建工作开展的途径与方法

1. 开设专门性的特色主题活动课程

教师通过设计一系列相关特色的主题活动作为每天或每周的固定教学内容，保证特色教育的一致性和连贯性，起到不断强化特色形成的作用。

2. 特色渗透于教学常规活动各环节

教师可以将特色教育内容渗透于不同的学习领域，如融入有趣的游戏活动、语言活动、体育活动之中，或渗透于晨间活动、生活活动、户外活动等一日生活各环节之中。

3. 创设班级特色物质环境

教师在布置教室各个区域的时候，采取相同的特色主题内容，如墙面图案、教具、玩具、图书、活动工具等给予幼儿鲜明的特色印象。

4. 挖掘家庭、社区特色教育资源

教师要有效搜集、发掘家长背景中的特色教育资源，通过设计特色亲子活动与幼儿园班级形成合力，强化班级特色氛围。不仅如此，不同的地区有自己的历史文化教育资源，自己的自然地理风貌，这些外部环境资源都可令教师从中获取启发。教师要发挥“三结合”的力量，共建班级特色，促进幼儿个性发展。

三、特色班级创建工作中需要注意的问题

美术创意活动区的创设

特色是“做”出来的，而不是“说”出来的。当确定了特色之后，班级活动应尽量围绕这一中心展开，这样连续的刺激，不仅会激发幼儿的兴趣，在班内形成“兴奋点”，更重要的是，这种集中力量攻一个目标的方法，容易取得成绩。

1. 特色创建活动的内容要以幼儿为主体

特色主题活动设计的内容、方法、手段等必须注意幼儿兴趣的调动，应根据各年龄段幼儿的心理特点及实际发展水平，以接近幼儿的“最近发展区”为落脚点，以着眼于促进幼儿全面发展为目的，使每一个幼儿都得到不同程度的提高。

2. 特色创建活动的过程要以教师为主导

在班级特色创建过程中要注意发挥教师的组织、引导、帮助、启迪的作用。教师在有效发挥主导作用的同时要充分调动每个幼儿的主动性、创造性，注意幼儿创造能力的培养。避免教师一个脑袋想问题，包办代替。

3. 特色创建工作要重全方位氛围渗透

班级特色需要靠环境展示出来，教师应悉心努力给幼儿创设一个能充分体现本班班级特色的、舒适的环境。特色空间要渗透在班级的每一个角落，包括班级走廊环境、班级区域环境、操作材料、幼儿作品展示栏等。让每一个走进教室的人都感受到浓厚的班级特色，从幼儿的操作活动中感受到平等、互助、和谐的氛围。

4. 班级特色创建工作要持之以恒

班级特色的创建过程中可能会遇到很多问题，就更需要老师坚持做到“恒”，切忌半途而废，切忌注意力转移。坚持就是特色，坚持才会有积淀，坚持才会形成班级文化。

5. 班级特色创建不求全而求特

岭南特色韵律活动“落雨大”

求全，要求面面俱到，则无特色可言，且操作难度大，只会导致普遍的平庸；而求特，不是搞单一化，而是以某点作为突破口和切入点，再通过以点到面，促进学生全面发展。

实务知识

一、幼儿园特色班级评估标准的建立

为了打造健康和谐园所文化，进一步凸显特色班教学水平，使特色班教育更上一个台阶，幼儿园需要制定符合本园特点的特色班评估标准(见表 8-2)。

表 8-2　幼儿园特色班级评估标准

项目指标		具体内容	分值
一 理论支撑(10 分)	1	创建的特色项目富有一定的理论依据、现实需要和教育价值，实践中具有可操作性	5 分
	2	积累起相应的特色项目理论资料，所创设的特色能根据教师能力、班级实际情况及幼儿的年龄特征调整	5 分

（续表）

项目指标		具体内容	分值
二 计划落实（14分）	3	特色创建主题明确，有比较清晰的近期和远期创建思路或计划	8分
	4	把特色项目列入班级学期工作计划	6分
三 环境建设（16分）	5	重视班级环境创设，做到净化、美化，特色氛围浓厚，整体和谐	10分
	6	一日活动各环节中能充分培育和体现师幼的人文素养	6分
四 课程开展（15分）	7	在日常教育教学中落实相应的课程或活动，有时间保证	8分
	8	注重活动后的反思与小结，有相应记录	7分
五 家园联系（14分）	9	通过各种途径，向家长宣传本班级特色，明确目的和意义	7分
	10	密切家园联系，家长能主动参与到特色创建过程中	7分
六 特色成果（31分）	11	特色展示活动在一定的区域范围内富有创造性和影响力，得到大家认可	7分
	12	积累起丰富的文字、图片及影像等实践资料	10分
	13	积极撰写班级特色相关的论文和案例	7分
	14	有关特色项目的活动、经验、总结在园级及以上的教育行政部门组织的活动中获奖或在各级各类报纸杂志发表	7分

二、特色成果的总结与展示

特色班级的建设过程是从尝试摸索到逐步提高、不断完善的过程。在深化、完善班级特色建设工作的基础上，教师要注意搞好归纳总结，交流工作经验，幼儿园可以通过定期开展特色成果的总结与展示活动，评选优秀成果、表彰先进班级和个人等活动，进一步促进全园各班级“特色班级建设”活动的有效开展，提高班主任管理建设特色班级水平。

1. 开展班级特色创建工作汇报活动

定期举办班级特色创建工作汇报活动，由优秀特色班的班主任谈自己的班级特色创建构想、计划、实施措施、成果以及存在的问题等，可以促进班级之间的交流。通过汇报过程可以看到特色主题活动生成与预设的关系，看到教师的教学设计思路，在教师群体中起到以点带面，互动启发的作用。

2. 举办特色主题成果展示活动

举办特色主题成果展示活动，让班主任进行理念、成果、经验的展示。通过主题交流发言、班主任分享演说、教育专家点评指导等形式，对已有的做法作进一步的提炼与归理，以利于幼儿园班主任的共同提高。

3. 开展特色项目比赛

开展特色项目比赛有利于提高幼儿的身体素质，培养幼儿良好的个性品质。通过比赛，能很好地激发幼儿对特色活动的兴趣和参与的积极性，有效增加幼儿的团队意识，培养幼儿的竞争精神。

4. 将特色成果展示活动与家长开放日联系，让家长更加了解并支持幼儿园特色活动的开展

班主任可以家长会、发放倡议书等多种形式向幼儿和家长宣传班级特色活动，全面调动大家的积极性，发挥每个家庭的聪明才智和潜能。在亲子共同参与中，不仅可以体验活动的乐趣，而且增进了亲子间的情感。

本土文化特色活动展示

为了更好地做好特色成果总结与展示工作，教师在平时的教学活动中要注意资料的积累、收集与留存，把课件、论文、教育笔记、教育教学工作的点点滴滴收集起来，有意识地建立班级教育资源库。

案例分析

奇妙的声音

某幼儿园围绕主题“奇妙的声音”开展特色班级环境创设。第一阶段：与幼儿共同商议本班环境的创设，由教师指导，幼儿决定如何创设属于班级特有的视听世界。第二阶段：废旧材料的收集、制作。让幼儿收集家中或社区周围的废旧材料后，教师们对幼儿收集来的材料进行消毒，保证其安全性。幼儿对教师整理过的材料发挥想象力，对材料进行手绘，制作属于自己的音乐器材。第三阶段：亲子参与环境创设。家长们也纷纷参加到活动中，指导幼儿掌握一些简单的制作技巧，甚至帮助幼儿共同制作完成。最后阶段：作品成型展示阶段。利用废旧瓶子制作音阶玻璃瓶，用纸皮制成民间乐器(琴、二胡、喇叭等)，用锅碗瓢盆组合成架子鼓，奶粉罐变身非洲鼓和安塞腰鼓等。班级主题墙以幼儿作品为展示内容，主题墙以“视听世界”为名，展现幼儿和家长共同参与环境创设的过程和制作各种乐器的流程，声音的来源、声音的种类、会发声的各类物体等板块内容随着主题活动的进行不断地呈现在主题墙上。

请思考并分析：谈谈如何构建具有个性特征的艺术特色班级环境？

参考回答

技能训练

一、课堂训练

案例 1

班级人文特色主题活动

某月某日八点整，中二班的家长和孩子早在幼儿园门口等候了，因为今天将要进行该班第二次的旅程——游览具有历史文化特色的陈氏宗祠和伟人故里孙中山故居。

在老师的一声令下，孩子有秩序地上了旅游巴士出发了。到了茶东，老师深入浅出地介绍了茶东公园，并重点阐述了“五度桥”的独特造型和它的故事。绕过公园，雄伟壮观的陈氏宗祠便映入了眼帘。建筑内部的灰塑、灰雕建设精湛，造型逼真，家长孩子马上就被吸引了。家长不时地按动手里的相机，为孩子拍下精彩的一刻。根据资料所知，陈氏宗祠是该市乃至珠江三角洲地区目前保存较大、较好，建筑独特的清代建筑群，2008 年被评为广东省文物保护单位。告别陈氏宗祠，队伍继续前往伟人故里孙中山故居。在解说员的带领和讲解下，孩子先后参观了“孙中山故居”“孙中山纪念馆”“民居展示区”“民俗博物馆”等景点。在参观的过程中不时看到孩子脸上露出愁眉的表情，“他们都不懂。”一个家长犯愁了。确实，孩子这么小不懂得什么是历史，但我看到更多的家长是认真地用孩子能够理解的词语解释回应孩子的提问，相信在家长的细心引导下，孩子在幼小的心灵里已经埋下了爱国的情感，为自己是一名中山人而感到骄傲。

据悉该班为了拓宽孩子的视野，结合班级教育特色，有目的、有计划地设计了主题系列活动，组织孩子走进社区、走进大自然，努力寻找孩子身边的教育内容，让孩子亲身体验了家乡的风貌，同时增进了孩子爱家乡、爱园等情感。

谈谈你对这个班级特色主题活动设计的看法。

案例 2

扫描二维码，阅读案例“特色班级成果评价标准”，设计一个特色班级成果展示活动的实施方案，并与同学交换评价彼此的特色班级成果展示活动方案。

特色班级成果评价标准

二、实战演练

根据实习所在幼儿园班级的实际情况设计与之对应的特色班级创建计划，填写幼儿园特色班级评估申报表。

拓展任务

一、阅读材料

材料1

幼儿园班级特色教育：古诗词吟诵

今年，我园要求每个班级都要开展班级特色教育，我班就申报了“古诗词吟诵”这个特色。在我园每个班级都有自己班级的特色教育，比如：谜语特色、折纸特色、英语口语特色等等。我就以我们班的“古诗词吟诵”为窗口来折射一下我园的班级特色教育。

1. 问题的由来

我们的祖国是一个具有五千年悠久历史的文明古国。而古诗文是我国古代文明与智慧的结晶，是语言文化的精髓，是我国古代文化宝库中最璀璨的明珠。如何引导幼儿感受博大精深的中华古文化，吸纳古诗词典赋中的营养精华呢？我们在这方面进行了一些尝试和探索。所谓“学会唐诗三百首，不会作诗也会吟”“操千曲而后晓声，观千剑而后识器”，都道出多学多练的真谛。只有诗词学得多了，诵得熟了，当心灵与客观现实相击撞迸发出思想火花时，才会在记忆的储存库中涌现出适情适景的诗词典句。由于古诗文韵律优美，语言精练，对仗工整，节奏感强，朗朗上口，很适合孩子们诵读。所以，我们以古诗词吟诵为切入点，以多种感官参与为突破口，以游戏活动为主途径，引导幼儿来领会作品丰富的内涵和情感；引领幼儿初步了解一些中华古国的渊源文化与悠久历史；引发幼儿的民族自豪感、自信心，陶冶幼儿的情操。并以此来激发幼儿学习古诗词的兴趣，发展幼儿的语言能力，培养幼儿的记忆力，增强幼儿的理解能力，提高幼儿的前阅读能力。

2. “古诗词吟诵”的途径

(1) 专门性的“古诗词吟诵”活动：我们设立了“古诗词吟诵”课程，并安排每周两次集体教育活动时间，进行专门的古诗词教育活动。我们通过多种渠道搜集了许多易于孩子们理解、接受的古诗词，并反复揣摩诗词所表达的情感和寓意，变成孩子们能够理解的语言讲给他们听，用孩子们喜欢的游戏形式引领他们吟诵，并鼓励孩子们大胆表达表现自己对古诗词的理解。

(2) 渗透性的“古诗词吟诵”活动：我们将古诗词渗透于不同的学习领域，如融入有趣的游戏活动、语言活动、体育活动之中。我们还将“古诗词吟诵”渗透于晨间活动、生活活动、户外活动等一日生活各环节之中。

(3) 随机进行的“古诗词吟诵”活动：我们还善于抓住生活中的教育契机，适时进行古诗词教育。引导孩子们对物吟诗对景吟诗，培养其知识的迁移能力。如：“三八”妇女节时，我们学习孟郊的《游子吟》，让幼儿感悟母爱的深厚与伟大。带领幼儿去踏青时，就引导幼儿吟诵韩愈的《早春》来体味“草色遥看近却无”的绝妙。

请思考：谈谈你对创建班级特色作用的理解。

材料2

挖掘特色资源，构建特色环境

扫描二维码，阅读材料“挖掘特色资源，构建特色环境”。

思考讨论：谈谈如何结合本土特色资源和园本文化进行特色班级的创建。

二、思政话题

《广东省幼儿园一日活动指引(试行)》中指出:“幼儿园应关注幼儿学习与发展的整体性,注重健康、语言、社会、科学、艺术五大领域之间和目标之间的渗透和整合,关注各活动环节的自然衔接,创设有利于引发、支持幼儿的游戏和各种探索活动的教育环境,建构完整的幼儿园一日活动体系。在此基础上,结合本地区、本园的文化和资源,教师、幼儿、家长和社区共建特色的、个性化的园本课程。”《3~6岁儿童学习与发展指南》在健康、语言、社会、科学、艺术五大领域的教育建议中都将“创设适宜的环境”放在重要地位,由此可见,因地制宜创设有特色的班级环境对于幼儿发展不可或缺。

请结合以上相关文件,谈谈如何创建特色班级课程和特色班级环境。

单元小结

对幼儿园来说,班级是组成幼儿园大集体的一个基本单位,其工作的成效直接关系到幼儿的发展,同时也是反映教师工作能力的一个重要方面。幼儿园特色班级的创建,需要根据班级幼儿的实际情况、教师自身特长以及依托于幼儿园办学背景等条件进行分析,制定具体的实施方案。在开展班级特色创建工作过程中,应开设专门性的特色主题活动课程,将特色渗透于教学常规活动各环节,同时创设班级特色物质环境,充分挖掘家庭、社区特色教育资源,并注重特色成果的总结与展示。班级特色建设是创造性工作,需要老师去思考、探索、反思、提炼、总结,并不断循环。班级特色建设过程是教师自我提升的过程,是专业化成长的过程,也是教师提高自己核心竞争力的过程。

单元练习

在线练习

一、填空题

1. 班级特色文化具有一种无形的________。
2. 幼儿园班级特色文化主要体现在表层的________和深层的________中。
3. 班级的心理文化包括________、道德观、________、人际关系、________以及各种认同意识。
4. 班级特色项目的创建要根据________进行选择。
5. 班级特色项目的创建要依托于________。
6. “班级经营”是每天必须面对的________与________。
7. 班级经营是教师有计划、________、有效率、________地经营一个班级的过程。
8. 班级经营是一个________的工作。
9. 教师要发挥“________”的力量,共建班级特色,促进幼儿个性发展。
10. 开展特色项目比赛有利于________,培养幼儿良好的个性品质。

二、判断题

1. 班级特色文化具有一种无形的教育力量。 ( )
2. 幼儿园班级特色文化主要体现在表层的心理文化和深层的物质文化中。 ( )
3. 班级的心理文化建设即观念形态层,是班级文化建设的核心内容和深层结构要素。 ( )
4. 特色班级的建设过程是从尝试摸索到逐步提高,不断完善的过程。 ( )
5. 班级特色创建不求全而求特。 ( )
6. 班级特色建设重在实践。 ( )
7. 特色班级创建负责人以家长为主,由家长协助本班班主任进行活动。 ( )
8. 班级特色要立足于新,植根于班。 ( )
9. 特色创建活动的过程要以教师为主导。 ( )

10. 特色创建活动的内容要以教师为主体。 （ ）

三、简答题

1. 简述班级特色创建方案制定的注意事项。
2. 简述班级特色创建工作开展的途径。

四、论述题

在特色活动中，教师如何提升自我和培养幼儿喜爱这一活动？

聚焦考证

案例分析

幼儿期是语言发展的最佳时期，根据幼儿的年龄特点以及幼儿园的特色，我们中一班在中班上学期就把语言活动作为班级的特色。我们在一开学就培养幼儿对语言活动的兴趣，教学中创设想说、敢说、会说的语言氛围，把语言活动中的小故事、儿歌等融入幼儿的日常生活，把图画故事书、幼儿自制图书、图片等，放在幼儿随手可拿到的地方，让幼儿在餐点后、游戏时间能自由翻阅，说说讲讲，或与同伴合作表演。让幼儿体验到语言交流的乐趣。同时每天安排一定的时间开展听故事活动，帮助孩子们掌握故事中的经典句子和词汇，懂得用完整的语句进行表达。同时鼓励幼儿在集体面前大胆讲述故事，使孩子们自我表现的欲望逐步增强起来，在此基础上鼓励幼儿自己创编故事、儿歌。正是因为我们对幼儿进行有目的、有计划的语言熏陶活动，我们班的孩子在中班上学期里语言表达能力得到质的提高，几乎每个幼儿都会讲几个故事、会创编故事，幼儿爱说、敢说、会说的能力也得到提高，正因为有了语言活动作为铺垫，我班的幼儿课堂气氛活跃，在其他各个方面的发展也得到提高。

讨论分析：以上案例说明班级特色活动可以从哪些方面开展？你还能想出其他哪些更好的方法？

单元九 幼小衔接的准备

幼儿园与小学作为不同的两个教育阶段，它们之间存在着一个如何衔接的问题。而能否衔接好，关系到以后儿童的长远发展，并且作为第一个教育衔接环节，关系到以后整个教育的连贯性。孩子从幼儿园升入小学，需要面临情感、环境等多方面的考验，这要求幼儿教师必须结合幼儿教育的特点和小学教育的需要，做好幼小衔接，确保两者衔接、过渡的顺利，保障孩子身心的健康发展。

本单元主要阐述幼小衔接工作的意义、目标、原则和内容，以及幼小衔接工作方案的内容、结构和要求。通过知识学习、技能训练、拓展任务练习等，帮助学习者掌握幼小衔接工作方案的制定与实施的方法。

学习目标

➢ 素质目标

1. 以科学发展观为指导，树立正确的幼小衔接教育观念，养成团结互助的集体观念。
2. 树立以人为本、统筹规划的意识，养成热爱幼儿的心理品质。

➢ 知识目标

1. 了解幼小衔接工作的意义、目标、原则和内容，认识幼小衔接工作联动机制。
2. 了解幼小衔接工作方案设计意图，熟悉幼小衔接工作方案的内容、结构和要求。

➢ 能力目标

1. 能制定完整的班级幼小衔接工作方案。
2. 能根据需要设计并开展班级幼小衔接工作活动，具备一定的沟通与组织活动能力。

思维导图

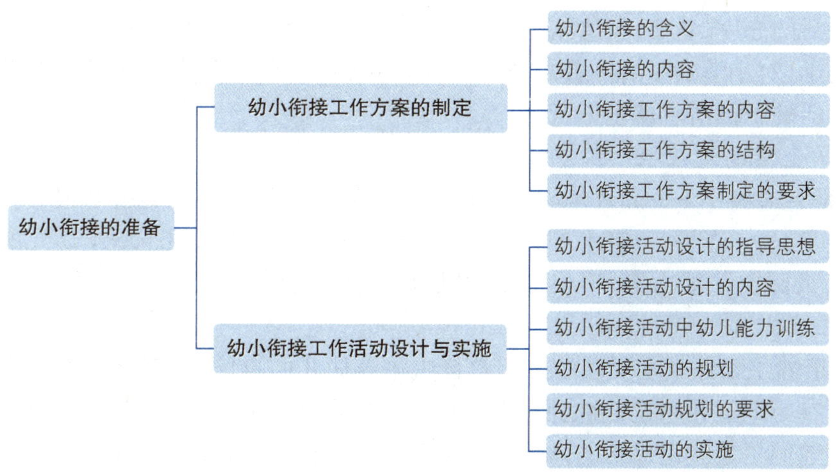

任务1 幼小衔接工作方案的制定

情境导入

案例1 **“一分钟里”实验活动**

“一分钟到底有多长呢？一分钟到底能做什么？”为了一探究竟，我和孩子们开展了“一分钟里”的系列实验活动。孩子们在实验中惊奇地发现，一分钟可以跳100个绳，拍50下球，可以围着幼儿园跑两圈，可以把桌椅摆整齐，可以把玩具收拾好……一分钟虽然短暂，却可以做很多事情。孩子们切实感受到做事要抓紧一分一秒的时间，不能浪费一分钟的时间。

讨论与思考：为了幼儿更好地适应小学生活，幼儿园老师应如何帮助孩子制定幼小衔接的方案？

案例2

扫描二维码，阅读案例“幼小衔接方案”，讨论案例中方案的优点与不足。

幼小衔接方案

知识学习

理论知识

一、幼小衔接的含义

幼小衔接是小学教育和幼儿教育的衔接，特指幼儿园整个阶段到小学一年级结束阶段。即，幼儿在幼儿园向小学过渡阶段，家庭、小学、幼儿园在儿童习惯、情感、认知等方面做出的衔接工作，用于保障儿童能适应小学生活的教育模式。

二、幼小衔接的内容

1. 幼儿对小学生活的热爱和向往

幼儿对小学生活的态度、看法、情绪状态等，与其入学后的适应能力关系很大。因此，幼儿园阶段应注意培养幼儿愿意上学，对小学的生活怀着兴趣和向往，为做一个小学生感到自豪的积极态度，并让幼儿有机会获得对小学生活的积极情感体验。

2. 幼儿对小学生活的适应性

幼儿入学后，是否适应小学的新环境，适应新的人际关系，对其身心健康影响很大。有一种认识是，幼儿只要提前认一些字，学一点拼音、算术等就没有问题了，这是十分片面的。培养幼儿的社会适应性，特别是主动性、独立性、人际交往能力等，不仅关系着幼儿入学后的生活质量，也关系着他们在小学的学习质量，是幼小衔接的重要内容。

（1）主动性。培养主动性就是要在幼儿园教育中培养幼儿的自信心、对周围的人和事物的积极态度，激发幼儿对活动的参与欲望和兴趣，给他们提供自己选择、自己计划、自己决定的机会和条件，鼓励他们去探索、去尝试，并使他们尽量获得成功的体验。研究证明，富于主动性的幼儿思维活跃，做事有信心，能主动与人交往，他们入学后能比较快地适应小学新环境，学习成绩也较好。

（2）独立性。小学生课间和课余时间由自己支配，生活需要自理，这就要求他们有较强的独立生活能力。在幼儿园，要注意培养幼儿的时间观念，增强幼儿的独立意识，让幼儿知道什么时候做什么事情，并自觉去做，培养幼儿自理、自觉的能力，逐渐减少成人的直接照顾。

（3）人际交往能力。幼儿人际交往能力的重要性表现在入学后对新的人际环境的适应上。人际交往能力差的幼儿胆小，不能主动地与同伴交往，或与同伴不能友好相处，遇到问题也不敢去找老师反映或寻求帮助等，结果没有新朋友，他们感到孤独，心情沮丧，学习的兴趣大大降低，学校的吸引力也随之消失，同时，这一能力与主动性的发展也是密切相关的。因此，在幼儿园里必须发展幼儿的人际交往能力。

幼小衔接
"我"有话说

（4）规则意识和任务意识。小学环境中有大量的新规则出现，幼儿难以记住和遵守，这成为不少新生在学校受批评的主要原因。同时，入学后学习成为必须完成的任务，幼儿却一时难以确立这样的任务意识。除小学开展的教育外，幼儿园也应当注意培养幼儿的规则和任务意识，特别是在大班阶段。

3. 幼儿入小学前的学习准备

（1）学习习惯。从小养成好的学习习惯，将使幼儿终身受益。如爱看图书的习惯，做事认真的习惯，注意力集中地听老师讲话的习惯，保持文具、书本整洁的习惯等。习惯不好，以后很难纠正，对学习的危害是很大的。教师和家长应当从日常生活的每件事情上严格、一致、一贯地要求，使之养成习惯。

（2）个性品质。个性品质主要是指学习兴趣、学习积极性、意志、自信心等。学习不是有聪明的脑袋就行，离开良好的个性品质，幼儿的发展就会受到影响。因此，应当重视培养幼儿的好奇心、对外部世界的兴趣和探索的积极性，培养他们做事坚持到底、不怕困难的意志品质。让幼儿从被动的"要我学"变成主动的"我要学"，培养幼儿渴望学习的品质。只有这样，幼儿才能形成自信、主动的学习态度，才能感觉到学习是一件愉快的事情。

（3）学习能力。一般说来，在大班下学期，除了通常的幼儿园的活动和游戏，教师可以给幼儿安排一些类似小学的学习内容和学习方式，如集体授课学习某些预备性知识，学写自己的名字，认读一些生活中常见的汉字等，但这样的做法更多是形式上的预备，要真正为幼儿做好入学准备，提高幼儿的适应能力，就要从小班开始，循序渐进地丰富幼儿的感知经验，培养幼儿的动手能力、思考能力和解决问题的能力。幼儿的思维是和他们的具体生活经验联系在一起的，幼儿的感知经验越丰富，理解抽象知识的能力就越强。

三、幼小衔接工作方案的内容

幼小衔接的
理论基础

幼小衔接工作方案是对幼小衔接工作所制订的工作计划。工作方案对幼小衔接工作的工作内容、目标要求、实施的方法步骤以及领导保证、督促检查等各个环节都要做出具体明确的安排，要落实到工作分几个阶段、什么时间开展、什么人来负责、领导及监督如何保障等，都要做出具体明确的安排。一个好的完整的幼小衔接工作方案，对于做好班级幼小衔接工作具有非常重要的作用。

幼小衔接工作方案应包括如下三方面内容：

1. 准备阶段

（1）幼儿园和小学共同制定幼小衔接教育目标，确保幼儿园的教学内容与小学课程衔接。

（2）幼儿园老师到小学去观摩和交流，了解小学的教育环境和要求。

（3）幼儿园老师和小学老师定期开展教案、教材和教学方法的研讨会，相互了解和学习。

2. 实施阶段

（1）幼儿园开展小学生活和学习的模拟活动，让幼儿提前了解小学的环境和规则。

（2）小学组织开放日活动，帮助幼儿熟悉小学生活和学习的环境。

（3）幼儿园老师和小学老师共同进行幼小过渡的个别辅导，关注每个孩子的适应情况。

（4）幼儿园和小学教师共同研究幼小衔接的教学内容，确保幼儿园的教育内容与小学课程衔接。

（5）小学教师了解幼儿园教育的特点和方法，适应幼儿的学习方式和需求，降低学习上的难度。

（6）幼儿园和小学共同制定课程表，确保幼儿逐渐适应小学的学习节奏和内容。

3. 评价反馈阶段

（1）幼儿园和小学共同制定评价标准，评估幼儿进入小学后的学习情况。

（2）小学教师和幼儿园教师定期交流幼儿的学习情况，并提供反馈和建议。

（3）定期举办家长会，让家长了解幼儿在小学的表现和进步，给予他们充分的支持和帮助。

通过以上的幼小衔接方案，可以帮助幼儿顺利过渡到小学阶段，充分发挥他们的潜力和学习能力。同时，家长和教师的合作也是非常重要的，他们需要共同努力，为幼儿的学习和成长提供最好的支持和帮助。

实务知识

一、幼小衔接工作方案的结构

幼小衔接工作方案的结构包括设计意图、指导思想、活动目标、班级情况分析、活动重点、活动难点、活动内容、实现的有利和不利条件分析、具体进程安排、检查指标、效果评估、工作总结等，例如表 9-1。

表 9-1　幼儿园班级幼小衔接工作方案结构案例

一、设计思路 六月，幼儿园大班的孩子面临着毕业进入小学，这是一个重要的转变。面临这样的转变，爸爸妈妈、老师，周围所有的人都在为孩子做着充分的准备，孩子在老师和家长的不断“鼓励”和“暗示”下似乎也觉得自己能够真的成为小学生了，可是成人是否真正走进孩子的心灵深处去关注孩子的想法？当我们班级的一个孩子怯怯地说：“妈妈让我去很远的地方读书，可是那里我一个人也不认识怎么办啊？”我感悟到，了解孩子的想法，帮助孩子做好入学前的心理准备是如此的重要。的确，新的环境、新的同伴、新的学习方式，面对如此多的未知数，孩子心里存有担忧是很正常的。我们能做的就是要帮助孩子准备好如何在新的转变和处境里减少负面情绪，尝试运用各种方法去积极适应变化。
二、目的意义 从各方面的信息（初入小学的孩子、家长、教师）反馈，一年级孩子入学，往往出现下述情况：第一天很新鲜、很开心，第二天就有许多小朋友情绪低落，感到小学的生活没有幼儿园开心。由于活动环境、生活习惯上的骤变，以及课业的繁重，许多孩子在进入小学后出现疲劳、消瘦、厌学的不适应的现象。而孩子从幼儿园进入小学学习，是人生道路上一个重要的转折点。因此，孩子能否很快地适应小学生活，做好幼小衔接是关键。 《幼儿园工作规程》明确指出：“幼儿园教育应和小学密切联系，互相配合，注意两个阶段教育的相互衔接。”《3-6 岁幼儿发展指南》也明确指出：幼儿园与家庭、社区密切合作，与小学相互衔接。因此，做好幼小衔接，需要幼儿园、家庭共同重视、努力配合，才会取得效果。为了体现素质教育的精神，进一步加强幼儿园与小学教育的衔接，有目的、有计划地进行学前儿童入小学适应性教育，必须在幼儿园贯彻落实幼小衔接活动，从而帮助幼儿走好从幼儿园到小学这个“坡度”，为孩子顺利适应小学的学习与生活打下良好的基础
三、指导思想 1. 幼小衔接活动旨在帮助学前儿童实现从幼儿园到小学两个不同阶段教育的平稳过渡，让幼儿建立自信心，能健康、快乐地适应小学阶段的学习生活，保持身心的和谐发展。 2. 幼小衔接活动的开展，要充分尊重幼儿的年龄特点和身心发展规律，并体现后继学习和未来社会对儿童发展的要求。 3. 幼小衔接活动，应充分体现科学性、整合性和趣味性，并与幼儿园的新课程实施有机结合。 4. 幼小衔接活动与小学“学习准备期”综合活动做到有机结合，特别在儿童发展的评价问题上，体现价值取向的一致性。
四、活动目标 1. 有入小学的愿望和兴趣，向往小学的生活，具有积极的情感体验。 2. 初步了解小学的学习活动特点和课堂教学规范，对各类学习活动形成好奇心和求知欲。 3. 初步养成良好的学习习惯（倾听习惯、阅读习惯等）、生活能力（自我服务能力、自我保护能力等），以及建立初步的规则意识、任务意识。
五、情况分析 本班幼儿 35 名，男 19 名，女生 16 名。幼儿已经顺利完成大班上学期幼小衔接的储备计划，在生活自理能力、学习习惯、任务意识方面都有了较大进步，尤其是在班级全语言环境的影响下，幼儿的阅读识字能力有了较大幅度的提高。但因为幼儿间年龄相差较大，造成了班级幼儿能力相差较大、班级常规有待继续培养的局面。
六、活动时间 3 月～6 月。
七、活动对象 大三班全体幼儿、教师、家长。

（续表）

八、活动形式

专家专题讲座、幼儿外出参观、模拟小课堂、宣传园地、家园共育。

九、活动重点

帮助幼儿走好从幼儿园到小学这个"坡度"，使孩子顺利适应小学的学习与生活，是幼小衔接工作的重点。具体为要加强幼儿前阅读、前书写的训练，将学前的准备工作与主题探究活动、各学科教学有机结合起来，为幼儿进入小学打好基础。

十、活动难点

取得家长的配合与支持，积极做好个别幼儿的辅导教育。具体为如何培养幼儿良好的学习习惯和自我管理能力，是我们做好幼小衔接工作的切入点，家园合作是我们做好衔接工作的有效途径。

十一、活动准备

（一）环境准备

1. 心理环境：关注良好氛围的营造。为幼儿创设一个良好的心理氛围，融洽的师生关系，宽松、愉快的学习气氛，让幼儿感到在一个文明、安全、和谐、愉快、充满爱与尊重的良好精神环境中生活。同时，着力培养幼儿自我服务及自控能力。进入小学后，儿童的生活条件和教育条件发生新的变化。在幼儿园中，幼儿的一日生活多由老师提醒和引导，进入小学后，更多的是幼儿的自我管理，能控制冲动，不做小动作，坚持完成规定的任务。因此，从思想上让大班孩子知道自己马上要升入小学，需要不同于幼儿园的"自我管理"，加大力度培养大班幼儿的自我管理、自我控制、自我服务的能力十分重要。

2. 物质环境：注意适当调整活动室的布局。将集中围坐式的环境改变为分隔式区域型环境，让幼儿在幼儿园里感受到小学班级式教学环境，促进幼儿身心的发展。可以组织幼儿到小学去参观小学生升旗仪式、早操活动、课间活动，把他们带进小学生的课堂，参观小学生的学习、课间活动等。

（二）知识准备

1. 注意水平的衔接。小学生上课时需要有意注意，即有意识地控制自己把注意指向教师。而幼儿园的孩子需要老师的提醒与引导，多为无意注意，容易游离。针对这一变化，教师应重视培养幼儿的自我控制能力，提高幼儿的注意水平。教师要慢慢减少教学活动的游戏成分，逐渐把幼儿的无意注意发展为有意注意。可经过教师的要求，活动的规则，幼儿间的竞争来实现。

2. 思维能力的衔接。学习活动说到底是一种思维活动，学习成绩的好坏在一定程度上反映的是学生思维能力的高低。入学准备，其中很重要的方面是思维能力的准备，即学习活动中不但有感知、记忆的过程，更有归纳、概括、推理活动的参与。从"拉动幼儿发展"的角度出发，精心策划教学活动。大班幼儿思维异常活跃，好奇心强，教学的内容要有适度的挑战性。

3. 知识点的衔接。在知识点的衔接上，教师应根据幼儿学习的特点和愿望，把握分寸。如：语言课上和幼儿玩一些口语化的、感受四声的语音游戏。根据汉字、字母、数字的基本笔画进行前书写练习。幼儿上幼儿园后如果掌握一些零星的知识，上小学后容易引起认知共鸣，产生强烈的上小学愿望。

十二、实现的有利与不利条件

1. 有利条件：(1)幼儿园领导的重视；(2)班级教师是老教师，工作经验丰富；(3)相关小学教师的大力配合。

2. 不利条件：(1)有 10 个幼儿在家由爷爷奶奶照看，在家庭配合上难出效果；(2)开展活动的经费有限；(3)外出活动会存在安全问题。

十三、实施内容进程安排

三月份：

主题活动：幼儿园与小学的互动。

1. 组织幼儿到小学去参观小学生升旗仪式、早操活动、课间活动。

2. 把幼儿带进小学生课堂，比较两者教学氛围与组织形式的不同。

四月份：

主题活动：时间、内容上的衔接与调整实施。

1. 内容与技能上的衔接。

(1)学会整理；(2)学会生活；(3)学会自主；(4)学会劳动；(5)善于倾听；(6)自主阅读；(7)握笔训练。

2. 物品上的准备。每位幼儿坚持每天背小书包来上幼儿园，选择每天要带的生活用品。

五月份：

主题活动：结合新课程学习活动的衔接。

1. 模拟小学课堂教学，在区域活动中创设"小学生之家""小课堂"等区域，创设与小学接近的学习环境，模仿小学生上课、写字等活动，让幼儿在幼儿园里感受到小学班级式教学环境，促进幼儿身心的发展。

2. 根据主题活动"我要上小学"，组织幼儿生活、学习、游戏、运动。

六月份：

主题活动：我们毕业了。

大班毕业典礼的家长方面：为增加"衔接"工作的实效性，做好家长工作是非常重要的，因为只有幼儿园、学校、家庭、社会多方面的教育形成合力，教育才能真正起到理想的效果。

（续表）

具体形式： 1. 家长会。向家长宣传和教育幼小衔接工作的重要性，使家长们能够主动、积极地参与到此项工作中来。从而让大班的家长们能够初步了解并充分意识到自己的孩子在入小学前的各种准备工作，除了物质上的，更重要的是身体和心理方面的各种准备，并能让这些家长有针对性地为自己的孩子进行各种有目的性的训练和培养。 2. 家长园地、成长快乐。利用家长园地、幼儿每月一次的成长快乐手册，向家长们宣传和沟通本班在幼小衔接方面所开展的每一项工作，并向家长们提出一些相应的配合与支持的要求，如要求家长配合幼儿园在家督促自己的孩子能在指定的时间内完成某项具体的任务。培养幼儿做事的效率性，为入小学的学习提供时间上的保证；培养幼儿责任感，使幼儿进入小学的学习能够坚持有始有终，以防出现在学习上的虎头蛇尾。 3. 家园互动。充分运用好家园互动这一平台，增加与家长沟通的频次，把幼儿的情况及时用 QQ、微信进行反馈与呈现，让家长及时了解幼儿在园的情况，根据孩子的具体情况进行针对性的家园合作与培养，以求发挥其优势，改正其习惯等各方面的不足。 4. 其他时间与形式。利用家长来园接送幼儿、电话交谈等形式，与家长及时沟通和交流，使家长们能够及时了解和掌握自己的孩子在幼小衔接方面所存在的问题，准确把握自己的孩子当前的发展水平和状况，并对其进行专门的教育和训练，使家园能更进一步地配合，相互理解和支持，使每一个孩子都能顺利地从幼儿园过渡到小学的学习与生活。 **教师工作：** 1. 结合教研活动开展幼小衔接研讨活动。 2. 加强幼儿安全意识和自理能力的培养。 3. 与小学老师座谈，了解历届我园幼儿升小学后存在的突出问题及幼儿园需要注意的幼小衔接的问题，并及时调整自己的教学策略。 4. 开展相关主题活动，加强幼儿对小学生知识的学习和热爱上小学的情感培养，做好幼儿心理疏导聆听、视频、记录，提升幼儿的观察、倾听和表达能力。

幼小衔接主题活动方案的制定与实施

二、幼小衔接工作方案制订的要求

幼小衔接工作，重点围绕着“入学愿望”“学习兴趣”“学习与生活习惯”“学习能力”“知识技能积累”五个活动目标来进行内容的设计与组织，并紧密结合幼儿园园本课程来开展活动。

(1) 各班要根据指导意见和本班实际情况，对幼小衔接活动进行整体规划。要把集中性的幼小衔接活动与经常性的教育活动结合起来，注意加强对幼儿进行良好的学习习惯和行为习惯的养成教育。

(2) 在开展幼小衔接活动时，要尊重幼儿的年龄特点，使活动具有趣味性、游戏性。避免教学内容的过度小学化，知识技能要求的过度超前化。

(3) 要把幼小衔接将要组织的活动素材纳入每月的课程计划中，提高课程实施和组织活动的有效性。

(4) 幼儿园教师要掌握小学生活、教育的一些基本行为习惯要求，如坐姿、握笔姿势、用眼卫生等。同时，加强幼儿颈部肌肉、腿部肌肉等的锻炼，提高幼儿身体的素质和对环境的适应能力。

(5) 开展幼小衔接活动，要正视幼儿的个体差异。教师要注意观察、了解，给予因人而异的关怀和帮助。对个别情绪特别焦虑的幼儿，要主动会同家长开展具有针对性的教育，使每一名幼儿都能顺利地、愉快地度过幼小衔接阶段。

(6) 在开展幼小衔接活动中，要加强与小学的互动，形成幼小联系的机制。要充分利用社区、社会的各种资源，为幼小衔接活动创造机会。同时，幼儿园和各班要加强宣传，积极利用各个宣传栏，形成正确的舆论导向，更有利于幼儿的健康成长。

(7) 积极利用家长会、幼儿园网站、给家长的信等，开展丰富、有效的幼小衔接宣传活动，让家长充分了解幼儿的成长规律和幼儿园、小学教育的不同要求。同时，引导家长合理安排子女入学前的暑假生活，特别是巩固已经形成的良好行为习惯，真正做到家园共育，切实提高幼小衔接活动的有效性。

案例分析

参考回答

小西是一位六岁的男孩，他从幼儿园毕业后将要去小学读书。由于他是唯一一个要去不同地点学校的孩子，小西很紧张并感到不适应。

请思考：如果你是幼儿园教师，应该如何帮助小西顺利度过这个阶段呢？

技能训练

一、课堂训练

案例1

幼小衔接活动:课间十分钟里要做啥

1. 了解小学生课间十分钟的活动内容,养成合理安排时间的能力

通过调查我们发现,幼儿入学后不会安排自己的课间十分钟,往往上课了才想起来没去小便、没喝水、没做课前准备等。为了让孩子了解课间十分钟到底应该做点啥,我们首先开展了参观小学生课间十分钟的活动,孩子们看到:下课铃响后,有的哥哥姐姐在帮老师擦黑板,有的去上厕所,有的在操场玩游戏,有的在向远处看,还有的在做课前准备,等等;上课铃响起,哥哥姐姐们都回到了自己的座位,安安静静地准备上课了。但是,这些感知对于孩子来说,是凌乱的、无序的,孩子们并没有真正认识到十分钟里应该做些什么,他们的心里还存有疑问。

带着孩子们的疑问,我们又开展了"哥哥姐姐答疑会"的活动。孩子们与大哥哥、大姐姐,进行了一次面对面的交流:

"大哥哥,你们下课了都干什么?"

"你们平时都玩什么游戏?"……

通过和哥哥姐姐们面对面的答疑、交流,孩子们了解了课间十分钟与自己猜想的十分钟是不一样的:孩子们想的十分钟就是喝水、玩游戏等,并没有考虑到先后顺序以及准备工作;而哥哥姐姐的课间十分钟,先做的事情是喝水、上厕所,然后根据课程表准备下节课的学习用具,这些做完之后还要休息一下大脑和眼睛,可以向远处看看或到校园里玩一玩等。通过答疑会,孩子们知道了在课间十分钟应该做的事情。

2. 讨论、表征,我们的课间十分钟应该做点啥

通过参观活动,孩子们明白了小学生如何安排课间十分钟,那我们的"课间十分钟"应该做些什么呢?怎样安排才合理呢?我跟孩子们就此展开了讨论:

"在哪些活动前应该留出十分钟?"

"十分钟里应该先干什么,再干什么?"

"怎样才能知道下个活动应该准备哪些东西?"

"我们也需要课程表吗?"

通过讨论和研究,我们决定在进餐、午睡、户外活动、集体活动前留出十分钟;十分钟里应该做的如厕、洗手、喝水、活动准备等工作,也在孩子们的集体讨论中用绘画的形式进行了表征,并张贴在活动室最为醒目的地方;每天的作息时间表和每周的活动安排表,也在与孩子的讨论中,用孩子能理解的符号和形式进行了表征与公布;孩子们还提议制作一个特别的"10分钟沙漏",当老师翻过它时,表示我们的课间10分钟到了,提醒孩子做好准备,要进入下一个活动环节了。如此一来,在10分钟里,孩子们如厕、喝水、拿玩具和学具……变得井然有序,很少出现集体活动时才小便等情况了。

分小组讨论:本幼小衔接活动设计的优缺点是什么?开展有效衔接活动有何具体要求?

案例2

扫描二维码,阅读案例"如何利用幼儿园、小学、家庭、政府部门多方合力促进幼小衔接?"并思考,幼儿园应该怎么做?

如何利用幼儿园、小学、家庭、政府部门多方合力促进幼小衔接?

二、实战演练

利用空余时间,联系一所幼儿教育实习基地,就幼小衔接工作对该园进行调查研究,并制定详细具体的幼小衔接工作方案。

拓展任务

一、阅读材料

材料1

教育部颁布《幼儿园入学准备教育指导要点》

3～6岁是为幼儿后继学习和终身发展奠基的重要阶段，也是为幼儿做好入学准备的关键阶段。帮助幼儿科学做好入学准备教育，是幼儿园教育的重要内容。幼儿园应深入贯彻落实《3-6岁儿童学习与发展指南》和《幼儿园教育指导纲要（试行）》，充分尊重幼儿身心发展规律和特点，实施科学的保育教育，同时将入学准备教育有机渗透于幼儿园三年保育教育工作的全过程，帮助幼儿做好身心各方面准备，实现从幼儿园到小学的顺利过渡。

《幼儿园入学准备教育指导要点》（以下简称《指导要点》）以促进幼儿身心全面准备为目标，围绕幼儿入学所需的关键素质，提出身心准备、生活准备、社会准备和学习准备四个方面的内容，每个内容由发展目标、具体表现和教育建议三部分组成。发展目标部分明确了与幼儿入学准备关系最密切的关键方面；具体表现部分提出了对幼儿实现入学准备的合理期望；教育建议部分明确了发展目标的价值，列举了有效帮助幼儿做好入学准备的一些教育途径和方法。

实施《指导要点》要把握好以下三个方面。

1. 全面准备。幼儿入学准备教育要以促进幼儿身心全面和谐发展为目标，注重身心准备、生活准备、社会准备和学习准备几方面的有机融合和渗透，不应片面追求某一方面或几方面的准备，更不应用小学知识技能的提前学习和强化训练替代全面准备。

2. 把握重点。入学准备教育是一个循序渐进的过程，幼儿园应从小班开始逐步培养幼儿健康的体魄、积极的态度和良好的习惯等身心基本素质。同时，应根据大班幼儿即将进入小学的特殊需要，围绕社会交往、自我调控、规则意识、专注坚持等进入小学所需的关键素质，提出科学有效的途径和方法，实施有针对性的入学准备教育。

3. 尊重规律。幼儿园应充分理解和尊重幼儿学习方式和特点，把入学准备教育目标和内容要求融入幼儿园游戏活动和一日生活，支持幼儿通过直接感知、实际操作和亲身体验等方式积累经验，逐步做好身心各方面的准备。

请谈谈上述材料对你理解幼小衔接的启示。

材料2

扫描二维码，阅读材料“关于《幼儿园入学准备教育指导要点》的实施办法”并思考，材料对你开展幼小衔接工作的启示。

关于《幼儿园入学准备教育指导要点》的实施办法

二、思政话题

为深入贯彻党的十九届五中全会“建设高质量教育体系”的要求，落实党中央、国务院《关于学前教育深化改革规范发展的若干意见》和《关于深化教育教学改革全面提高义务教育质量的意见》，推进幼儿园与小学科学有效衔接，2021年3月，教育部发布了《关于大力推进幼儿园与小学科学衔接的指导意见》的文件。

文件内容指出，在幼小衔接工作中要以习近平新时代中国特色社会主义思想为指导，全面贯彻党的教育方针，落实立德树人根本任务，遵循儿童身心发展规律和教育规律，深化基础教育课程改革，建立幼儿园与小学科学衔接的长效机制，全面提高教育质量，促进儿童德智体美劳全面发展和身心健康成长。

坚持儿童为本。关注儿童发展的连续性，尊重儿童的原有经验和发展差异；关注儿童发展的整体性，帮助儿童做好身心全面准备和适应；关注儿童发展的可持续性，培养有益于儿童终身发展的习惯与能力。

坚持双向衔接。强化衔接意识，幼儿园与小学协同合作，科学做好入学准备和入学适应，促进儿童顺利过渡。

坚持系统推进。整合多方教育资源，行政、教科研、幼儿园和小学统筹联动，家园校共育，形成合力。

坚持规范管理。建立动态监管机制，加大治理力度，纠正和扭转校外培训机构、幼儿园和小学违背儿童身心发展规律的做法和行为。

浏览《关于大力推进幼儿园与小学科学衔接的指导意见》全文，请结合当地幼儿园教育的实际情况，思考与分析：为确保幼小衔接工作方向的正确性、实施手段的有效性，在制定方案时，我们应注意哪些问题？

任务2 幼小衔接工作活动设计与实施

情境导入

案例1

跳绳活动

大班下学期可以说是幼小衔接的尾声了，当孩子们讨论课间十分钟可以干什么的时候，大部分幼儿觉得课间十分钟可以跳绳、上厕所、喝水、看书……讨论的时候有的孩子说还不会跳绳，第二天，很多孩子带来了跳绳，新材料的出现，让他们经常讨论：我可以跳几下？为什么你跳得多，我跳不起来呢？有的孩子在跳绳时，遇到了困难，便产生了畏难情绪，而更多的孩子则对“怎样才能跳得快、跳得轻松？”产生了兴趣。

讨论与思考：幼儿园教师应如何设计并开展幼小衔接工作的活动？

案例2

扫描二维码，阅读案例“心中的小学”，谈谈活动对你的启示。

心中的小学

知识学习

理论知识

一、幼小衔接活动设计的指导思想

第一，幼儿园幼小衔接活动旨在帮助学前儿童实现从幼儿园到小学两个不同阶段教育的平稳过渡，让幼儿建立自信心，能健康、快乐地适应小学阶段的学习生活，保持身心的和谐发展。

第二，幼儿园幼小衔接活动的开展，要充分尊重幼儿的年龄特点和身心发展规律，并体现后继学习和未来社会对儿童发展的要求。

第三，幼儿园幼小衔接活动，应充分体现科学性、整合性和趣味性，并与幼儿园的新课程实施有机结合。

第四，幼儿园幼小衔接活动与小学“学习准备期”综合活动做到有机结合，尤其在儿童发展的评价问题上，体现价值取向的一致性。

二、幼小衔接活动设计的内容

幼小衔接活动设计，重点围绕着“入学愿望”“学习兴趣”“学习与生活习惯”三个活动目标来进行内容的设计与组织，并紧密结合幼儿园新教材的主题来开展活动。

（1）熟悉、了解如何爱护和正确地使用学习用品，逐步学习并习惯独立整理和保管好自己的用品。如集体教学：我和书包做朋友、各种小文具；区域活动：理理小书包、削铅笔；其他活动：天天习惯背书包上幼儿园、参观学习用品商店、与父母一起买新书包等。

（2）了解小学的学校环境、小学生的学习和活动特点，对小学的生活产生一定兴趣。产生入小学的愿望，向往当个小学生。如集体教学：不一样的学校、小学生一日生活、假如我是小队长；区域活动：附近的小学、测量路线图、小学课程表；其他活动：参观小学、采访小学老师和学生、与父母一起去报名等。

（3）在模拟小学生的生活中，感受小学生的学习活动特点。形成初步的任务意识和目的意识。如集体教学：上学的早晨、下课十分钟、一分钟可以干什么；区域活动：我的课间活动设计；其他活动：班级公约、轮流担任小队长、我有一个小岗位等。

（4）体会自己的长大，初步养成对老师、父母等周围人感恩的意识与习惯。产生当一个小学生的光荣感，有向往小学生活的积极情感体验。集体教学：毕业诗、离园纪念册；区域活动：毕业赠言、给弟弟妹妹的礼物、离园倒计时、设计成长册；其他活动：毕业典礼、与小学生联欢、亲子俱乐部等。

三、幼小衔接活动中幼儿能力训练

小学阶段相对幼儿园阶段，在学习习惯、学习方式、人际关系和老师的评价标准上都有很大的差异，幼小衔接应注重幼儿注意力水平、学习能力、学习兴趣、自理能力等的培养。

1. 视知觉能力

视知觉能力是指以视力为基础，能够对视野内的物体进行观察和辨别的能力。视知觉能力分为空间知觉、视觉辨别、背景辨别、视觉填空、视觉再认、视知觉速度。

2. 听知觉能力

个体的听觉能力会随着年龄的增长发展成为听知觉，即由“听”到“听到”再到“听懂”，即听知觉能力，听知觉能力分为听觉注意、听觉分辨、听觉工作记忆、听觉广度、听觉稳定性、听觉加工速度。

3. 运动协调能力

运动协调能力是指运动期间机体各部分活动在时间和空间里相互配合，合理有效地完成动作的能力。运动协调能力可分为大肌肉、精细肌肉、平衡协调。

4. 知觉转换能力

将一个通道的信息转换到另一个通道的神经活动过程称为知觉转换，亦称“感觉间的整合”或“通道间的转换”。知觉转换能力可分为听转视动、听转动觉、视转言语、动转视听。

5. 数学准备能力

数学准备能力包括数数、对应、比较、分类、排序、图形建构、时间观念、钱币数量、数字推理、数感等。

6. 语言沟通能力

语言沟通是以语言为媒介进行的人类交流方式。语言沟通能力包括语言表达、语气表达、情感语言、音量、词汇积累、态势语言、看图讲话、语言理解。

7. 社会适应能力

社会适应能力是指人为了在社会上更好生存而进行心理上、生理上以及行为上的各种适应性的改变，达到与社会和谐状态的一种适应能力。社会适应能力包括自我效能、情绪稳定、同情分享、处理冲突、文明礼貌、自理能力、自控、交往能力。

8. 良好的学习习惯

学习习惯，是在学习过程中经过反复练习形成并发展，成为一种个体需要的自动化学习行为方式。良好的学习习惯包括坚持、积极、责任、思维灵活、独立性、合作性、集中注意力、整洁有条理、荣誉感、好的学习兴趣、生活规律等。

实务知识

知识链接

幼小衔接政策文件

一、幼小衔接活动的规划

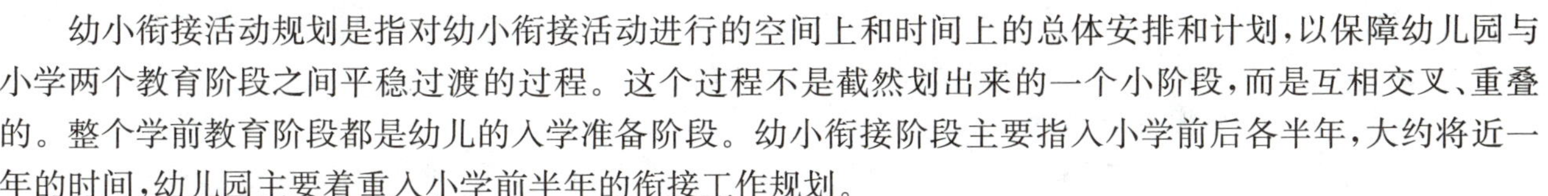

幼小衔接活动规划是指对幼小衔接活动进行的空间上和时间上的总体安排和计划，以保障幼儿园与小学两个教育阶段之间平稳过渡的过程。这个过程不是截然划出来的一个小阶段，而是互相交叉、重叠的。整个学前教育阶段都是幼儿的入学准备阶段。幼小衔接阶段主要指入小学前后各半年，大约将近一年的时间，幼儿园主要着重入小学前半年的衔接工作规划。

二、幼小衔接活动规划的要求

微课

幼小衔接主题课程“小学我来啦”

第一，各班要根据指导意见和本班实际情况，对幼小衔接活动进行整体规划。要把集中性的幼小衔接活动与经常性的教育活动结合起来，注意加强对幼儿进行良好的学习习惯和行为习惯的养成教育。

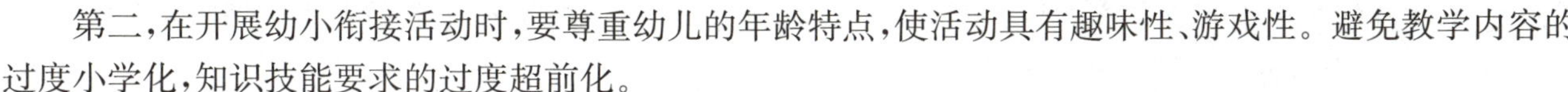

第二，在开展幼小衔接活动时，要尊重幼儿的年龄特点，使活动具有趣味性、游戏性。避免教学内容的过度小学化，知识技能要求的过度超前化。

第三，要把幼小衔接将要组织的活动素材纳入每月的课程计划中，提高课程实施和活动组织的有效性。

第四，幼儿园教师要掌握小学生活、教育的一些基本行为习惯要求，如坐姿、握笔姿势、用眼卫生等。同时，加强幼儿颈部肌肉、腿部肌肉等的锻炼，提高幼儿身体的素质和对环境的适应能力。

第五，开展幼小衔接活动，要正视幼儿的个体差异。教师要注意观察、了解，给予因人而异的关怀和帮助。对个别情绪特别焦虑的幼儿，要主动会同家长开展具有针对性的教育，使每一名幼儿都能顺利地、愉快地度过幼小衔接阶段。

第六，在开展幼小衔接活动中，要加强与小学的互动，形成幼小联系的机制。要充分利用社区、社会的各种资源，为幼小衔接活动创造机会。同时，幼儿园和各班要加强宣传，积极利用各个宣传栏，形成正确的舆论导向，更有利于幼儿的健康成长。

第七，积极利用家长会、幼儿园网站、给家长的信等，开展丰富、有效的幼小衔接宣传活动，让家长充分了解幼儿的成长规律和幼儿园、小学教育的不同要求。同时，引导家长合理安排子女入学前的暑假生活，特别是巩固已经形成的良好行为习惯，真正做到家园共育，切实提高幼小衔接活动的有效性。

案例分析

幼小衔接主题活动的重要性——以时间观念培养为例

新学期开始了，我们发现经过了一个寒假，孩子们由于假期生活的宽松，变得有些懒散和拖沓。很多孩子还没有从假期的生活作息中调整过来，变得爱睡懒觉。孩子的来园时间从7:30到9:30，参差不齐，这扰乱了幼儿的正常作息时间，也影响了孩子正常的学习。

请从幼小衔接主题活动设计的角度，分析与思考：幼儿教师该如何应对这种情况？

参考回答

三、幼小衔接活动的实施

1. 三方配合，合力建成幼小衔接共同体

就小学和幼儿园领导而言，要根据幼儿需要照顾的特点，选择责任感强、细心、性格比较随和、勤快、有童心的教师当班主任。设立幼小衔接达成目标，制定教师、家长幼小衔接工作培训和幼儿学前培训的总体规划，确立培训时间表、培训专题，安排教育观念、不同阶段工作要求、方式方法等不同内容的培训负责人选，做到目标明确，科学安排，合理分步推进。

就小学和幼儿园教师而言，要从班级管理和个体诱导两方面着手，落实学校提出的班级建设目标和要求，把握好幼儿学前培训、形成常规管理雏形、进入规范管理、巩固成果几个不同阶段的尺度，着手建立一个能让幼儿有安全感和归属感的真正班集体。

就家长而言，要根据孩子入学进程设计不同层次的诱导谈话，帮助幼儿做好入学的思想准备，带幼儿熟悉返校路径、校园环境，让幼儿亲身感受，激发幼儿上学进行知识学习的渴望，帮助幼儿备好必要的学习用具并全程参与幼儿的辅导，帮助幼儿建立新的心理平衡。

2. 循序渐进，做好园校对接的准备

教师和幼儿进行一次比较全面的谈话，初步了解幼儿的性格特点、气质倾向、语言表达、特长喜好、身体素质和心理依赖程度等，进行简要记录，将记录连同父母的相关材料形成幼儿的学前档案，为日后的幼儿入学培训积累第一手材料。同时，做好幼儿入学前的家长培训，要求家长配合做好幼小衔接的督促，引导学习教育方法，与幼儿一起成长。

做好以上工作后教师要带领幼儿熟悉校园环境，做好幼儿入学前的分步培训。首先以亲子课堂方式要求家长带着幼儿集中听级长布置年级具体要求，然后分班，家长携带幼儿参加由班主任组织的亲子活动，使幼儿进一步熟悉学校学习基本技能。

最后再通过家校合作形成幼儿良好的学习生活习惯。通过这样各有侧重的齐抓共管，使幼儿懂得小学集会、做操、集队、卫生、吃饭、午休、上课、活动等最基本的常规要求。

3. 寓教于乐，形成幼小课堂对接

幼儿园教学特点是组织幼儿在游戏中学习在玩中学，时间安排不长，幼儿入学后他们对小学的教学方式有一个适应的过程，这就要求教师充分把握幼儿的心理特点，除了采取直观形象的教学方式外，必须变换不同形式的组织教学。教学中要增加教学内容的游戏成分，充分调动幼儿的感官，并在动口动手动脑中增强学习效果。同时，每节课在教学环节转换之间，教师可穿插简短的小节律动操动作，由教师自己设计配上动感的音乐，教会幼儿后，幼儿只要一听到音乐就能站在座位旁的过道上，有节奏地动起来，以减少因上课时间长而造成的心理疲劳。

4. 激励为主，形成家校心育的对接

幼小衔接过程中，尤其是入学的第一学期，有些幼儿往往存在这样或那样的问题，甚至跟不上班级集体的整体发展水平，如动作特别慢，跟不上集体节奏，总喜欢拿别人东西，总是没办法收拾好学习用品，表述有困难，上课只顾玩自己的东西，等等。遇到这些问题教师应给予更多耐心的帮助和辅导，密切联系家长，深入了解幼儿各方面情况，开展幼儿心理辅导，真心接纳幼儿，真诚关心和帮助幼儿，争取家长的配合，鼓励幼儿进步。

幼小衔接的家庭指导

技能训练

一、课堂训练

案例1 **自选主题，设计一份幼小衔接活动方案**

请先阅读下列活动设计主题，以小组（6人一组）合作学习的形式，设计一份幼小衔接的主题活动方案。教师总结，并公布结果，给予优胜组奖励。

主题一：情感适应。

主题二：环境适应。

主题三：师生关系适应。

主题四：习惯适应。

主题五：家长适应。

案例 2

幼小衔接主题活动的实施

扫描二维码，阅读案例“幼小衔接主题活动的实施”并思考：如何将幼小衔接主题活动做得更到位？

二、实战演练

在见习期间，学生联系幼儿园大班教师，协助其设计一份幼小衔接活动设计方案，并讨论完善，进行初步的实施。

拓展任务

一、阅读材料

材料 1

我国幼小衔接的主要举措

教育部《关于大力推进幼儿园与小学科学衔接的指导意见》提出：

一、幼儿园做好入学准备教育

幼儿园要贯彻落实《3-6 岁儿童学习与发展指南》和《幼儿园教育指导纲要》，促进幼儿身心全面和谐发展，为入学做好基本素质准备，为终身发展奠定良好基础。要进一步引导教师树立科学衔接的理念，大班下学期要有针对性地帮助幼儿做好生活、社会和学习等多方面的准备，建立对小学生活的积极期待和向往。要防止和纠正把小学的环境、教育内容和教育方式简单搬到幼儿园的错误做法。

二、小学实施入学适应教育

小学要强化衔接意识，将入学适应教育作为深化义务教育课程教学改革的重要任务，纳入一年级教育教学计划，教育教学方式与幼儿园教育相衔接。国家修订“义务教育课程标准”，调整一年级课程安排，合理安排内容梯度，减缓教学进度。小学将一年级上学期设置为入学适应期，重点实施入学适应教育，地方课程、学校课程和综合实践活动主要用于组织开展入学适应活动，确保课时安排。改革一年级教育教学方式，国家课程主要采取游戏化、生活化、综合化等方式实施，强化儿童的探究性、体验式学习。要切实改变忽视儿童身心特点和接受能力的现象，坚决纠正超标教学、盲目追赶进度的错误做法。

三、建立联合教研制度

各级教研部门要把幼小衔接作为教研工作的重要内容，纳入年度教研计划，推动建立幼小学段互通、内容融合的联合教研制度。教研人员要深入幼儿园和小学，根据实践需要确定研究专题，指导区域教研和园(校)本教研活动，总结推广好做法好经验。鼓励学区内小学和幼儿园建立学习共同体，加强教师在儿童发展、课程、教学、管理等方面的研究交流，及时解决入学准备和入学适应实践中的突出问题。

四、完善家园校共育机制

幼儿园和小学要把家长作为重要的合作伙伴，建立有效的家园校协同沟通机制，引导家长与幼儿园和小学积极配合，共同做好衔接工作。要及时了解家长在入学准备和入学适应方面的困惑、问题及意见建议，积极宣传国家和地方的有关政策要求，宣传展示幼小双向衔接的科学理念和做法，帮助家长认识过度强化知识准备、提前学习小学课程内容的危害，缓解家长的压力和焦虑，营造良好的家庭教育氛围，积极配合幼儿园和小学做好衔接。

五、加大综合治理力度

各级教育部门要会同有关部门持续加大对校外培训机构、小学、幼儿园违反教育规律行为的治理力度，开展专项治理。落实国家有关规定，校外培训机构不得对学前儿童违规进行培训。小学严格执行免试就近入学，严禁以各类考试、竞赛、培训成绩或证书等作为招生依据，坚持按课程标准零起点教学。幼儿园满足需要的地方，小学不得举办学前班。幼儿园不得提前教授小学课程内容，不得布置读写算家庭作业，不得设学前班，幼儿园出现大班幼儿流失的情况，应及时了解原因和去向，并向当地教育部门报告。教育部门应根据有关线索，对接收学前儿童违规开展培训的校外培训机构进行严肃查处并列入黑名单，将黑名单信息纳入全国信用信息共享平台，按有关规定实施联合惩戒。对办学行为严重违规的幼儿园和小学，追究校长、园长和有关教师的责任。

思考：请谈谈你对我国幼小衔接的主要举措的看法。

材料 2

生态圈视角下幼小衔接的现实困境及突围之道

扫描二维码，阅读材料“生态圈视角下幼小衔接的现实困境及突围之道”并思考，谈谈你对幼小衔接的现实困境的看法。

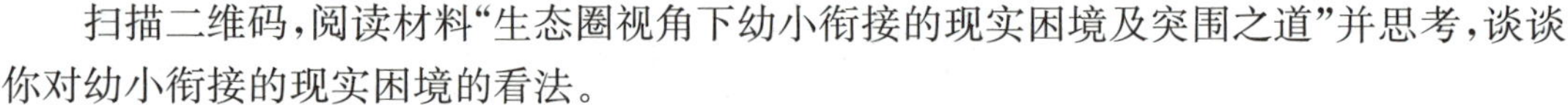

二、思政话题

为做好第十一个全国学前教育宣传月活动，2022 年 3 月，教育部办公厅发布《关于开展 2022 年全国学前教育宣传月活动的通知》。

通知要求，以“幼小衔接，我们在行动”为活动主题，结合当地幼小衔接工作推进情况，重点做好以下三方面内容的宣传：一是国家相关政策。广泛宣传解读《关于大力推进幼儿园与小学科学衔接的指导意见》（以下简称《指导意见》）及《幼儿园入学准备教育指导要点》《小学入学适应教育指导要点》，推动广大幼儿园和小学深入理解和落实国家相关政策要求。二是地方工作举措。采取研讨会、推进会等方式交流进展、研讨问题，进一步深入落实《指导意见》的思路和举措。三是一线实践探索。多种途径展示、分享当地深化义务教育课程教学改革和幼儿园教育改革的具体做法，科学开展小学入学适应教育和幼儿园入学准备教育的有益经验，深入推进基层幼小衔接方面的实践探索。

请浏览《关于开展 2022 年全国学前教育宣传月活动的通知》全文，结合当地幼儿园教育的实际情况，思考与分析：在设计和实施幼小衔接主题活动时，我们应该注意哪些方面？

单元小结

幼小衔接是指幼儿园和小学两个相邻教育阶段之间在教育上的互相连接。促进幼儿园和小学科学衔接，全面做好入学准备和入学适应教育工作，确保儿童顺利实现从幼儿园向小学生活过渡，对幼儿的身心健康和终身发展具有重要意义。

幼小衔接的内容包括幼儿对小学生活的热爱和向往、幼儿对小学生活的适应性和幼儿入学前的学习准备三个方面。幼儿园教师在制定幼小衔接工作方案时要本着以人为本的原则，注意从情感、家长、孩子的方向去着手，科学规划。在设计与实施幼小衔接主题活动时，要注意发动家长参与，实现家园共育；长期实施而非集中突击；注重同家长沟通交流；加强与小学的联系与交流。

单元练习

在线练习

一、填空题

1. 幼小衔接是________和________的衔接，特指幼儿园整个阶段到小学一年级结束阶段。
2. 幼小衔接的内容包括________、幼儿对小学生活的适应性、________。
3. ________主要是指学习兴趣、学习积极性、意志、自信心等。
4. 幼儿的思维是和他们的________联系在一起的，幼儿的感知经验越丰富，理解抽象知识的能力就越强。
5. 人类发展生态学认为，儿童发展的生态环境由若干相互镶嵌在一起的________组成，教育者应该从儿童个体与多因素、多层次系统之间的关系出发，来理解儿童个体与环境的________对其发展的影响。
6. ________是针对幼小衔接工作所制订的工作计划。
7. 幼小衔接工作方案应包括准备阶段、________、________等方面的内容。
8. 幼儿园幼小衔接活动旨在帮助学前儿童实现从幼儿园到小学两个不同阶段教育的________，让幼儿建立自信心，能健康、快乐地适应小学阶段的学习生活，保持身心的和谐发展。
9. 幼儿园幼小衔接活动，应充分体现________、________和________，并与幼儿园的新课程实施有机结合。
10. 幼儿园幼小衔接活动与小学"________"综合活动做到有机结合，尤其在儿童发展的评价问题上，体现价值取向的一致性。

二、判断题

1. 幼儿入学后，是否适应小学的新环境，适应新的人际关系，对其身心健康影响不大。（　　）
2. 一个好的完整的幼小衔接工作方案，对于做好班级幼小衔接工作具有非常重要的作用。（　　）
3. 在开展幼小衔接活动时，要尊重幼儿的年龄特点，使活动具有趣味性、游戏性。教学内容可以小学化，知识技能要求超前化。（　　）
4. 要把幼小衔接将要组织的活动素材纳入每月的课程计划中，提高课程实施和组织活动的有效性。（　　）
5. 开展幼小衔接活动，要正视幼儿的个体差异。教师要注意观察、了解，给予因人而异的关怀和帮助。（　　）
6. 在开展幼小衔接活动中，要加强与小学的互动，形成幼小联系的机制。要充分利用社区、社会的各种资源，为幼小衔接活动创造机会。（　　）
7. 数学准备能力包括数数、对应、比较、分类、排序、图形建构、时间观念、钱币数量、数字推理、数感等。（　　）
8. 知觉转换能力是指运动期间机体各部分活动在时间和空间里相互配合，合理有效地完成动作的能力。运动协调能力可分为大肌肉、精细肌肉、平衡协调。（　　）
9. 应积极利用家长会、幼儿园网站、给家长的信等，开展丰富、有效的幼小衔接宣传活动，让家长充分了解幼儿的成长规律和幼儿园、小学教育的不同要求。（　　）
10. 幼小衔接活动设计的内容，重点围绕着"入学愿望""学习兴趣""学习与生活习惯"三个活动目标来进行内容的设计与组织，并紧密结合幼儿园新教材的主题来开展活动。（　　）

三、简答题

1. 幼儿对小学生活的适应性培养包括哪些内容？
2. 幼儿入小学前的学习准备有哪些？
3. 幼小衔接工作方案的结构包括哪些？

四、论述题

试论述幼小衔接活动规划的要求。

材料分析题：

在某幼儿园大班的家长座谈会上，家长们纷纷提出：孩子快上小学了，幼儿园应减少游戏时间，增加算术、识字等教学内容，以便于孩子适应小学的学习生活。

1. 请根据上述说法，分析家长观念中存在的问题。
2. 请针对问题，提出解决办法。

参 考 文 献

1. 张富洪. 幼儿园班级管理应用教程[M]. 上海：复旦大学出版社，2018.
2. 陈鹤琴. 陈鹤琴全集[M]. 南京：江苏教育出版社，2008.
3. 蒙台梭利. 蒙台梭利育儿全书[M]. 奚华等，译. 北京：九州出版社，2011.
4. 欧用生，许卓娅. 幼儿多元能力探索课程(大班)[M]. 南京：江苏教育出版社，2009.
5. 中华人民共和国教育部. 幼儿园教育指导纲要(试行)[M]. 北京：北京师范大学出版社，2001.
6. 中华人民共和国教育部. 2016 版幼儿园工作规程[Z]. 北京：首都师范大学出版社，2016.
7. 陈桂萍，郑天竺. 幼儿园环境创设[M]. 上海：华东师范大学出版社，2017.
8. 袁爱玲，廖莉. 幼儿园环境创设理论与实操[M]. 上海：华东师范大学出版社，2017.
9. 杨枫. 幼儿园教育环境创设与玩教具制作[M]. 北京：高等教育出版社，2019.
10. 王海英，等. 儿童视野的幼儿园环境创设[M]. 北京：人民教育出版社，2019.
11. 林晓丰. 幼儿园班级主题墙创设的教育价值及其优化策略[J]. 湖北广播电视大学学报，2012，32(10)：142-143.
12. 邵蕴秋. 班级主题活动环境创设的策略[J]. 新课程(下)，2014(08)：24+26.
13. 应湘红. 主题活动《我是中国娃》环境创设实录[J]. 东方宝宝(保育与教育)，2017(10)：18-20.
14. 杨秀丽. 幼儿园活动区设置及区域游戏的探讨[J]. 科教文汇(中旬刊)，2014(35)：199+203.
15. 田素娥. 游戏精神与幼儿园一日生活教育的融合[J]. 学前教育研究，2022(01)：91-94.
16. 黎革霞. 幼儿园一日生活中安全预控工作的价值与策略[J]. 学前教育研究，2023(09)：79-82.
17. 中华人民共和国教育部. 教育部关于印发《高等学校课程思政建设指导纲要》的通知[R/OL]. (2018-06-01)[2024-01-26]. http://www. moe. gov. cn/srcsite/A08/s7056/202006/t20200603_462437. html.
18. 张苗，刘满荣. 学前教育安全管理策略探索——评《幼儿园安全管理策略》[J]. 中国安全科学学报，2022，32(10)：222.
19. 牛春艳. 幼儿园食品安全管理研究——《食品安全控制与管理》评述[J]. 食品与机械，2022，38(05)：243.
20. 左志宏. 幼儿园班级管理[M]. 上海：华东师范大学出版社，2015.
21. 张金陵. 幼儿园班级管理[M]. 上海：华东师范大学出版社，2015.
22. 邱向琴，孙嫣红. 在幼儿园主题活动中融入地方文化的意义与方式[J]. 学前教育研究，2010(6)：67-69.
23. 庄春梅. 主题活动课程资源开发的实践路径和策略[J]. 学前教育研究，2009(2)：61-64.
24. 罗晓红，郑岚，肖意凡. 自然教育视域下幼儿园主题活动的设计与实施[J]. 学前教育研究，2022(10)：84-85.
25. 施晓梅. 幼儿园主题探究活动中协同教学的组织与实践[J]. 学前教育研究，2022(05)：87-90.
26. 王海英. "微型主题"活动与儿童工作坊的关系及其生成路径[J]. 学前教育研究，2017(8)：64-66.
27. 董顺华，董雪菲. 儿童视角下幼儿园主题课程的构建与实施[J]. 学前教育研究，2023(5)：89.
28. 杜忆莲. 诚实主题绘本阅读对幼儿说谎行为的影响——基于不同的绘本角色[D]. 重庆：西南大学硕士学位论文，2023.
29. 陈雯. 教育信息化 2.0 时代家园共育的智慧化[J]. 学前教育研究，2022(8)：91-94.
30. 韩凤梅. 以社区为教育实践基地：家园社协同育人模式的创新之路[J]. 学前教育研究，2022(12)：

87-90.

31. 席春媛，任丽欣.家园社区协同质量现状、类别及其与幼儿发展的关联[J].学前教育研究，2023(4)：57-68.
32. 侯丽.幼儿园与家庭合作关系的重构[J].学前教育研究，2010(10)：91-92.
33. 袁爱玲.幼儿园环境创设[M].长沙：湖南大学出版社，2015.
34. [美]霍华德·加德纳.多元智能新视野[M].沈致隆，译.北京：中国人民大学出版社，2008.
35. 李季湄，冯晓霞.《3-6岁儿童学习与发展指南》解读[M].北京：人民教育出版社，2013.

图书在版编目(CIP)数据

幼儿园班级管理/张富洪主编. —2版. —上海：复旦大学出版社，2024.4(2025.2重印)
ISBN 978-7-309-17363-5

Ⅰ.①幼… Ⅱ.①张… Ⅲ.①幼儿园-班级-学校管理-幼儿师范学校-教材 Ⅳ.①G617

中国国家版本馆CIP数据核字(2024)第066931号

幼儿园班级管理(第二版)
张富洪 主编
责任编辑/夏梦雪

复旦大学出版社有限公司出版发行
上海市国权路579号 邮编：200433
网址：fupnet@fudanpress.com http://www.fudanpress.com
门市零售：86-21-65102580 团体订购：86-21-65104505
出版部电话：86-21-65642845
上海华业装璜印刷厂有限公司

开本 890毫米×1240毫米 1/16 印张 13.5 字数 427千字
2025年2月第2版第4次印刷

ISBN 978-7-309-17363-5/G·2587
定价：49.00元